관능의 맛, *Paris* 파리

관능의 맛, 파리

문화와 역사가 담긴
프랑스 요리에 탐닉하다

딘혜련 · 지음

21세기북스

Prologue

프랑스 요리에서
인생의 맛을 발견하다

《미식의 심리학》을 쓴 브리야 사바랭은 "인간에게 새로운 요리의 발견은 우주에서 새로운 별을 발견하는 것보다 더 가치 있는 일"이라고 말했다. 사실이다. 별 하나를 더 발견한다고 우리의 삶이 달라지는 것은 없다. 천문학적 시간과 인간의 시간과는 전혀 차원이 달라, 지금 내 눈에 들어온 그 반짝임이라고 해봤자 수만 년 전의 빛 조각일 뿐이다. 하지만 요리는 바로 우리의 눈앞에서 아주 현실적으로 새로운 세상의 문을 열어준다. 이는 감각의 문일 수도, 정신의 문일 수도 있다. 하나의 음식은 그것을 먹어온 사람들의 문화의 총제다. 한 나라의 식문화를 보면 그 사회와 거기에 사는 사람들의 삶의 구조 전체가 들여다보이는 거다. "니가 장맛을 알아?"나 "니가 치즈 맛을 알아?"는, 언어나 철학을 뛰어넘는 인간의 본질에 관한 질문이다. 한 민족이 아주 오래전부터 먹어온 음식에는 반드시 무언가가 있기 때문이다.

프랑스 유학 갔다 돌아와 내가 이태원 언덕에 작은 레스토랑을 열었을 때 아버지는 많이 실망하셨다. 불문학을 전공해 박사까지 하던 사람이 소위 '식당'을 한다는 것이 영 못마땅하셨던 것 같다. 남들처럼 교수가 되고 회사도 다니길 바라셨을 텐데, 나는 갑자기 진로를 바꾸어 무언가에 홀린 것처럼 프랑스 요리점을 시작한 거다. 주변에서는 기껏해야 몇 개월 못 버틸 거라 했다. 하지만 무식하면 용감하다고, 그 후로 '달인'이 된다는 16년하고도 조금 더 지속했다. 성공했냐고 물으면 글쎄, 갸우뚱해지긴 한다. 성공을 돈의 무게로 저울질하는 한국적 물질주의에 비추면 못 한 거고, 세상을 보는 깊이에서 논하라면 성공한거니 반쯤의 성공, 또는 반쯤의 실패라 그래 두자. 어쨌든, 지금은 이마저 추억이 되었지만 아직도 이 분야에서 오랜 시간을 보냈다는 사실에 나는 항상 감사한다. 그냥 갈 길을 갔다면 절대 경험할 수 없었을 다양성의 세계를 열어주었기 때문이다. 내가 가진 끼를 이렇게 발산할 수 없었다면 어느 쪽으로 튀었을까 하는 상상이야말로 프로스트의 〈가지 않은 길〉에 대한 궁금증이다(아마도 춤을 추고 있지는 않았을까?).

요리와 와인을 통해 본 세계는 책이나 학문을 통해 본 세계와는 또 다른 모습이었다. 프랑스 요리가 갖는 섬세함과 아기자기함은 내 감각에 끝없는 호기심을 채워주었고, 마르지 않는 창의력의 원천이 되어주었다. 어쩌면 내가 요리사가 아니기 때문에 한 발짝 떨어진 채 객관적으로 접근할 수 있어서 더 행복했을지도 모르겠다. 요리가 혀끝에 주는 감각도 황홀하지만, 나는 더욱 그 본질에 다가가고 싶었다. 할 수만 있다면 접시 위에 놓인 그 세계 속으로 들어가고 싶었다.

중국 요리와 쌍벽을 이루며 유럽의 대표라 여겨지는 프랑스 요리는 로마에 그 기원을 둔 이탈리아 요리에 빚지고 있다. 여기에 아랍이나 동양, 신대륙으로부터 유입된 많은 식재료들이 결합되고 다듬어지고 정리되어 오늘에 이른 것이다. 그런데 프랑스 요리가 세계적으로 대표되는 요리가 된 것은 중국 요리의 수천 년 된 대륙적 깊이와는 좀 다르다. 지구상 그 어디에도 프랑스 요리만큼 단기간에 전략적으로 디자인되어 탄생한 요리는 없다. 17세기경부터 권력자들이 가꾸어온 국가 이미지 메이킹과 마케팅의 합작인 것이다. 이들은 파리라는 도시와 프랑스어를 다듬듯이 요리를 다듬었다. 몇 백 년에 걸쳐 기초가 탄탄해지니, 이제는 몸이 배어 물

하나를 팔아도 국가 브랜드 이미지가 붙는다. 경제가 좀 침체되고, 나라 때깔이 예전만은 못해도 곳곳을 여행하다 보면 아직도 이 나라는 참 잘 먹고 잘 살고 있구나 하는 걸 느끼곤 한다.

파리에 가면 서울보다 시간이 훨씬 느리게 흐르는 것 같은 느낌이 든다. 아직도 우리가 20세기에 쓰던 것들을 여전히 사용해서이기 때문일 거다. 일반 가정에서는 인터넷 접속도 여전히 어렵고, 불편함이 생활 곳곳에 배어있다. 하지만 프랑스라고 전자레인지와 패스트푸드의 공격에서 자유로울 수는 없다. 결혼한 여자들 대부분은 자기 일을 하고, 직장인들의 점심 먹는 속도도 빨라졌다. 맥도날드가 루브르 박물관 지하에까지 들어가며 승승장구하고, 파리 곳곳에 스타벅스도 보인다. 그런데 재미있는 것은 프랑스에서는 패스트푸드도 슬쩍 슬로우 푸드의 이미지에 얹어간다는 것이다. 연구센터에 프랑스 요리사를 고용해 자문을 구하고, 프랑스의 쇠고기와 농산물만을 사용하며, 이는 결국 프랑스의 농업발전에 이득이라는 이미지를 끝없이 흘린다. 오히려 프랑스적인 터치를 배워 자사의 이미지를 쇄신해간다는 말이다. 국가가 강해야 국민도 좋은 것을 먹는 것은 당연한 것이니, 부러워해봤자 무엇 하랴.

파리도 바쁘게 변화하고 있지만 그래도 한쪽에서는 여전히 장인의 손 끝에서 한 땀 한 땀 빚어나오는 요리들이 있고, 이 모든 것들은 여전히 공존한다. 그리고 누구나 그 가치를 인정한다. 우리 다음 세대들한테도 이런 가치를 남겨주고 싶은데 무엇을 할 수 있을지, 마음만 심란해진다. 눈뜨면 새로운 모델로 진화하는 기계들에 끌려다니며 살다 보니 젊은 시절에는 날이 시퍼렇던 나의 감각도 피곤하다고 아우성이다. 잠시 쉬며 내 몸이 들려주는 감각의 소리만을 듣고 싶어졌다. 세상이 빨리 돌아갈수록, 트렌드가 마구 변할수록 조금 속도를 늦추고, 소박한 삶의 맛을 음미해야겠다는 생각이 드는 거다. 소소한 일상에 무심하던 내 습관에 변화가 일었다고나 할까? 유럽 장인들의 '한 땀, 한 땀' 옮기는 손맛은 바로 그 소소함에서 출발한 것이다.

프랑스 요리점을 오래 했다고 하면 다들 굉장히 식성이 서구적일거라 상상하는데, 사실 내가 제일 좋아하는 요리는 시어머님의 순서울식 고추장 찌개와 친정엄마의 북어찜이다. 그런데 얼마전부터 이분들이 반쯤은 쥐고 계시던 곡간 열쇠를 모두 놓으시고, 주방에서 은퇴하기 시작하셨다. 이분들에게 있어 주방 사랑은 장인들의 공방만큼이나 각별한 것이었다. 나도 주방이란 공간을 아주 좋아하는데, 되돌아보니 내게 있어 주방이란 '실험실' 같은 으기 아니었나 한다. 이제 앞으로 내가 끓인 허접스러운 찌개밖엔 먹을 수 없겠구나 생각하니 가슴 한쪽이 먹먹해오며, 그동안 이런저런 핑계로 손맛을 제대로 전수 받지 못한 것도 후회스럽다. 산업적 장맛에 익숙해진 주제에, "니가 장맛을 알아?"라고 외국애들에게 내가 당당히 말할 권리가 있는지도 모르겠다. 내가 오랫동안 서양 식문화에 대해 그 알량한 지식으로 떠벌렸던 것들이 부끄러울 정도다. 우리의 식문화라…… 이제 실험실에서 나와, 내가 우리 딸 세대를 위해 가장 잘 할 수 있는 것이 무엇인지를 진지하게 생각해 보아야겠다

이 책이 나오기까지 감사할 분들이 많다. 프랑스의 곳곳을 돌며 사진 작업을 해준 손초원 작가, 함께 요리를 만들며 수고해준 카트린Catherine, 빠진 요리들의 사진을 가무리해준 혜진이, 곧 스타 셰프로 등극할 것 같은 홍모, 프랑스의 바욘에서 장봉 사진을 찍어 보내주신 보선이 시아버님, 몇 장의 사진을 쓰도록 허락해준 친구들, 그리고 편집에 애써준 21세기북스의 장보라 씨에게도 감사드린다.

삼 개월 내내 비니린 여름날, 삼청동에서
민혜련

Contents

Prologue
프랑스 요리에서 인생의 맛을 발견하다 4

1 사디즘의 맛
Goût Sadique

구순기의 프랑스인들 12

네 간을 빼 먹을 거야 23

너의 속살을 보여줘, 장봉 36

돼지에 대한 끝없는 탐욕 47

미식일까 혐오식품일까 56

2 사람의 맛
Goût Humain

가난한 이들의 풍요로운 식탁 70

깊어가는 겨울밤의
특별한 케이크들 79

다이어트의 적,
프랑스 할머니표 전통요리 90

잃어버린 시간을 찾아서 112

파리의 완벽한 바게트에는
비밀이 있다 125

아주 프랑스적인 요리 팁 139

3 문화의 맛
goût Culturel

영혼을 위로하는 달콤함 150

미식가이드의 축복 혹은 저주 165

스타 셰프의 신화는 만들어지는 것 178

분자요리,
요리와 과학이 결혼하다 190

레스토랑에선 누구나 귀족이 된다 201

접시 위의 예술, 소스를 말하다 217

4 자연의 맛
goût naturel

프랑스 미식의 정점, 와인 230

와인과 요리의 방정식을 풀다 240

지중해의 향기 252

치즈에 미치다 263

페로몬에 취한 송로 280

자연이 만들어낸 보석,
게랑드 소금 290

Bon appétit!
프랑스 최고의 맛을 찾아서 300

Français au Stade oral

구순기의 프랑스인들

나는 바게트를 먹을 때마다 참으로 입안을 강력하게 자극하는 빵이라는 것을 실감한다. 외피는 나무껍질처럼 딱딱한데 속살은 그야말로 하얗고 쫄깃한 빵. 입 천장이 헤질 정도로 단단한 껍질을 뚫고 들어가면 말랑말랑한 속살의 느낌과 대비되며 혀에 환상적인 촉감을 만들어내는 거다. 세계 3대 진미의 하나인 캐비아와 샴페인의 조합도 혀에는 가히 환상적이다. 그 짭조름하며 비릿한 생선알이 샴페인의 기포와 만나 톡톡 터질 때의 감촉이란, 이것이 미식의 오르가즘이로다. 사랑할 때만 느낄 수 있는 체취와도 약간 비슷한 것이, 그래서인지 희대의 바람둥이들은 모두 캐비아광이었다.

여기에 카사노바가 빠지면 섭섭할 것이다. 미식가일 뿐 아니라 본인이 직접 요리를 즐기던 그는 캐비아를 아주 다양하게 이용했다고 한다. 믿거나 말거나지만 연어알을 감싸고 있는 껍질을 뒤집어서 콘돔으로 사용했다는 야사도 전해진다. 정말 이 방면에는 기발한 인간이 아닐 수 없다. 비린내 때문에 로맨틱 무드가 수그러들 거 같은데 향수를 들이부었던 걸까? 어찌됐든 어류의 알은 미끈거리는 질감과 함께 뭔가 야릇한 기분을 들게 하는 관능성이 있다.

입을 간질거리는 이런 요리를 좋아하는 프랑스인들은 참으로 입이 발달한 사람들이라는 생각이 들곤 한다. 어려운 말 써가며 레비스트로스나 소쉬르의 구조주의를 들먹이지 않아도 조금만 언어를 관찰하다 보면 시대적인 의식의 흐름이 슬쩍 보인다.

베르사이유 시대부터 프랑스어는 식생활을 담당하는 부서나 직책에 '입'이라는 의미의 부슈bouche를 노골적으로 사용해왔다. 베르사이유 시대에 궁정에서 왕의 식사를 총괄하는 부서를 메종 드 부슈Maison de Bouche, 직역하면 '입의 집'이라 했고 이를 총괄하는 시종장을 메트르 드 부슈Maître de Bouche, 즉 '입의 명장'이라 했다. 참으로 해괴하기 이를 데 없는 직명이다. 현대에도 이런 언어의 흔적이 외식 분야에 그대로 남아 있다.

아무튼 먹는 것이든 말하는 것이든 입의 중요성이 강조되는 사회였던 것은 틀림없고 지금까지도 이런 전통은 여전하다. 이들 사전에 '침묵은 금이다'라는 말은 없다. 우리와는 달리 이들에겐 수다가 금이어서 식사 시간에 침묵하는 것은 죄악에 가까울 정도다. 지금은 이마저 그리운 추억으로 남아 있지만 유학시절 가장 적응하기 어려웠던 것이 친구들과 밥 먹을 때 시간을 조절하는 거였다. 한국에선 밥을 빨리 먹는 편이 아니었는데 프랑스 친구들과는 아무리 새처럼 쪼아 먹어도 내 접시가 가장 먼저 비었던 거다. 말이 서툰 것은 둘째 치고 문화가 다르다 보니 대화에 쉽게 끼어들지 못해 먹기만 한 이유였다. 처음에는 그 오랜 식사 시간에 몸서리를 치기도 했다. 끝이 보이도록 취하는 것도 아니고 자리를 옮겨가며 분위기 바꾸어 노는 것도 아니고, 문간에 서서 샴페인 잔을 들고 한 시간 떠들다가 간신히 자리에 앉으면 잠자기 직전까지 죽치고 앉아 맨 정신으로 수다 떠는 데 익숙하지가 않았던 거다.

 프랑스인들만큼 식사의 즐거움을 넘어 먹는 것에 관해 많이 이야기하는 민족이 또 있을까 싶다. 북구와 달리 이탈리아나 스페인 등 라틴계통 나라들이 대부분 먹거리와 수다가 삶의 많은 부분을 차지하는 문화를 가지고 있다. 그렇지만 여기에 각종 의미를 부여하고 '미식 주간la Semaine du Goût'까지 만들어가며 아이들과 대중에게 입을 훈련시키는 나라는 지구상에 프랑스밖에 없는 것 같다. 그만큼 미식은 몇백 년이라는 시간 동안 프랑스 문화의 뿌리에 깊이 자리 잡고 있다는 의미다. 먹어본 사람이 고기 맛도 안다고 한번 거나하게 놀아봤던 왕정 시대의 그 찬란한 식문화는 지금도 진화 중이다.

 여기에 20세기 들어 의도적으로 도입된 바캉스라는 휴식의 의식까지 합쳐져 프랑스인들은 온통 먹고 놀기 위해 일 년을 일하는 사람들처럼 보인다. '내일의 두 푼보다 오늘의 한 푼'이라는 말은 프랑스 사회에 딱 들어맞는다. 어찌 될지 모르는 내일을 위해 안 먹고 안 쓰고 저축하는 것보다 오늘의 즐거움을 위해 돈을 아끼지 않는 것이다. 이는 아마도 최소한의 노후와 의료보험 등 사회보장이 뒤에서 받쳐주기 때문이기도 하겠지만, 복지에 둘째가라면 서러워할 스웨덴이나 스위스 같은 나라와 비교해볼 때 프랑스인들의 먹고 놀기 사랑은 유별나다. 조상이 남긴 유전자가 이미 DNA에 깊이 각인된 것 같다.

누가 프랑스를 패션의 나라라 했던가? 패션이나 럭셔리한 것들은 모두 뉴욕이나 도쿄, 서울에 와 있고 요즘은 베이징이나 상하이가 돈줄이다. 정작 파리에는 패션이 없다. 브랜드 마케팅이 있을 뿐이다. 그럼 파리에는 프랑스 혁명의 정신에 불타던 자유, 평등, 박애가 있을까? 대답은 역시 'NO'! 요즘 그 정신은 아랍 세계로 출장 가 있다. 프랑스인들을 삼색기 아래 함께 묶는 것은 그 어떤 것도 아닌 바로 '미식에의 욕구'다.

사회 심리학적 발달 단계를 프로이트적으로 해석한다면 나는 프랑스를 구순기적 문화라 이야기하고 싶다. 프로이트는 삶의 본능과도 일치되는 모든 에너지의 근원을 성적인 에너지, 즉 리비도Libido라 하여 이것이 인간의 의식 밑에 거대한 뿌리를 이루고 있는 무의식의 세계와 연결되어 있다고 보았다. 그래서 어린 시절부터 사춘기까지 부모나 가족 관계에서 어떤 경험을 겪느냐에 따라 그것이 무의식 안에 축적되어 인성을 결정한다는 것이다. 그리고는 인간의 발달 단계를 구순기, 항문기, 남근기, 잠복기, 생식기까지 다섯 단계로 나누었는데 유아기 대부터의 경험에 따라 이 모든 시기가 완전히 발달하기도 하고 중간에 머물기도 하며 또는 인생을 살아가는 동안

사디즘의 맛 15

이전 단계로 되돌아 갈 수도 있다고 보았다. 쉽게 말해 인간은 이 다섯 단계 중 어딘가에 해당한다는 것이다.

물론 프로이트가 살던 20세기 초 유럽 사회에서 통용된 이런 이론이 지금의 다양화된 세계에는 맞지 않는 부분이 많지만 인간이 터부시하던 숨겨진 욕망을 조망하게 되었다는 데에 큰 의미가 있었다. 눈에 보이는 의식과 현상의 세계만을 알고 있던 인간이 무의식의 세계를 알게 되었다는 것은 마치 뉴턴의 절대적 기계법칙의 세계에 아인슈타인의 상대성 원리를 제시한 것과 같은 새로운 이론이었다. 자연뿐 아니라 인격의 질서까지 영향을 주어 이제 인간은 절대적 진리나 법칙의 세계보다는 내면을 들여다보게 되었고, 성경에서 결코 설명해준 적 없던 무질서Chaos라는 불안감에 시달리며 살게 된 것이다.

구순기란 인간이 태어나서부터 한 살이 넘어서까지 어머니의 젖을 빠는 데서 오는 쾌감과 이에 대한 집착이다. 이는 인간이 무언가를 먹을 때 입속에서 느끼는 쾌감의 원천적인 경험이 된다. 사람의 오감 중에서도 미각은 다른 감각보다 훨씬 빨리 발달하기 때문에 이 시절에 유아가 어떤 경험을 하는지, 어떤 것이 결여되었는지에 따라 이후의 심리 발달에 많은 영향을 미치게 된다. 아이들은 손에 닿는 것은 우선 입으로 가져간다. 성인은 시각으로 보고 후각으로 향을 맡아 인식한 후에야 입으로 가져가는 데 비해 아이들은 이런 훈련이 되어 있지 않기 때문이다. 젖을 빨아 배를 채우는 생존의 본능에서 습득된 최초의 감각만으로 세계를 파악하는 것이다.

미각이 얼마나 본능의 경계선상에 있는지는 아담과 이브가 천상의 세계로부터 쫓겨나게 된 이유를 생각해보면 금방 알 수 있다. 거의 자웅동체처럼 아무 생각 없이 살던 아담과 이브는 선악과를 '먹었기' 때문에 추방된다. 즉, '먹는 행위'로 인해 영원히 성적 욕망에 시달리는 형벌을 받게 된 것이다.

이런 저런 생각들이 프로이트로 하여금 인간의 본성을 이루는 가장 밑바닥의 에너지는 성적 에너지라고 결론짓게 했을 것이다. 밑 빠진 독처럼 끊임없이 갈망하는 그 에너지야말로 물질에의 탐욕을 낳았고 문명의 원동력이 되었다. 만일 이런 에너지가 한 번 채워지고 영원히 만족스러웠다면 인간은 일이나 사랑을 할 이유가 없었을 것이다. 결국 에덴에서 추방되며 인간이 받은 첫값은 끊임없는 식욕과 성욕이었고 이 두 욕망이야말로 인간을 인간답게 만드는 특성이기도 했다. 그래서 인간의 의식 속에, 먹는다는 것은 언제나 매순간 성聖과 속俗의 경계를 넘나드는 본능과 뗄 수 없이 연결되어 있다. 배가 부르다는 만족감은 영원하지 않고 갈증은 곧 다시 반복된다. 게다가 배고픔이 해소되면 좀 더 미학적 쾌감을 원하게 되는 거다.

찬란한 17~18세기의 귀족 문화를 지나오며 혁명과 함께 분출된 서민들의 이런 구순기적 욕망은 19세기와 20세기를 지나며 프랑스의 문화적 탐식을 낳았다. 20세기 파리는 그야말로 구순기의 절정이었다. 파리라는 '입'은 전 세계에서 오는 다양성에 굶주린 예술가들, 문학가들을 수용했다.* 한꺼번에 그 맛을 느끼며 전부 먹어치운 것이다.

이들의 유전적인 기질 이외에도 훌륭한 자연과 경제적 조건도 감각을 극대화시킬 수 있는 여건에 한몫했던 것 같다. 우리처럼 근대 사회로 넘어오며 나라 전체가 전쟁으로 폭삭 무너졌다면 그 잿더미 속에서도 먹는 기쁨, 수다의 기쁨을 찾았을까? 우리는 먹고 마시는 가운데도 끊임없이 내일을 걱정한다. 공부와 성공의 강박관념이 있는 사람들은 있는 대로 그것을 지키기 위해, 없는 사람들은 하루하루가 힘들어서, 즐거운 감각에 온몸을 맡길 여유가 없는 것이다. 반면에 조상을 워낙 잘 둔 덕에 크게 고생해보지 않은 프랑스인들 대부분이 살아가는 데 있어 커다란 기쁨 중의 하나가 '즐기며 먹는 것'이라고 말한다. '억' 소리에 목매는 우리와는 달리 인생의 목적이 아주 저렴한 것이다. 목에 손가락을 넣어 토하가며 맛있는 음식과 와인을 즐기던 문화의 계승자들답다.

　이런 사고방식은 일반 서민들의 일상에까지 곳곳에 배어 있다. 대부분의 프랑스인들에게 있어 퇴근 시간 이후에도 회사에 남아 일을 하거나 주말에도 회사 일에 개인 시간을 할애한다는 것은 상상도 할 수 없다. 이런 민족성과 국가적 뒷받침 아래 위대한 스타 셰프의 전통이 이어지고 새로운 것을 두려워하지 않는 창의력으로 요리는 예술의 일부분이 될 수 있었다. 입는 것보다 먹는 것이 더 중

● 파리는 세계 곳곳에서 몰려든 문학가, 화가, 망명객, 혁명가들의 O·지트였다. 이들은 자유, 진보, 혁명의 사상을 거침없이 표현하고 토론하며 파리에 흡수되었다. 파리의 예술가들이 실험정신으로 만들어낸 아방가르드와 다다이즘, 초현실주의 등은 현대미술과 문학의 모습을 만들어낸 포스트모더니즘의 발원지였다.

오트 퀴진 레스토랑

요한 나라, 패션의 나라라는 말이 이해되지 않는 나라, 그런데도 '패션의 나라'라 불리는 나라, 사소한 즐거움에 목숨 거는 이상한 나라가 프랑스다.

어떤 학자들은 프랑스인들의 이런 구순기적 식문화가 역사적으로 아주 오래된 조상 때부터라는 견해를 보인다. 로마 시대 이전부터 이 땅에 살던 골족은 명랑하고 유머가 넘치며 실컷 마시고 노는 것을 즐기던 민족이었다고 한다. 이들의 탐식과 축제의 전통이 로마인들의 세련된 문화와 혼합되었고 오늘날의 프랑스인들 피 속에 각인되었다는 거다. 긴 어둠의 중세를 지나 근세가 되며 이런 탐식적이고 유쾌한 기질이 자유주의 사상으로 연결되었다는 의견도 있다. 하지만 20세기 들어 이들의 식습관은 의도적으로 유도된 면도 없지 않아 있다.

많은 사회학자들은 전후 프랑스가 복지국가 건설이라는 위대한 야망을 위해 전략적으로 이런 구순기적 욕망을 더욱 자극하는 우민정책을 썼다고 분석한다. 정치는 내가 할 테니 니들은 딴 데나 신경 쓰라는 정책이다. 미식Gastronomie, 바캉스Vacances, 섹스Sex라는 3

대 즐거움으로 눈을 돌려 즐겁게 살라는 거다. 그리고 이 정책은 성공했다.

프랑스는 대부분이 고급 그랑제콜Grandes Écoles 출신인 5%의 엘리트들이 움직이는 사회다. 프랑스인들은 자신들이 속한 집단의 이익을 위해 파업은 할망정 이데올로기적인 정치에는 별로 관심이 없다. 본인들이 해결하지도 못할 문제에 연연하기보다는 오늘 저녁에 뭘 먹고 이번 여름에 바캉스를 어디로 가야 할지를 더 고민한다. 자신이 벌어들인 소득을 바캉스와 여흥을 통해 소비하고 이들은 또다시 이 즐거움을 위해 열심히 일하는 '소비 사이클' 속에서 충실히 살고 있는 것이다.

프랑스에서 1990년부터 실시해온 미식 주간은 프랑스라는 나라 자체가 하나의 커다란 입이라고 느껴지는 행사다. 이는 1990년에 방송 미식 비평가인 장 뤽 프티트르노Jean Luc Petitrenaud와 설탕 제조 업자들이 시작한 것으로 초기에는 1주일 동안 초등학교를 중심으로 어린이들에게 다양한 맛의 세계를 가르쳐주기 위한 체험으로 시작했다. 그러다 해를 거듭하며 어린이들뿐 아니라 어른들은 물론 레스토랑이나 식품 업체, 셰프 등 미식에 관련된 직업에 종사하는 모든 사람들이 참여하는 행사로 커가고 있다. 미식 주간은 또한 그동안 별다르게 맛에 대한 경험이나 식견이 없는 사람들의 미각을 훈련하는 기회도 제공한다. 특히 지금까지 경험해보지 못한 색다른 맛의 세계를 탐험하는 것이다.

18세기에 프랑스 미식법의 체계를 세운 브리야 사바렝은 "네가 먹은 것이 무엇인지 말해주면 네가 어떤 사람인지 이야기해줄게"라고 말했다. 인간은 살아 있는 생체 내연기관이다. 매일 먹는 음식을 육체라는 내연기관에 연료로 쓰며 생명을 유지하고 있으니, 그 연료인 음식의 질에 따라 세포의 품질이 결정된다는 말이다. 정제가 안 된 저질 휘발유를 주유하면 엔진에 때가 끼고 고품질 휘발유와 윤활유를 쓰면 차가 오래 가는 것과 같다. 잘 먹고 죽은 사람이 때깔도 좋다는 옛말 그른 것이 하나 없다.

J'ai envie de manger ton foie!

네 간을 빼 먹을 거야

먹는 데는 참으로 극성인 프랑스인들은 다른 나라에서는 잘 먹지 않은 거위간을 삼대 진미로 올려놓았다. 통짜 거위간 foie gras entier 은 프랑스에서도 비싸서 일상식이라기보다는 크리스마스 이브나 12월 31일 밤인 레베이용 réveillon 등 친지들이 모두 모이는 특별한 날에 주로 식탁에 오른다.

아직은 편식의 단계에서 벗어나지 못한 소심한 미식가일 뿐인 나는 특유의 철분이 감도는 냄새가 싫어 동물의 간을 좋아하지 않다 보니 아직도 거위간을 그리 즐기지는 않는다. 액체도 고체도 아닌 것이 끈적임도 없이 입속에서 무너지는 느낌도 심란하다. 분명 동물의 고기인데 씹히는 느낌 없이 목구멍을 통해 넘어가는 그 미끈한 느낌, 입속에서 전혀 반항하지 않는 그 순종의 감촉에 지레 질려버

 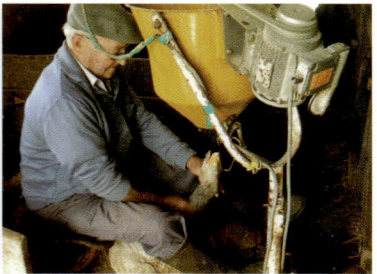

푸아그라를 얻기 위해서는 거위들을 가바주해야 한다.

리는 것이다. 반응을 하라고! 살아 있던 고기니 나의 위장으로 그냥 딸려들어 가지 않겠다고 반항해보란 말이야! 보드라운 해면질의 간세포들 사이에 지방세포가 끼어들면서 공 부풀리듯 부풀려 더욱 보드랍게 된 그 간은 속절없이 살며시 녹아버리고 만다.

푸아그라 Foie gras의 푸아 foie는 간, 그라 gras는 기름진, 살찐 등의 의미가 있는 형용사다. 즉 '지방이 끼어 비대해진 간'이란 뜻으로 쉽게 말해 '지방간'이다. 이 조그만 동물의 간을 빼 먹기 위해 고군분투하는 커다란 인간의 모습은 거위 입장에서 보면 드라큘라와 별반 다르지 않다.

그냥 방목한 거위나 오리의 간은 아무리 커봤자 한 마리당 200g이 넘지 않으며 조직도 해면질뿐이다. 그러나 간세포 사이사이에 지방분이 풍성하게 끼면 살살 녹듯이 육질이 부드러워지면서 마치 아이스크림 같은 질감을 지니게 된다. 최상의 품질을 만들려면 간을 정상 상태에서 거의 열 배까지 지방으로 부풀려야 하는데 이 과정이 정말 참혹하다. 일단 넓은 농장에서 3개월 정도는 마음껏 뛰놀도록 방목한다. 다 자라서 깃털이 나면 마지막 2주 정도를 좁은 철창에 형틀처럼 일렬로 목만 내놓고 가두는 거다. 말이 철창이지 움직일 수도 돌아설 수도 없는 형틀이다. 항상 부리로 깃털을 정리하는 습성이 있는 새들이 마음대로 되지 않자, 엄청난 스트레스를 받게 된다.

  간에 지방이 끼게 하기 위해서는 하루에 2, 3회씩 옥수수 등의 영양가 높은 사료를 먹여야 하는데 원래 양의 몇 배가 되다 보니 억지로 먹일 수밖에 없다. 목을 집게로 고정시키고 20~30cm나 되는 튜브가 연결된 깔때기를 부리에서부터 위까지 끼워 먹이를 밀어 넣는 것이다. 이를 불어로 가바주gavage라고 한다. 억지로 덕이를 밀어 넣다 보니 구역질에 설사까지 겹쳐 괴로움에 허덕이지만 움직일 수 없기 때문에 토할 수도 없다. 결국 지방이 축적되면서 지방간stéatose hépatique이 되는 것이다. 상품화될 때쯤엔 목에 꼽은 깔더기와 더불어 몇 배로 불어난 간이 폐를 짓누르고, 불쌍한 새는 호흡조차 할 수 없다. 결국 200g도 나가지 않던 간은 열 배까지 비대해져 한 마리당 1.5~2kg까지 무게가 나간다. 프랑스에서는 연간 수천만 마리의 오리나 거위가 이렇게 사육되며 어림잡아 이 중 백만 마리 정도는 도축되기도 전에 병이나 상처로 인해 죽는다. 수많은 거위나 오리를 억지로 먹이다 보면 실수로 목에 구멍을 내는 일이 빈번하기 때문이다.

  원래 거위를 사용했기 때문에 거위간으로 알려졌지만 요즘은 기르기도 쉽고 친숙한 오리를 많이 사용한다. 오리보다는 거위의 간이 좀 더 섬세한 맛이 있어 고급으로 치는데, 식성도 가지가지라 오히려 오리간을 더 좋아하는 사람들도 있다. 푸아그라는 프랑스 북동부의 독일 국경 지역인 알자스Alsace 지역에 이주한 유대인들이 거위를 기르다 최초로 만들었다고 전해지는데, 그중에서도 이 지역의 주요 도시인 스트라스부르의 거위간 파이는 최고의 맛으로 꼽힌다. 얇게 슬라이스한 햄과 송아지 고기를 갈아 넣고 사이사이에 푸아그라를 넣어 구운 이 파이는 루이 16세도 즐겨 먹었다고 한다. 현재 송로버섯 산지로 유명한 프랑스 남서부의 페리고르Périgord 지방이 거위간으로도 유명하여 송로버섯과 함께 조리한 요리도 많이 발달되어 있다.

　사실, 이 특이한 식재료의 역사는 아주 오래되었다. 이집트의 유명한 공동묘지 유적인 사카라Saqqarah에는 4500년 전의 것으로 추정되는 벽화가 남아 있는데, 거기엔 노예가 거위에게 강제로 먹이를 주입하는 모습이 상세하게 묘사되어 있다. 광활한 철새들의 서식지인 나일 강변에 살던 수천 년 전 이집트인들은 가을이 되면 철새가 먹이를 사정없이 집어먹는 것을 이상하게 여겼을 것이다. 그때나 지금이나 겨울을 나기 위해 대륙을 횡단해야 하는 새들은 몇 주 전부터 에너지를 비축한다. 당시 사람들은 이 시기에 먹이를 많이 먹은 거위를 잡아보니 간에는 기름기가 잔뜩 끼어 있고 맛은 평소보다 훨씬 부드럽고 좋다고 느꼈을 것이다. 포유류와 달리 조류는 지질lipide을 합성하여 근육이나 내장 사이가 아니라 간에 비축을 하는데 그중에서도 오리나 거위는 간 속의 피부를 돌아가며 균일하게 축적을 하므로 그 맛과 질감이 독특하게 되기 때문이다. 한번 맛본 이집트인들이 평소에도 이런 간을 얻기 위해 거위를 잡아 기르며 억지로 먹이를 먹였을 것이라는 추측을 쉽게 할 수 있다. 이후

공동묘지 유적인 사카라에 있는 4500년 전의 것으로 추정되는 벽화

이 지역을 점령했던 그리스인들과 로마인들이 이를 전수받았고 로마인들을 통해 프랑스 남서부까지 전달되었다.

 간은 중세에는 시골에서 거위나 오리를 기르는 가난한 농민들이나 먹던 서민 음식이었는데, 각 지방의 토속 요리들을 조사하여 레시피를 정리하는 붐이 일던 17, 18세기의 절대왕정 시대에 그 맛을 인정받아 미식 요리로 부각되기 시작한다. 루이 16세 치하에서는 왕실 요리로 등극했고, 원조 스타 셰프 앙투안 카렘Marie-Antoine Carême은 거위간을 올린 스테이크에 이탈리아의 작곡가 조아키노 로시니Gioacchino Rossini의 이름에서 따온 '투른느도 로시니Tournedos rossini'라는 이름을 붙였다. 파리에서 많이 활동했던 로시니는 아주 미식가여서 투르 다르장Tour d'Argent 등 파리의 내로라하는 고급 레스토랑의 주방장들과 오랜 친분을 나누었다. 주머니가 빌지언정 맛있는 음식은 먹고 보자는 철학을 가졌던 로시니를 카렘은 아주 좋아했다. 두툼한 안심 스테이크 위에 팬에 살짝 구운 거위간을 올리고 송로버섯을 흩뿌린 후 이탈리아산 마데이라 와인으로 만든 소

사디즘의 맛 27

스와 함께 낸 이 럭셔리한 스테이크에 작곡가 친구의 이름을 붙인 것이다.

20세기가 되어서도 거위간의 위치는 확고해서 오귀스트 에스코피에August Escoffier는 영국의 사보이 호텔에 근무할 당시 에드워드 8세에게 바치는 메뉴에 넣었다. 이쯤 되면, 거위간을 만진 사람들의 이름만으로도 이미 톱스타의 반열에 올라 있는 식재료가 되었으리란 것은 짐작이 갈 것이다. 아무리 저지방식이니, 웰빙이니 해도 아직도 스타 셰프들은 빠트리지 않고 거위간을 자신의 메뉴에 넣는다.

그러나 간에는 각종 효소가 많아 쉽게 변질되기 때문에 신선한 상태로 오래 보존하기가 어려웠다. 19세기가 되며 프랑스의 아페르가 밀폐 용기에 넣어 살균하는 통조림 방법을 발명하며 푸아그라가 좀 더 대중화되었지만 이는 생fresh 간이 아니라 반조리된 상태였다. 그런데, 1974년에 유명한 미슐랭의 스타 셰프이자 발명가로 유명한 조르주 프랄뤼Georges Pralus는 동료 스타셰프들인 트루아그로Troisgros 형제와 함께 어떻게 하면 생푸아그라의 지방분을 많이 손실하지 않으면서 보존할 수 있을까를 연구하기 시작했다. 이들은 공업적으로 사용하던 수비드sous vide 방식을 적용하면 푸아그라의 무게를 그대로 유지하면서 좀 더 오래 보관할 수 있다는 것을 알게 되었다. 수비드란 진공 저온 방식이란 의미인데, 진공 포장팩에 넣어 60℃ 정도의 저온에서 70시간 이상 오래도록 조리하여 기름기를 많이 잃지 않으면서 간 그대로의 질감을 유지하며 보존하는 방법이다. 이로써 신선한 통푸아그라를 산업적으로 대량 유통할 수 있게 되었다.

현대에는 이 방식이 푸아그라뿐 아니라 여러 가지 식품의 영양소를 파괴하지 않고 조리하는 데 두루 사용되고 있다. 이 외에 반조리나 통조림으로도 유통되는데, 반조리는 용기에 넣은 후 65℃~84℃의 저온에서 중탕한 것이고 통조림은 110℃의 고온에서 중탕한 것이다. 날것의 경우 냉장 상태에서 7일간 보관이 가능하다. 수비드법으로 대량 유통되는 것 외에도 지방에서는 전통 시장에서 농장주들이 직접 가지고 나온 생간을 사서 요리하기도 한다.

전체적으로 푸아그라는 베이지에 핑크빛이 도는데 오리간보다 거위간이 좀 더 핑크빛이 많다. 흠집이 없고 질감이 고르고 탄력있는 것이 좋은 상품이다. 통거위간은 날것일 경우 600~700g, 오리간은 450~600g 정도 나가는데 푸아그라라는 이름에 걸맞으려면 거위간은 최소 400g, 오리간은 300g이 나가야 한다. 지방분이 많아 풍부한 버터크림향이 나는데 거위간이 좀 더 섬세하고 감칠맛 있어 마니아층을 형성한다.

원산지 통제호칭인 AOC appellation d'origine contrôlée 법상 프랑스 내에서 유통되는 상품에 원산지와 함께 '푸아그라'라고 표기하기 위해서는 세 종류 중 하나로 제조해야 한다. 먼저 간 통째로의 모양이 살아 있는 푸아그라 앙티에는 한 마리의 거위나 오리에서 나온 생간을 그대로 용기에 넣은 것으로 가장 값어치가 있다. 이 통거위간이야말로 예부터 진미로 치던 요리이다. 두 번째로는 그냥 푸아그라라고 표기된 등급이다. 이는 서로 다른 거위나 오리에서 나온 푸아그라 조각들을 함께 모아놓아 자르면 단면이 대리석 같은 모양이

1 거위간 전문점
2, 3 남프랑스에 본사를 둔 거위간 전문 체인점 뒤베르넷(Dubernet). 거위간으로 만든 각종 파테나 테린 등 통조림 제품도 다양하다.

나온다. 세 번째로는 푸아그라 블록인데 가장 낮은 등급으로 부스러진 푸아그라를 함께 뭉친 다음 이를 블록으로 자른 것이다. 이런 제품에는 소금, 설탕, 향신료, 와인이나 브랜디, 지방 특산물 등 사용할 수 있는 부재료가 명시되어 있다. 예를 들어 페리고르 지방에서는 푸아그라 블록에 송로버섯을 가운데 넣기도 하고 바스크 지방에서는 에스플레트 고추●를 넣기도 한다.

푸아그라 테린을 바르고, 송로버섯 조각을 올린 바게트

이렇게 특정한 지역의 원산지 표기를 할 수 있는 세 종류의 제품 외에 푸아그라를 75% 이상 함유하고 있는 파르페 드 푸아그라Le parfait de Foie Gras와 50% 이상 함유한 파테Paté느 무스Moussse, 젤라틴Gelatine 등은 AOC의 규정을 적용받지 않는 일반 식품류이다.

푸아그라의 조리법은 생각보다 복잡하지 않고 그 자체의 맛을 즐기는 경우가 많다. 유학 시절 나는 거위간 요리를 해주겠다는 프랑스 친구의 초대를 받고 말로만 듣던 요리를 처음 먹을 생각에 잔뜩 기대를 하고 갔다. 인터넷도 없고 외국의 요리책도 별로 보급되지 않아 푸아그라를 말로만 들었던 시절, 내 상상 속의 거위간 요리는 뭐랄까 진짜 거위 한 마리를 통째로 구워 그 옆에 간을 장식하거나

● **에스플레트 고추** 에스플레트(Esplette) 지역에서 나는 고추로 맵지 않으나 향이 좋아 후추처럼 향신료로 쓴다.

하는 어마어마한 것이었다. 하지만 친구가 잔뜩 자랑하며 내놓은 거위간 요리는 커다란 볼에 무슨 버터크림 같은 것이 들어 있고 옆에는 구운 바게트 조각만 수북이 쌓여 있는 게 아닌가! 나중에 생각하니 통거위간도 아니고 파테였다. 촌스럽다는 말은 듣기 싫어서 사람들이 먹는 대로 열심히 빵에 그 크림을 발라서 먹으며 속으로, '이건 처음에 맛보기로 시작하는 것이리라. 이제 곧 멋진 거위간 요리가 나오겠지. 자, 이제 거위간을 보여줘!' 하고 있었는데 샐러드와 스튜가 나오고 치즈와 디저트에 식사가 다 끝날 때까지 간 비슷한 거는 나오지도 않는 거였다. 슈퍼에서 통조림 속에 든 거위간을 샀다가 실망도 해보고 레스토랑에서도 몇 번의 시행착오를 거쳐본 후에 거위간 요리에 대한 정보를 스스로 터득하게 되었다.

  생거위간 요리는 주로 맨 마지막 샐러드를 먹고 입을 개운하게 한 다음, 달콤한 와인과 함께 먹지만 살짝 익혀 스테이크나 가금류의 요리 위에 얹어 익힌 채소와 함께 먹기도 한다. 또한 푸아그라와 야채 등을 섞어 틀에 넣고 냉장고에서 몇 시간 동안 차갑게 굳힌 후 잘라서 먹는 것이 테린이고 여러 가지 향신료, 야채와 함께 믹서에 갈아 크림버터처럼 매끄럽게 만든 것이 파테라고 한다. 이 파테나 테린은 얇게 구운 바게트에 얹어 애피타이저로도 많이 먹는다. 이때 천연효모인 르뱅levain으로 발효해 거칠고 시큼한 빵이 좋다. 부드러운 식빵이나 향이 들어간 것은 거위간의 맛을 떨어뜨리기 때문이다.

  가끔은 일반 가정집에서도 날거위간을 통째로 사다가 직접 테린이나 파테를 만들기도 하는데 손질에 시간이 걸리고 까다로워 자주 애용할 수 있는 식재료는 아니다. 대부분은 반조리된 상태로 구입해 사용한다. 반조리된 상태라도 간 한 덩이를 통째르 병에 담아 파는 푸아그라 앙티에는 너무 야들야들해서 다루기가 영 어렵다. 날이 잘 선 칼로 날렵하게 잘라서, 버터를 넣어 달군 프라이팬에 재빨리 구워 이 자체를 먹으면 푸아그라의 맛을 최고로 느낄 수 있다.

간 특유의 향 때문에 그다지 즐기지 않는 사람들을 위해서는 와인과 향신료에 마리네이드●해서 조리하는 방법도 있다. 생각보다 단맛과 잘 어울려서 소테른●●이나 포트와인에 조리해도 일품이다. 메인의 스테이크 위에 거위간이 올라 있으면 당연히 레드 와인을 마시겠지만 거위간이라는 우아한 식재료를 전채에 내놓을 때 소테른이라는 디저트 와인과 마신다는 데에 거부감을 받는 사람들도 많다. 단맛의 와인을 마시다가 메인 요리가 나올 때 리드 와인으로 바꾸면 식감이 떨어진다는 것이다. 이는 전통일 뿐 아니라 미감상 상당히 과학적이다. 그래서 많은 소믈리에들은 아주 좋은 거위간은 식후 디저트가 나오기 바로 전, 소테른과 함께 먹을 것을 권하고 있다. 하지만 먹을 거 다 먹고 배가 부른 상태에서 진미를 맛보다니 이도 꺼림칙한 것은 사실이다. 꼭 여러 가지 맛난 것이 많은 코스에 끼워 넣어야 한다면 드라이한 샴페인과 애피타이저로 식전에

● **마리네이드(marinade)** 고기나 생선의 맛을 부드럽게 하기 위해 향신료나 양념 등에 절여놓는 것

●● **소테른(Sauternes)** 프랑스 보르도의 소테른 지방에서 나는 디저트용 스위트 와인. 일부러 포도에 곰팡이가 슬게 한 귀부포드(Noble rot)로 만든다

먹는 것도 좋을 듯한데 말이다. 이렇게 셰프와 소믈리에들을 고민하게 하는 식재료도 많지 않을 것이다.

대부분의 소믈리에나 셰프들은 푸아그라가 소테른 와인과 가장 환상적인 궁합을 이룬다고 하는데 이에 대한 반론도 만만치 않다. 푸아그라와 소테른 와인 둘 다 너무 기름진 느낌이 서로 충돌하므로 소스로 쓰는 것은 몰라도 함께 마실 때는 차라리 드라이한 백포도주가 낫다는 것이다. 하지만 맛은 개인적이기 때문에 어떤 것이 좋다 나쁘다 할 수 없다.

나도 사실은 위와 같은 이유로 소테른의 느끼한 단맛과 푸아그라의 조합을 그다지 좋아하지 않았는데 얼마 전에 친구들과 함께 맛본 샤토 디켐과 푸아그라는 나의 이런 생각을 180도 바꾸어 놓았

마그레 드 카나르(Magret de Canard)

푸아그라와 함께 프랑스인들이 사족을 못 쓰며 입맛을 다시는 요리가 바로 마그레 드 카나르다. 카나르(Canard)는 오리라는 말이고 마그레(Magret)는 오리나 거위의 간을 싸고 있는 근육으로, 푸아그라를 꺼내기 위해 먼저 들어내는 부분이다. 원래 메그르(Maigre)라는 말이 '기름기 없는', '마른'의 의미인데 오리나 거위가 간에 지방을 축적하다 보니 살은 오히려 말라가기 때문이다. 이때 가슴의 근육뿐 아니라 피부조직 밑을 둘러싸고 있는 지방까지도 함께 포함해야 가치가 있다. 왜냐하면 이 지방이 불포화지방산을 잔뜩 포함하고 있어서 나쁜 콜레스테롤을 억제한다는 명성이 있기 때문이다. 살은 신선한 붉은색이어야 하는데, 말라 있는 순수한 살덩이라 칼로리도 아주 낮다.

다. 머리로는 돌돌보호니 뭐니, 각종 생각을 하면서도 먹을 것 앞에 한없이 나약해지는 인간인지라 몇몇 친구들과 소테른의 최고 와인인 샤토 디켐과 거위간을 함께 맛보는 시간을 가졌더랬다. 역시 미식은 괜히 이야기하는 것이 아니구나 싶었다. 거위간을 그리 좋아하지 않는 나도 디켐의 산도가 받쳐주는 거위간을 맛보며《신의 물방울》이란 만화를 쓴 작가처럼 표현할 수 있었으면 좋겠다고 생각했다. '음, 우리는 야수인 게야'라 되뇌며 그 감각에 나를 맡겼더랬다. 인간이 누릴 수 있는 먹이감에 대한 사디즘을 최상으로 표현한 궁합이었다고 생각한다.

Montre-moi ta peau, Jambon

너의 속살을 보여줘, 장봉

파리에 가면 정육점과는 달리 거리에 가끔씩 보이는 특이한 식료품 가게 간판이 있다. 바로 '샤르퀴트리charcuterie'다. 돼지고기를 가공해서 만든 모든 종류의 식품을 총칭하는 말로 햄에서부터 소시지, 살라미, 순대 등 모든 것을 총망라한다. 가게의 천장과 벽에 주렁주렁 달려 있는 갖가지의 돼지 부위들이 꼬리꼬리한 냄새를 풍기며 매달려 있는 것을 보면 인간의 가학적인 식습관을 또 한 번 생각하게 한다. 프랑스는 돼지고기 가공품이 매우 발달해 있고 쇠고기와 돼지고기의 값에 차이가 없다.

우리나라에 비해 프랑스인들은 돼지고기를 쇠고기보다 오히려 선호하는 사람들이 많으며 또한 이들만큼 돼지를 다양하게 가공해서 쓰는 사람들도 드물다. 우리도 돼지 껍질 구이가 있지만 프랑스 지방에서는 이를 찜에 넣기도 한다. 잘 살펴보면 소보다 돼지만큼은 한국보다 더 알뜰하게 먹어치우는 것을 볼 수 있다.

이런 가공식품 중의 꽃이자 최고급으로 치는 것이 바로 '장봉'이다. 프랑스어로 장봉Jambon이라 하고 스페인어로는 하몽Jamon, 이탈리아어로는 프로슈토Prosciutto라 한다. 독특한 것이 한국에서는 족발로 쓰이기 때문에 선호하는 돼지 앞다리가 아닌 뒷다리를 이용한 전통 가공품이라는 거다.

한국말로 번역하면 모두 햄ham인데 한동안 이탈리아의 프로슈토와 스페인의 하몽, 그리고 프랑스의 장봉이 서로 어떻게 다른가에 대해 궁금해 한 적이 있었다. 친구와 서로 각자 먹어본 것들에 대해 표현하며 상상력을 동원해 차이점을 발견하려 하기도 했다. 햄은 햄인데 스페인 레스토랑에 가면 하몽을 먹고 이탈리아 레스토랑에 가면 프로슈토를, 프랑스 레스토랑에 가면 장봉을 먹는데 조금씩 다르다는 느낌만 있을 뿐 딱히 뭐라 표현할 수가 없다. 수입 업자들에게 물어도 속 시원히 대답을 못했다.

유럽식 햄은 익힌 햄jambon cuit과 생햄jambon cru으로 나뉜다. 익힌 햄은 미국에서 도입해 널리 퍼트린 것이고 생햄은 돼지고기를 오랜 기간 서서히 숙성시켜 만든 것이다. 장봉과 하몽, 프로슈토는 같은 생햄을 지칭하는 말이되, 각 지역의 특성을 나타내주는 떼루아●의

● **떼루아(Terroir)** 농작물이 자라나는 환경을 구성하는 기후, 토양, 바람, 고도, 햇빛의 각도 등 모든 자연 조건의 총체

샤르퀴트리의 천장에 걸려 있는 장봉

명칭이었던 것이다.

아주 예전에 보았던 스페인 영화 중에 〈하몽하몽Jamon Jamon〉이라는 좀 야한 영화가 있었다. 비가스 루나 감독에 페넬로페 크루즈와 그녀의 현재 남편인 하비에르 바르뎀이 나왔던 참 야릇한 영화였다. 도대체 돼지 뒷다리로 만든 햄하고 이 영화가 무슨 관계가 있는지 알 수도 없었고 스페인적인 분위기가 생소했던 나는 그다지 재미도 느낄 수 없었다. 하몽과 사랑과의 연결 고리를 찾아보기도 귀찮아서 하몽 말리는 공장에서 일하는 남자가 여러 여자와 애정 행각을 벌이며 '해롱해롱'하는 정도로 이해하고 그냥 잊어버렸다. 지금 생각해보면 재미가 없었던 것이 아니고 할리우드 영화만 보아온 우리에게는 라틴 계통의 사람들이 가진 정신세계가 익숙하지 않았기 때문이었던 것 같다.

프랑스 문화와 오래도록 친숙해진 지금에도 이탈리아나 스페인 쪽 영화는 또 달라서 당혹감을 느낀 경우가 많다. 게다가 그다지 어린 나이도 아니었건만 보호와 제약을 동시에 받는 대한민국의 딸들 특유의 미숙함으르 이 세상에 널려 있는 성적인 상징이나 의미에 관해 잘 이해하지 못했던 것 같다. 특히나 먹는 것과 성행위가 많이 닮아 있다는 것도 프로이트의 책에서 읽은 이론일 뿐, 진정하게 깨닫지는 못했던 것이다. 아무튼 하몽하몽은 할리우드식의 들이대는 야함과는 또 다른, 인간을 묘하게 꼬아서 분위기가 더 야릇했던 영화였던 것 같은데 칩이 왜 그렇게 꼴깍꼴깍 넘어가는지 옆 사람한테 들릴 새라 눈치를 봤던 기억만이 남아 있다.

나이가 들면서 세상에 대한 이해가 깊어지건서 우주는 정말 음과 양의 이치로 이루어져 우리가 먹고 사용하는 모든 것이 성적인 기호로 채워져 있다는 것을 알았다. 세상의 모든 물질은 들어가고 나온 것이 끼워져 맞추도록 되어 있으니 말이다. 이런 것을 이해하게 된 이후로 파리의 샤르퀴트리에 오동통하고 불그스름한 속살을 드러내며 걸려 있는 돼지의 넓적다리를 보니, '꿀벅지'라는 요즘 아이들의 그 조금은 천박한 단어가 떠오르는 거였다. 짧은데도 뭔가 섹시함이 있다. 게다가 스페인에서 '하몽하몽'은 잘빠진 섹시한 여자를 상징한다는 것도 알게 되었다. 십오 년 전에 본 영화의 제목이 왜 하몽하몽이었는지 그 끈적끈적한 느낌을 중년이 된 이 나이에나 온전하게 이해할 수 있었던 것이다.

한국의 미적 기준은 미친 듯이 말라깽이들을 추켜세우고 있지만, 라틴 계통에서 아름답다는 여성들을 보면 이건 도무지 나의 신체적 조건과는 어디 하나 경쟁해볼 곳이 없어 절망적일 정도였다. 제시카 고메즈 정도는 되어야 명함이나 내밀 수 있으니 말이다. 그래서 하몽이 이런 풍성함을 상징하는구나 싶었다. 돼지 뒷다리를 생으로 말린 장봉이나 하몽, 프로슈토를 한입 베어 물면 생살의 느낌이 짭짤한 소금과 함께 녹아드는 식감에 무릎을 탁 치게 된다. 허벅지는 운동량이 많은 부위다 보니 씹는 맛도 쫄깃하다. 아주 안 어울릴 것 같은 멜론 위에 얇게 썬 장봉 한 조각을 얹어 입에 넣으면 달콤함과 함께 입안 전체에 퍼지는 그 생살의 쫀득한 감각은 관능적이라는 표현이 맞다.

프랑스어 장봉은, 인간의 다리라는 뜻의 장브$_{jambe}$에서 파생된 단어다. 이는 로마 시대부터 특별한 요리로 황제의 식탁에 올랐다고 전해진다. 중세와 근세에도 왕실의 요리로 각광을 받았고 고기 먹는 것이 금지되는 성 축일에 대용식으로 즐기곤 했다. 그래서 장봉은 지금도 오랜 겨울을 지내며 일 년 내내 먹기 위해 집집마다 무말랭이나 시래기 말리듯이 고기를 말려서 만드는 전통 식품이다.

물론 현대에는 산업화가 되어 대량으로 유통되기도 하지만 대를 이어 장봉을 만들어온 유명한 가문도 있고 아직도 가을이 되면 돼지 뒷다리 하나를 사다가 겨울 내내 말려가며 직접 만드는 주부도 있다. 우리나라 육포 만드는 식으로 오랜 시간 정성을 들이는 것이다. 겨울의 문턱에서 돼지 뒷다리를 사서 소금에 묻어놓았다가 한 겨울 내내 바람이 잘 통하는 광에서 말리고 숙성시키는데 이게 보통 일이 아니다. 그냥 매달아 둔다고 되는 일이 아니기 때문이다. 겨울이 따뜻하면 김장 김치나 전통주도 문제가 되듯이 장봉도 제대로 되질 않는다. 게다가 습하면 곰팡이가 피지만 너무 건조해도 고기가 말라비틀어져 버린다. 습도가 맞으면서도 서늘해야 하는 것이다. 또 겨울에 시작해 다음에 오는 여름이 너무 더우면 장봉은 실패작이다. 이렇게 되면 살라미나 건조 소시송을 만드는 데 써야 한다. 하지만 현대에는 기술적인 부분이 많이 개선되어 사시사철 장봉을 즐길 수 있게 되었다.

장봉은 프랑스에서도 여러 지역에서 생산되는데 소금의 양, 숙성 기간, 훈제의 유무, 생고기를 쓰는지 익히는지 등의 지역 전통에 따라 제조 방식이 조금씩 차이가 있다. 어느 곳은 200Kg이 넘는 돼지의 뒷다리만 사용하지만 보통 150~160Kg에 비계 두께가 3cm정도 되면 장봉을 만들 수 있다. 프랑스에서는 돼지의 앞다리 역시 가공품으로 쓰지만 이름도 달라 에폴epaule, 즉 어깨라고 하여 소시지나 살라미, 터린 등으로 만든다. 스페인에서는 앞다리 역시 소금을 뿌려 말린 제품을 생산하기도 하는데 이는 하몽이라고 하지 않고 팔레타paleta, 또는 팔레티야palettilla라는 다른 이름으로 부른다.

돼지고기를 어떻게 생으로 먹느냐고 고개를 갸우뚱하는 사람들도 있을 것이다. 우리네 문화권과는 조금 다르지만(사실, 홍어를 삭혀서 먹는 거나 돼지고기를 염장과 건조 과정을 거쳐 최소 1년 이상 숙성해 먹는 거나 그 내용은 마찬가지다) 돼지는 동물성 단백질이기 때문에 된장처럼 유산균이 작용하지는 않는다. 염분이 높고 공기가 통하지 않는 환경에서도 잘사는 호염성 미생물*이 돼지고기의 단백질에 작용하여 조직을 부드럽게 하고 일부를 분해하면서 특유의 향과 감칠맛을 내는 것으로 연구되었다. 또한 돼지고기의 지방은 전형적인 포화지방산이므로 수분이 풍부하지 않으면 분해되기 어려워 건조 숙성 과정에서 산패하거나 균이 번식하기 어렵게 된다. 지방 조직에 있는 수분은 지속적으로 날아가면서 응고, 수축되어 돼지고기의 단백질에 공기가 접촉하는 것을 막는다. 그래서 부패하지 않고 호염성 미생물에 의해 아주 느리게 분해되면서 숙성되는 것이다. 이는 청국장이나 된장, 김치, 홍어도 마찬가지인 거다.

BC 1000년 전의 그리스에서도 훈제한 돼지고기를 먹었다는 기록이 있고 호메로스의 《오디세이아》에도 고기 반죽을 창자에 채워 먹었다는 기록이 있을 정도로 오랫동안 인간이 먹어온 식품이니 생돼지고기를 말린 거라 위험하지 않을까 하는 선입견은 접어 두는 것이 좋겠다. 1~2년에 걸쳐 숙성시켜 만드는 데다가 손도 많이 가다 보니 가격도 비싸, 장기 숙성한 최상급 장봉의 다리 하나 통째로 구입하려면 1000유로를 훌쩍 넘는다.

파리 등에서는 뼈를 제거하고 익혀서 만들기도 한다. 또, 독일 국경 지역에서는 훈제시키기도 한다. 뼈까지 있는 통장봉을 보관하는

- - - - -

● **호염성 미생물** 다른 생물이 다 죽는 아주 높은 염도에서도 살아가는 미생물

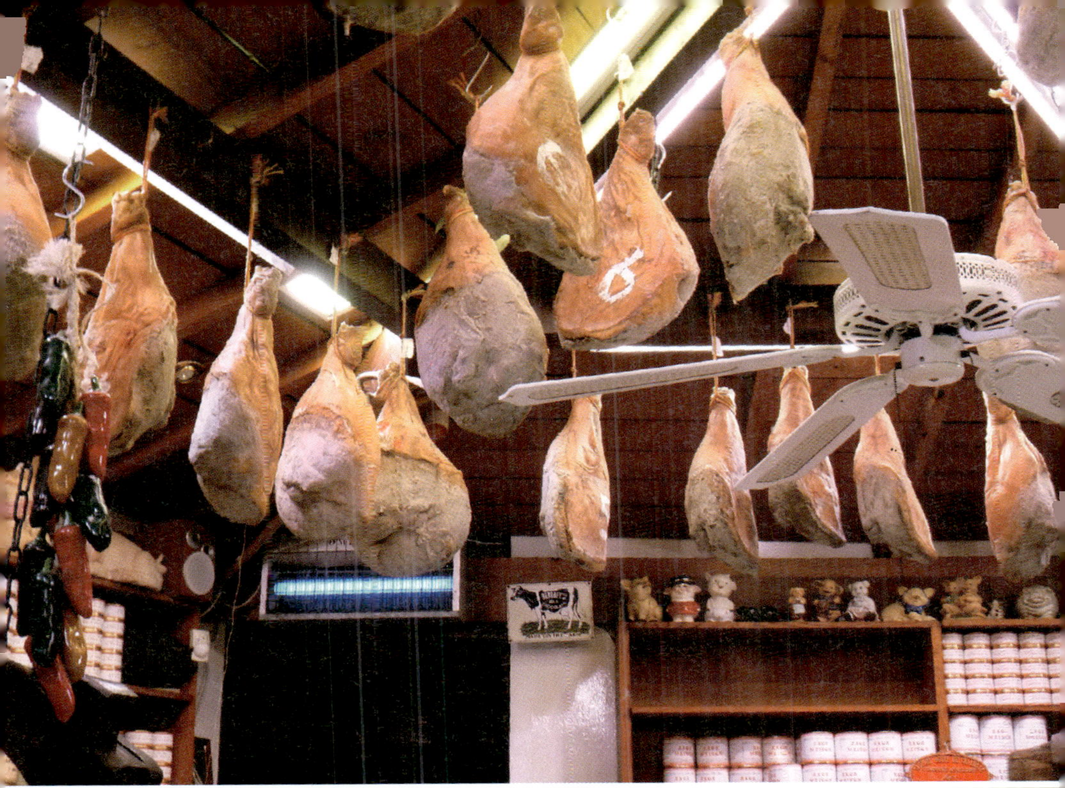

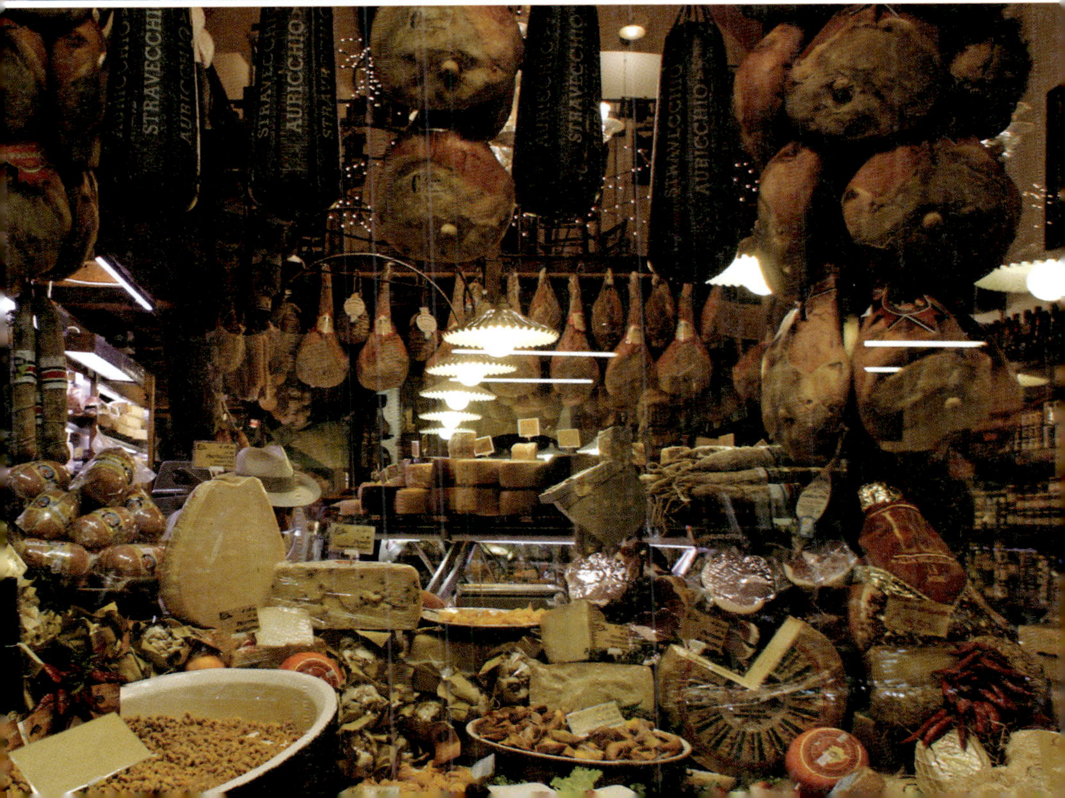
STRAVECCHIO
AURICCHIO

법은 봉지에 넣어 걸어 두되 잘라서 먹기 시작하면 자른 부분이 마르지 않도록 그 부분에 기름을 바르고 마른 헝겊을 싸놓는 것이다. 이렇게 8℃ 정도의 서늘한 곳에 저장하면 1년은 더 숙성시켜가며 먹을 수 있다. 전통 레스토랑에서는 장봉을 통째로 매달아 놓고 서빙할 때마다 전용 칼로 아주 얇게 슬라이스하는 모습을 퍼포먼스처럼 보여주기도 한다.

프랑스의 장봉 중에 가장 유명한 것이 프랑스 남서부 스페인 국경 근처의 바욘에서 만드는 것이다. 바욘은 바스크 지방의 도시로 지역적 특색이 프랑스에서도 가장 강한 곳 중 하나다. 과거에 바스크는 스페인과 프랑스 사이에서 독립된 공국이었기 때문에 지금도 나이 많은 어른들 중에는 바스크어를 쓰는 사람도 있다. 바스크의 바욘이 고향인 친구, 미카엘을 예로 들면 프랑스어로는 'Michael'이라고 표기해야 하지만 그는 자랑스럽게 'Mikael'이라는 바스크식 철자를 쓴다. 현재는 스페인에 소속된 지역, 자치 지역, 프랑스 지역으로 되어 있는데 스페인이나 프랑스에 소속된 지역 모두 독립을 운운하고 있기도 하다.

프랑스 바스크의 주요 도시인 바욘에서 생산하는 장봉 드 바욘 Jambon de Bayonne은 이 지역 특유의 미세한 기후가 만들어 내는 특산물로 스페인의 하몽 못지 않은 유럽 최고의 장봉이다. 피레네 기슭에서 대서양에 이르는 아두르강의 모래로 이루어진 만에는 남쪽으로부터 오는 건조한 바람과 서쪽의 대서양으로부터 오는 습한 바람이 교차된다. 이런 지역적 특성 때문에 유럽 공동체에서 프랑스에 첫 번째로 지리적 보호, IGP l'Indication Géographique Protégée 등급을 수여했다. 돼지의 사육 지역에서부터 사료, 특히 스테로이드나 생선기름, 항생물질 사용 등은 엄격하게 금지되어 있으며 운반, 도축, 돼지의 크기와 무게, 지방층의 두께, 산도, 도축 후의 저장 온도까지 규정되어 있어 이 모든 기준을 통과해야 바욘 햄이라는 명칭을 쓸 수 있다. 그래서 이 지역의 장봉 껍질 위에는 IGT 마크와 함께 바스크의 십자가가 선명하게 찍혀 있다.

장봉의 품질은 얼마나 돼지고기가 신선한가에 달려 있어서 냉동 고기는 절대 사용하지 않으며 발색제인 아질산염 등을 첨가해도 안 된다. 아질산염은 햄에 색을 좋게 하기도 하며 햄의 내부에 소금물을 유지시켜 무게가 더 많이 나가도록 하는 효과도 있기 때문에 상업적으로 많이 사용하지만 수공으로 만드는 고급 햄에는 법적으로 엄격히 금지되어 있다.

만드는 과정은 당연히 까다롭다. 10월 말에서 11월 초에 도축한 돼지 뒷다리에 손으로 바욘 지방의 소금과 후추 등의 향신료를 혼합해서, 소금을 가득 채운 나무 상자에 약 열흘에서 한 달 이상을 묻어 둔다. 소금도 반드시 이 지역에서 나는 것을 쓰며 향신료 혼합은 며느리도 모른다. 소금에 묻어 두는 시간이나 양은 지역에 따라 자기만의 전통을 따르는데 이 작업이 아주 중요하다. 소금기가 잘 배야 오래 보관할 수 있고 사르르 녹는 질감을 주기 때문이다. 그 다음 소금을 털고 못 먹는 부분은 정리한 다음 낮은 온도의 건조실로 옮겨 면포로 잘 감싼 후 1월 말에서 2월 초까지 매달아 건조시킨다. 건조가 끝난 뒤 숙성을 하게 되는데 이때는 잘라진 부분이 말라서 딱딱해지지 않고 또 건조한 3~5월 동안 너무 빨리 마르는 것을 방지하기 위해 돼지의 기름과 쌀가루 또는 밀가루와의 혼합물을 붙여놓는다. 이를 파나주pannage라고 하는데 양질의 기름을 쓰는 것이 중요하다. 주로 돼지의 신장과 안심 부근의 지방을 녹여 밀가루와 혼합하는데 손이나 붓으로 바르기도 하고 특수 권총으로 쏘기도 한다. 이렇게 하면 노출된 살 부분이 말라 딱딱해지는 것을 방지하고 돼지의 비계 부분과 안의 살이 내부에서 일정하게 숙성되면서 서로 교류하며 섬세한 아로마를 이루게 된다.

바욘 지방에서는 이 기간 동안 에스플레트 고추장으로 장봉 표면을 문질러 독특한 붉은 색을 주는 것이 특징이다. 아질산염을 넣지 않아도 아름답게 발색이 되는 거다. 돼지 뒷다리의 무게에 따라 또는 지방의 특성에 따라 숙성 기간이 다른데 이 기간이 햄의 품질을 결정하게 된다. 스페인의 세라노serrano 지방에서 만드는 하몽은 24개월까지 숙성시키며 바욘에서는 최소 9개월에서 12개월을 숙성하는데 이 기간 동안 장봉은 서서히 내부가 부드러워지며 특유의 향과 맛을 갖게 된다.

Désir éternel pour le cochon

돼지에 대한 끝없는 탐욕

프랑스적인 식욕이 돼지의 창자를 그냥 지나칠 리 없다. 프랑스인들도 순대를 좋아해서 지방마다 아주 다양한 종류로 발달되어 있다. 돼지는 한 마리를 잡으면 버리는 곳이 없다. 프랑스인들의 돼지에 대한 탐욕은 무서울 정도다. 싹싹 긁어 껍질까지 스튜에 넣고 족발을 뼈째로 오븐에 구워 먹는 지역도 있다. 남는 부재료는 또 오랜 시간 부글부글 끓여서 기름 속에 묻어 놓고 몇 달 동안 먹곤 한다. 당연히 각 지역마다 순대나 소시지의 전통적인 레시피들이 있다.

한국도 지방색이 확실한 전통 순대가 발달해왔다. 하지만 지금은 정말 돼지 창자일까 의구심이 드는 튜브에 당면만 잔뜩 넣어 부풀린 순대만이 길거리에 즐비한 것이 영 안타깝다. 다양한 내용물이 들어가는 이북 순대는 굵은 대장을 사용해야 제맛인데 길이가 짧

사디즘의 맛 47

다 보니 한 마리 잡아도 얼마 나오지 않는다. 그러다보니 지금 시중에 많이 나도는 순대는 몇 미터나 꼬불꼬불 뭉쳐져 있는 소장을 사용하기 때문에 얇고 부실해진 것이다. 찹쌀과 당면을 함께 사용하던 함경도의 아바이 순대, 조를 사용하던 평양식 순대, 거의 다짐육으로만 채워진 황해도식 순대, 숙주와 된장이 들어가는 충청도의 병천순대, 여기에 실향민이 많아 향수를 달래다 만들어진 강원도 특유의 오징어순대, 게다가 명태 잡이로 유명하던 함경도엔 명태 속을 채우는 순대도 있었다고 한다. 이렇듯 한국에도 다양한 순대의 종류가 있었건만 그 손맛이 제대로 전수되지 못한 채 이북 음식 세대가 끝나가는 것이 못내 아쉽다.

　그래도 나는 어린 시절 함흥 출신이시던 할머니께서 해주시던 특이한 음식을 먹어본 경험이 있어, 맥이 끊겨가는 이북 요리를 이해하는 데 많은 도움이 되었다. 입맛을 잃으신 할머니가 생전에 하도 이북 음식을 드시고 싶어하셔서. 서울에 한다하는 집은 다 모시고 갔다. 하지만 할머니는 고개를 절레절레 흔드시며, "이게 아닌데……" 하시다가 돌아가시고 말았다. 이제 아버지 세대가 끝나면 이북 음식의 맥이 끊어질 것이 뻔하다. 친정어머니도 제대로 전수받지 못한 손맛을 내가 어찌 알까? 그래서 프랑스 문화 중 가장 부러운 것이 있다면 맥이 끊기지 않는 식문화다. 목숨 걸고 지키다가 이제는 유럽 전체가 똘똘 뭉쳐 보존하겠다고 하니 남들이 나보고 사대주의자라 해도 할 수 없다. 부러운 건 부러운 거다. 역시 몇 대를 잘 먹고 잘 살아온 나라들이라 기본 생각 자체가 다르다.

프랑스는 순대의 종류를 가공법에 따라 다양하게 나누는데 조금 헷갈리는 것이 우리가 보통 소시지나 순대라 하는 것을 프랑스에서는 소시스Saucisse라 하고, 비슷한 발음의 소시송Saucisson은 가공법이 전혀 달라서 우리나라 육포 말리듯이 생고기를 돌돌 말아 말린 것이다. 즉 소시스는 우리가 아는 그야말로 소시지로 돼지 창자에 여러 가지 내용물을 채워넣어 익힌 것이고, 반면에 소시송은 지방과 고기를 섞어 말려가며 부드럽게 숙성 발효시킨 것이다. 소시스건 소시송이건 모두 라틴어인 'salsus', 즉 소금을 넣어 짜게 한다는 말에서 유래했다. 이 단어의 여성형이 우리가 잘 아는 살사salsa이다. 소시송을 이탈리아 말로 살라미Salami라 하는데 이도 어원은 마찬가지이다.

소시스

소시스란 돼지 창자 안에 다진 고기 및 각종 향신료와 부재료를 채워넣은 돼지 요리의 총칭이다. 현대어는 기계화되어 스테인리스 기구로 소시스를 만들지만 과거에는 소시스를 만들 때 나무 그릇만을 사용해서 만들었다. 그래야 소시스의 맛이 좋기 때문이다.

이 중 돼지 비계와 기름, 다양한 다짐육과 야채 등을 채워넣는 것을 부댕Boudin이라 한다. 안에 넣는 재료는 지방마다 다양한데 향신료, 굳은 빵, 양파, 버섯, 양배추, 밤 등을 사용하며 돼지고기뿐 아니라 닭고기나 칠면조, 쇠고기 등을 으깨어 넣고 계란이나 우유를 넣어 창자를 채운 후 끓는 물에 익힌다. 돼지 피가 들어가면 우리나라

순대처럼 색이 검게 나오므로 부댕 누아Boudin noir, 즉 까만 부댕이라고 하고 피가 들어가지 않으면 색이 옅어 부댕 블랑Boudin blanc, 즉 하얀 부댕이라고 한다.

부댕은 중세부터 크리스마스나 특별한 날에 가정에서 여인들이 남아 있는 여러 가지 재료들로 창자를 채워 삶아 먹던 데서 비롯됐다. 푹 익히려면 오래도록 삶아야 하는데 전통적으로 가톨릭 국가인 프랑스에서 크리스마스 자정엔 모든 마을 사람들이 성당에 가야 했으므로 부댕 삶는 일을 담당한 것은 집에 남아 있는 노인들이었다. 식구들이 미사에서 돌아올 때까지 낮은 불에 부댕을 삶으며 크리스마스 날의 만찬을 준비했던 것이다.

또 돼지와 소의 내장을 섞어 창자를 채우면 앙두이에트Andouillette라고 하는데, 함께 넣는 부재료로는 치즈나 야채, 곡물 등 그 조합이 다양하다. 앙두이에트는 창자 속에 각종 내장이 들어가 쫄깃한 맛이 일품이지만 특이한 냄새가 나서 비위가 약한 사람들은 먹지 못하는 경우가 많다. 광우병 파동 전까지는 소의 내장도 많이 사용했는데 현재는 금지되어 돼지의 내장만을 사용한다. 다양한 내용물을 자유로이 넣어 만드는데, 재미있는 것이 제조법이 자유롭다 보니 AOC나 IGP 등의 규정이 없다. 그래서 앙두이에트 마니아들이 모여 '진정한 앙두이에트 애호가들 친목협회Association amicale des amateurs d'andouillettes authentiques'라는 모임을 발족한 것이다. 불어로 하면 이니셜이 모두 A라서 'Label AAAAA' 또는 A가 5개라는 의미로 '5A'라는 개별적인 등급을 만들었다. 이는 공식적인 국가기관은 아니지만 전문가들이나 미식 저널리스트들이 모여 수많은 앙두이에트를 블라인드 테스트해 판정을 하기 때문에 막강한 힘을 발휘한다. 그래서 레스토랑에 가면 메뉴에 자랑스럽게 'AAAAA Andouillette'라고 표기한 것을 자주 볼 수 있다.

소시송

소시송은 돼지 살과 기름을 섞고 소금과 후추로 간을 해서 길게 모양을 잡아 오래도록 말리면서 발효시킨 것이다. 우리에게 친숙한 이탈리아의 살라미도 소시송의 한 종류다. 창자에 속을 채워 삶은 소시스와 달리 소시송은 고기의 살과 비계를 섞어 으깬 후 소금을 넣어 생으로 말려 발효 숙성시킨 것이다. 현대에는 여러 방식으로 생산해서 쇠고기를 사용하기도 하고 쇠고기와 돼지고기를 섞어서 만들기도 한다. 보통 3분의 2 정도의 살코기, 4분의 1 정도의 비계 덩어리에 소금, 설탕, 통후추 등의 향신료를 넣고 박테리아 발효균을 넣어 속을 만든다. 지역에 따라서는 마늘, 올리브, 견과류, 치즈, 와인이 들어가는 경우도 있다.

먼저 돼지 창자를 깨끗하게 씻어서 기름기를 제거하고 크기를 가늠하기 위해 공기를 넣어 부풀린 후, 소금을 넣어 한쪽만 묶어 둔다. 이를 물에 빨아 소금기를 제거한 후 이 안을 내용물로 채워 다른 한쪽도 묶는 것이다. 이렇게 하면 내부에서 박테리아가 번식하며 숙성이 된다. 며칠 동안 말리는 과정에서 당분, 지방, 단백질이 혼합되어 생화학 반응을 일으키며 특유의 향을 발전시킨다. 지역에 따

여러 종류의 소시송들

라서는 훈제하는 곳도 있다. 소시송은 과자처럼 진공된 봉지에 넣어 나오는 제품들도 있을 정도로 간식이나 간단한 술안주로 아주 제격이다.

　살라미는 이탈리아의 소시송인데 프랑스인들도 애용한다. 지역에 따라 만드는 방법과 재료가 조금씩 다르지만 일반적으로 돼지고기와 비계, 쇠고기를 갈아 만들며 생햄과 달리 건조 기간도 3개월로 짧다. 돼지고기와 쇠고기를 갈아 내장에 채워넣은 후 2주 동안 건조한 창고에 매달아 놓았다가 와인에 한 번 담가 풍미를 더한 다음 다시 3개월간 숙성시킨다. 안에 통후추나 칠리 고추, 올리브 등을 넣어 다양하게 변형시킬 수 있다. 한국처럼 피자 토핑 등에 올려 익혀 먹을 수도 있지만 그냥 잘라서 새끼 오이 피클인 코르니송 Cornichon 과 함께 먹어도 된다.

　초리조 chorizo 는 스페인과 포르투갈 지역의 전통 소시송으로 다진 돼지고기에 칠리 고추나 할라피뇨, 파프리카, 향신료 등을 넣어 만들어 전체적으로 고춧가루 넣은 것처럼 벽돌색을 띤다. 전통적으로는 돼지 비계를 많이 넣은 후 훈제를 해서 숙성을 시키는데 시간이 가면서 수분이 점점 빠져 질감이 딱딱하게 된다. 지방이 많은 것은 익혀야 하지만 살코기만 많이 넣은 것들은 살라미처럼 생으로 먹기도 한다. 스페인과 국경을 접하고 있는 피리네 지역이나 아라곤 왕국이었던 지중해변의 국경 지방은 서로 겹치는 요리들이 많다.

돼지고기 리예트

돼지를 쓰고 나서 남는 각종 잡스러운 조각들은 버리지 않고 모아서 리예트Rillettes de porc라는 잡탕을 만드는데 이것도 아주 프랑스적인 요리이다. 주로 육류, 그중에서도 돼지고기의 남는 부분들을 소금과 후추로 양념하여 오래도록 고는 것이다. 돼지 외에 닭고기, 연어, 참치, 송어, 게살 등으로도 만든다. 지방에 따라서는 향신료나 와인, 뜨는 브랜디나 리큐르 등을 넣기도 한다. 거의 일고여덟 시간 동안 푹 고기 때문에 모든 내용물이 거의 형태가 없이 흐물흐물해지면 유리 용기에 담아 저장해놓고 보통 식전에 빵에 발라서 코르니숑과 함께 먹는다. 시간이 지나면서 표면에 돼지 기름막이 끼는데 걷어내고 먹으면 된다.

리예트는 프랑스 중부의 르와르 지역의 전통 음식으로 15세기부터 서민들이 즐겨 먹던 요리였는데 르네상스 시대 이 지역 출신의 작가인 라블레가 '갈색 돼지고기 잼'이라고 표현해서 더욱 유명해졌다. 19세기에 통조림이나 진공 용기가 발명되자 리예트는 전 국민의 가공식품으로 발전하게 되었고 지금도 중부 지역에서는 최고의 리예트 장인을 뽑는 콩쿠르가 열린다.

  옛날에는 겨울 내내 고기를 보관하기 위해 가을이 되면 집집마다 준비를 하곤 했다. 푹 고은 돼지 부산물을 진흙으로 된 항아리에 넣어 위에 3~4센티 정도 두께로 지방을 덮어놓는 것이다. 이렇게 지하실이나 동굴에 보관하면 몇 달은 너끈하게 아니, 일 년 내내 고기를 즐길 수 있는 자연 통조림법이 된다. 완벽하지는 않아도 오래 익힘으로써 포자로 번식하는 박테리아 이외의 미생물은 모두 제거되며 또 위를 지방질로 덮음으로써 공기와 차단시켜 산패를 방지했던 것이다.

요리용 돼지기름, 생두

  이외에 프랑스의 북부나 동부지방은 살은 하나도 없는 돼지 기름만으로 생두saindoux라는 일종의 라드를 만들어 버터나 식용유 대신에 쓰기도 했는데 웰빙 열풍으로 현재는 구하기도 어렵고 아주 비싼 식재료가 되었다. 바로 이 돼지 기름을 리예트 같은 익힌 식품 위에 덮어 보존 식품을 만들기도 했던 거다.

  요즘은 트랜스지방 때문에 돼지 기름을 피하는데 사실 돼지 기름의 비등점은 200~210℃쯤 되므로 튀김요리나 오래 지져야 하는 요리에는 훨씬 더 좋은 재료이다. 보통 트랜스지방은 기름을 400℃까지 올려야 나오기 때문에 일반적으로 알고 있는 상식과는 차이가 있다.

Gastronomie ou Dégoût

미식일까
혐오식품일까

　웃으라고 한 이야기지만 어떤 미식가가 말했다 "나는 테이블 빼고 네 발 달린 것은 무엇이든 먹어요. 사다리 빼고는 두 발 달린 것도 무엇이든 먹죠. 물속에 사는 것과 날아다니는 거요? 잠수함과 비행기 빼고는 다 먹어요."

　오래도록 요리에 관심을 두고 살아왔지만 나는 미식가로서 내공이 부족한 듯하다. 먹어서 해로운 것 외에는 편견 없이 받아들일 수 있어야 하는데 머리로만 먹는 것이다. 특히나 동물의 고기에 대해서는 편식이 심하다. 불교 신자도 아니면서 피와 체온을 가지고 살아 움직이던 생물을 먹어치운다는 행위가 때로 식욕을 무력화시키는 거다.

　식물의 경우 못 먹는 것에는 독이 있다든가, 너무 쓰다든가 등등 인간에게 어느 정도 공통된 기준을 제공하는 데 비해 동물의 경계는 참으로 모호하다. 우리가 당연하게 즐기는 쇠고기나 돼지고기가 생각보다 일반적인 식재료가 아니라는 것을 아는 사람은 많지 않다. 종교적 이유든 식습관이든 인류 문화권 중 반 정도만 소고기나 돼지고기를 먹는다. 어떤 곳에서는 곤충이나 애벌레가 훌륭한 식재료로 쓰이고 원숭이 골이나, 모기 눈알까지 먹기도 한다. 브리짓 바르도Brigitte Bardot 아주머니께서 하도 한국을 비난해서, 우리만 먹나 했더니 의외로 개고기를 먹는 민족도 많다. 바르도 아줌니는 왜 한국만 못살게 구는지 모르겠다.

개만 수난을 당하는 것이 아니다. 당연히 프랑스에도 우리 관점에서 볼 때는 특이한 식재료인 것들이 있다. 프랑스인의 미식 요리 중에 조금 꺼림칙한 것을 들자면 달팽이나 개구리 뒷다리, 말고기, 소 혓바닥, 토끼 요리 등을 꼽고 싶다. 참으로 문화에 따라 미식과 혐오식품이란 한끝 차이라는 것이 느껴지는 거다.

프랑스의 미식 요리하면 제일 먼저 떠오르는 것 중 하나가 달팽이 요리다. 프랑스어로는 에스카르고escargot라고 한다. 에스카르고는 부르고뉴의 전통 요리인데, 포도의 명산지인 이곳의 포도밭에 서식하던 달팽이를 주워 먹던 데서 유래한 것이다.

달팽이의 종류는 2만여 종이나 된다고 하는데 대부분 독소를 품고 있기 때문에 식용으로 쓸 수 있는 것은 몇 가지 되지 않는다. 이 중 부르고뉴산 달팽이는 학명이 헬릭스 포마티아Helix Pomatia라고 하며 껍질의 높이와 지름이 4.5cm 정도이고 무게는 22~45g 정도 나가는 놈인데, 집이 둥글고 엷은 황색이다. 헬릭스 포마티아는 양식이 안 되므로 100% 자연에서 줍는다. 옛날 부르고뉴에서는 봄이 오면 아직 일을 시작하지 않아 놀고 있는 농부들이 달팽이를 주워 생계를 꾸렸다고 한다. 하지만 19세기부터 달팽이 요리가 미식가들 사이에 유행하며 수요가 급증하자 그렇게 해서는 물량을 대기가 어려워졌다. 결국 양식이 수월한 북아프리카나 지중해 등지에서 서식하는 회색달팽이Petit Gris인 헬릭스 아스페라Helix aspera 종을 들여왔다. 현재 대부분의 대형 마트 등에 유통되는 것은 바로 이 녀석들이다.

이외에 부르고뉴처럼 자연에서 줍는 헬릭스 루코룸Helix Lucorum이라는 종도 있는데, 이는 발칸이나 터키 지역에서 수입하는 것으로 부르고뉴 종이랑 비슷해서 혼동을 할 수가 있다. 현재 부르고뉴산 헬릭스 포마티아는 수가 줄어들고 있어 법으로 보호를 받고 있다. 행여나 부르고뉴의 숲을 산책하다 달팽이를 발견한다면 집의 직경이 3cm 이하인 애들은 주워서는 안 된다. 달팽이 머리 쪽의 집이 두꺼워지면 성인이 되었다는 증거인데 4~6월에는 큰 달팽이라도 줍는 것이 완전히 금지되어 있다. 부르고뉴 달팽이 외의 것들은 정해진 법률이 없어서 언제나 주워도 되는데 달팽이들이 국경이 있어 서로 금을 그어놓고 사는 것도 아니고 그 종을 구별할 자신이 없다면 아예 시도를 하지 않는 것이 좋겠다.

왜 이렇게 어려운 달팽이의 종류를 나열하는가 하면 프랑스 레스토랑에서 달팽이 요리를 먹을 경우, 부르고뉴 달팽이인 헬릭스 포마티아나 회색 양식 달팽이인 헬릭스 아스페라 품종인지를 잘 확인하는 것이 중요하기 때문이다. 이런 표기가 없을 경우 아프리카나 인도네시아 등의 덥고 축축한 열대지역에서 서식하는 식용 왕달팽이인 아샤티나 퓨리카Achatina Fullica를 가공한 것이 많다. 왕달팽이는 열대지역에서 대량으로 양식하는데 일반 달팽이보다 서너 배는 커서 야생에서는 껍질이 10~20cm까지도 자랄 수 있다고 하니, 끔찍하다! 게다가 이 크기에 번식력도 좋아, 달팽이계의 황소개구리라 할 정도다.

프랑스에서는 1980년대 말 왕달팽이를 부르고뉴산으로 속여서 파는 사기꾼들 때문에 문제가 된 적이 있다. 많은 유통업자들이 왕달팽이 살을 가공한 후에 부르고뉴산 달팽이 껍질 속에 넣어 유통한 것이다. 그 이후 '부르고뉴산 달팽이'라는 말을 쓸 때에는 반드시 헬릭스 포마티아 종이라는 것을 라벨에 명시하도록 했다. 그러나 문제는 레스토랑이다. 메뉴에 언급하지 않으면 접시에 나온 달팽이가 어느 종인지 알 수가 없는 것이다. 왕달팽이의 원가는 부르고뉴산의 3분의 1밖에 안되는데, 메뉴에는 버젓이 에스카르고라며 동일한 가격에 팔고 있는 거다. 왕달팽이는 부르고뉴산과 맛이 아주 다르고, 검고 통통한데다 질겨 식감이 떨어진다. 한국에서 양식하거나 인도네시아로부터 수입하는 통조림은 바로 이 왕달팽이인 아샤티나 퓨리카다.

달팽이를 인간의 먹이로 가공하는 과정 역시 참으로 학대가 심하다. 가공 과정을 보면 못 먹는다고 한다. 달팽이는 점액이 많아 잡

껍질째 접시 위에 올라온 달팽이 요리

은 다음 산 채로 며칠에서 몇 주간 굶겨 이를 모두 뱉어내도록 한다 (요즘은 이 점액을 이용해 화장품을 만들기도 한다). 점액이 모두 빠지면 이 기진맥진한 연체동물을 가차 없이 소금이나 식초에 한참 담가 놓는다. 가죽이 없는 가엾은 달팽이는 이제 죽을 수밖에 없다. 그 다음 건져서 잘 닦아 손질하고는 끓는 물에 데쳐 살과 집을 분리시킨 후, 살만 차가운 소금물에 15분간 담갔다가 물기를 뺀 뒤 다시 껍질 속에 넣는 것이다. 요즘에는 냉동이나 통조림으로 나와 편리하게 쓰고 있지만 옛날에는 가정에서 직접 달팽이 요리를 준비했는데, 이런 날은 온 식구가 모두 도망갔다고 한다. 그 지푸라기 삶는 것 같은 고약한 냄새 때문에 구역질이 났기 때문이다.

달팽이는 껍질째 접시에 내거나 에스카르고 전용 그릇에 살만 꺼내서 담기도 한다. 연체동물 특유의 잡냄새를 없애기 위해 꼬냑처럼 향이 강한 브랜디에 마리네이드해 두었다가 조리하기도 한다. 반드시 뜨거울 때 먹어야 제맛이 나는데, 껍질째 나올 때는 왼손에 전용 집게 escargot tong를 들고 껍질을 고정시킨 후 포크로 빼어 먹으면 된다. 버터소스를 얹어 오븐에 구운 에스카르고를 빵에 듬뿍 묻혀 먹으면 정말 너무 맛있어서 이 녀석이 기어 다니던 그 달팽이라는 생각은 금방 사라져 버린다.

　어릴 때 시골에 갔을 때 동네 남자아이들이 개울가에서 개구리나 메뚜기를 잡던 기억이 있지만 그래도 한국에서 개구리를 전문으로 파는 레스토랑이 있다는 소리는 아직 못 들었다. 양서류나 파충류를 좋아하지 않는 나에게 개구리 뒷다리는 추어탕만큼이나 펄쩍 뛸 식재료다. 추어탕은 그나마 미꾸라지 모양이 전혀 보이지 않지만 개구리 뒷다리는 그 적나라함이 참으로 기분 나쁘다. 주로 긴 뒷다리만 사용하는데 얇아서인지 축 늘어진 것이 아주 미개한 요리 같아 보인다. 닭튀김은 서로 통통한 다리를 먹으려고 난리인데 이상하게 개구리는 긴 뒷다리만 죽 잘라서 그걸 담아놓은 접시를 보면 식욕이 없어지는 것이다. 인간이건 동물이건 허벅지에는 살이 좀 있어야 보기 좋겠구나 하는 엉뚱한 생각도 하게 된다.

　조리법은 여러 가지가 있지만 보통 허벅지 모습 그대로를 밀가루에 굴린 후 마늘과 버터에 볶다가 레몬즙과 파슬리를 듬뿍 넣어 먹거나 토마토와 로즈마리 등의 허브를 넣기도 한다. 뒷다리는 포크와 나이프를 쓸 필요도 없이 닭발 먹듯이 그냥 손으로 들고 먹는데 닭고기와 비슷하면서 좀 더 기름지고 농염한 맛이 난다고 한다. 여행 시 레스토랑에서 개구리 요리를 맛볼 경우, 꼭 '생개구리 grenouilles fraîches'인지를 확인해야 한다. 냉동이 많이 유통되는데 살이 질겨지므로 생물과는 맛의 차이가 크다.

개구리는 이탈리아나 독일, 스위스 등에서도 먹긴 하는데 프랑스인들만큼 좋아하지는 않는다. 프랑스인들의 이런 식습관을 끔찍하게 여기는 영국인들은 프랑스인들을 '개구리를 먹는 놈들'이란 의미로 프로기 Froggy라며 경멸조로 부른다. 그러면 프랑스인들은 영국 음식을 도기 푸드 Doggy food라며 맞받아친다. 개밥 같다는 거다.

한국에서도 금기 식품은 아니지만 아주 드문 식재료 중 하나가 토끼 고기다. 사육한 것도 많지만 숲이 많은 프랑스에는 지금도 사냥 고기가 많이 유통된다. 중세에 켈트족은 토끼가 신들과 대화하기 위해 땅굴을 파며 토끼발은 인간을 마녀로부터 보호해준다고 믿었다. 그래서 오늘날에도 토끼발은 행운을 가져오는 것으로 여긴다.

시장 구경을 좋아하는 나는 언젠가 황학동의 중고 시장에서 길을 잘못 들어 미로와 같은 중앙시장 한가운데서 길을 잃은 적이 있다. 그런데 그곳이 완전 별세계였다. 가게마다 벌겋게 주렁주렁 뭔가가 달려 있는데 실체를 확인하고는 기절초풍한 것이다. 토끼였다. 아마 개나 고양이도 있었을지 모르겠다. 아무튼 우리가 그저 귀엽다고 옆에 두던 조그만 동물이 통째로 가죽이 벗겨져서 전시되어 있는 모습은 끔찍하기 그지없었다. 한국의 도축법상 소나 돼지는 워낙 몸체가 큰 데다 도살장에서 반으로 나뉘어 나오기 때문에 실제로 통짜를 볼 일은 거의 없다 보니 정육점의 광경과는 그 느낌이 또 달랐다. 그런데 이 토끼 고기가 개고기처럼 암시장에서 꾸준히 거래되는 것을 보면 분명 뭔가 있겠구나 싶었는데 아니나 다를까 고단백 저지방이라 영양학상으로 엄청나게 건강에 좋다는 거다.

체지방이 10% 정도여서 100g에 120~160칼로리밖에 안 나간다니! 게다가 허벅지는 체지방이 4%란다. 여기에 콜레스테롤도 낮고 오메가3, 미네랄에 비타민, 항산화제, 각종 건강에 좋은 건 다 들어 있으며 소화율이 높아 회복기 환자나 허약 체질에 좋고 정력 감퇴, 당뇨와 신경통에까지 효과가 있다니 대한민국에 토끼가 멸종되지 않고 남아 있는 것이 신기할 정도다. 아무튼 닭 가슴살에 지친 식스팩 열광자들은 메뉴를 한번 바꾸어보는 것도 좋겠다.

이런 좋은 식재료를 놓치면 미식의 나라 프랑스가 아닐 거다. 프랑스는 토끼 요리도 지방마다 다양한데 가장 유명한 것은 통째로 겨자를 발라 오븐에 굽는 것이다. 통으로 구우면 시간이 많이 걸리다 보니 요즘은 조리하기 쉽게 잘라서 조리한다. 상질의 토끼 고기는 허벅지와 등판에 살집이 좋아야 하며 핑크빛이 돌아야 한다. 우선 오븐을 210℃로 예열해놓고, 토끼 고기에 디종 겨자를 붓으로 잘 바른 후 오븐 그릇에 차곡차곡 넣는다. 이것을 오븐에서 40분에서 45분간 익히는데 이 동안 중탕으로 녹여 소금과 후추로 간한 버터를 자주자주 부어가며 굽는 거다. 로즈마리를 몇 잎 넣어주면 더 좋다. 고기가 다 익어 꺼낼 때쯤 되면 작은 프라이팬에 꼬냑을 조금 부어 끓을 때에 불이 살짝 붙게 하면 확 불꽃이 일게 된다. 이것을 오븐에서 꺼낸 토끼 고기 위에 부으면 알코올이 날아가고 향기만 남은 꼬냑과 겨자가 어우러져 쌉쌀한 토끼 겨자구이가 완성되는 것이다.

이외에 오븐을 사용하지 않을 때는 커다란 찜통에 토끼 고기를 돼지 비계에 볶다가 양파와 각종 야채를 넣고 레드 와인에 푹 고는 스튜 Civet de lapin도 프랑스인들이 즐기는 메뉴 중에 하나다. 쇠고기나 돼지고기 외에는 크게 즐기지는 않지만 프랑스 친구가 겨자 바른 토끼 요리를 해주어서 맛보았는데 겨자와 꼬냑의 향이 쌉쌀하게 어우러지는 것 외에 큰 특징은 못 느꼈다. 퍽퍽한 게 칠면조랑 비슷하다고 해야 할까?

칠면조라고 하니 생각나는 것이 어릴 때 동화책에 꼭 등장하던 크리스마스의 칠면조 구이는 내 머릿속에서 엄청난 맛으로 상상되었다. 아름다운 식탁 위에 금발머리의 엄마가 오븐에서 통째로 구운 커다란 칠면조를 내오는 장면은 마치 서양 문화의 상징처럼 한동안 동경의 대상이었던 거다. 그런데 훗날 먹어본 칠면조는 닭고기보다도 감칠맛이 없고 밋밋한 맛에다 영미권 외에 프랑스나 이탈리아에서는 그다지 잘 먹지 않는 고기였다. 크리스마스에도 칠면조는 없었다. 그래도 꿋꿋하게 크리스마스철이 되면 내가 경영하던 레스토랑에서 칠면조 로스트를 메뉴에 넣곤 했는데 한국 사람들에게도 역시 인기가 없었다.

프랑스 식재료 중 또 살짝 기분이 거슬리는 것이 소 혀와 말고기다. 소 혀는 우리나라에서는 수육으로만 가끔 쓰이고 잘 안 먹는 부위인 반면 일본에서는 구이나 규동 등으로 많이 쓰는 식재료다. 프랑스에서도 안심이나 등심이 1kg에 약 23유로 정도라면 소 혀는 9유로 정도 밖에 안하니 고급 대접을 받는 데 비해 가격은 꽤 착하다. 예상 외로 소 혀는 향신료와 함께 차가운 애피타이저나 샐러드에 넣기도 하고 세로로 동글 길쭉하게 잘라 찜으로 먹기도 하는 전통적인 식재료다.

중세 시대에 프랑스의 일부 지역에서는 소를 잡으면 혀는 무조건 그 지역 영주의 몫인 곳도 있었다고 한다.● 그만큼 맛이 좋아 식도락가들이 탐냈다는 말이다. 프랑스 정육점에서는 소 혀를 통째로 파는데 혀라고 해서 입안에 있는 윗쿠분만 생각하면 오산이다. 턱 안에서부터 목구멍 깊숙이 혀를 움직이는 근육까지 잘라 아주 거대하다. 안의 부드러운 살을 사용하기 위해 소 혀를 손질해야 하는데 식초를 탄 물에 담가 두거나 팔팔 끓는 물에 혀를 살짝 데친 후 겉의 껍질을 벗겨낸 다음 요리를 한다. 유학 시절, 한국에서는 혀 수육이라면 진저리를 치던 내가 호기심도 났고 프랑스 친구들의 열화와 같은 성원에 한번 먹어주기로 했다.

육수에 푹 삶아서 꺼낸 다음 버섯, 버터와 밀가루, 크림을 넣은 소스와 함께 낸 혀 요리는 생각보다 평범한 고기의 느낌과 함께, 쌀이나 파스타와도 잘 어울렸다. 뵈프 부르기뇽●●의 소 혀 버전이라고

● 알렉산드르 뒤마, 《요리 대사전(Le grand dictionnaire de cuisine)》
●● **뵈프 부르기뇽(bœuf bourguignon)** 소 안다리 살을 와인에 졸인 부르고뉴 전통 요리

사디즘의 맛 65

나 할까? 하지만 먹을 때의 느낌은 좀 묘하다. 안심이나 등심에서 씹히는 고기의 결이 없다. 탄력 있게 튀어나온 부드러운 속살이 오래 삶아 냈는데도 탱글탱글 입안에서 돈다. 이상한 것이, 맛은 분명히 좋은데 나의 괴상한 상상력과 합성이 되어 영 식욕이 나질 않았다.

소의 각종 이상스런 부위와는 반대로 말고기는 아무리 미식가인 프랑스인들이라도 좀 꺼려하는 경향이 있다. 중세의 기독교 교회가 말고기를 금지했던 전통도 그 영향이 남아 있을 것이다. 당당한 가족으로 여기는 개나 고양이처럼 말은 인간과 동등한 동지라는 의식이 앞서기 때문일 것이다.

당연한 것이, 역사적으로 말은 인간의 충실한 신하였다. 대포가 발명되기 전까지 말은 드넓은 전쟁터를 기사들과 함께 누비며 생사를 함께 해온 동물이었다. 게다가 자동차가 발명되기 전까지 효율 좋은 수송수단이었고 농번기에는 소처럼 들에서 일도 하고 물레방아도 돌렸다. 어디 그뿐이랴, 애마부인과 함께 에로 영화에까지 출연했으니! 말이 달릴 때 엉덩이의 움직임은 넋이 나갈 정도로 관능적이다. 100m 육상선수들의 허벅지 근육도 말을 닮아 있다.

아무튼 인간은 말에게 빚진 것이 많다. 그래도 말고기는 유통되고 한 해에 프랑스에서 도축되는 말은 2만 마리가 넘는다. 내가 유학한 지역은 프랑스 북서부의 노르망디였는데 이곳은 전 세계 최고의 경주마를 만들어내는 목장이다. 노르망디의 특이한 풍토에서 자란 풀을 먹고 자란 말은 스테미너가 좋아 항상 세계 경마대회에서 1등을 하기 때문이다. 그래서 전 세계 부호들의 말은 대부분 노르망디의 목장에서 관리하고 있다. 이곳의 자연과 어우러져 풀을 뜯고 있는 말들을 보면 아름다움을 넘어 황홀해질 지경이었다. 또 지중해의 카마르그는 아름다운 야생마 보호지역이다. 해마다 수많은 관광객들이 이곳을 찾아 속보마를 타고 들판을 누빈다. 말의 특성상 식용으로만 키우기에는 부적합하다. 그래서 이렇게 멋진 자태를 뽐내며 달리던 말들이 상처를 입거나 살이 너무 찌게 되면 도살장으로 보내지는 것이다. 달릴 수 없는 말은 무용지물이 되기 때문이다.

나는 유학 시절 학교 식당에서 배가 너무 고픈 나머지 말고기 스테이크인 줄도 모르고 한 그릇을 싹 비운 적이 있다. 색이 쇠고기보다 좀 더 검붉은 색이 나며 지방질이 적어 씹는 맛이 있어서 이상하긴 했지만 특별히 거부감은 없었던 기억이 남아 있다.

La table copieuse des pauvres

가난한 이들의 풍요로운 식탁

어디에나 가난한 이들의 요리는 비슷한 구석이 있다. 즉, 적은 재료로 여러 사람이 먹기 위해 양을 불려야 하는 특징이 있는 것이다. 유럽도 예외는 아니었다. 산업사회로 접어들고 식량이 대량생산되기 전까지, 식도락이란 권력자들만이 독점할 뿐 대부분의 평민들은 그저 하루하루를 살아가기 위해 배를 채워야 했다. 수프가 바로 가난한 자들의 배를 채워주던 음식이었다.

사실 여러 식재료를 섞어 물에 빠트려 만드는 요리는 세련된 식문화와는 거리가 멀다. 우리나라의 '국에 밥 한 그릇 뚝딱 먹어치운다'는 표현을 보면 느긋하게 음식의 맛을 즐기기보다는 허겁지겁 넣어 삼킨다는 의미로 들린다. 다양한 밑반찬에 고기, 생선이 있는 진수성찬이라면 국에 밥을 첨벙 말아 후다닥 먹는 일은 없을 테니 말이다. 음식의 역사를 보아도 잡탕, 국밥 등은 단체로 빨리 먹고 떠나야 하는 민족들의 음식이었다. 유목민이라든가 약소민족은 적의 침입이 잦아 느긋하게 식사를 즐길 틈이 없었던 것이다. 적이 오기 전에 큰 솥에 야채와 고기를 대충 썰어 넣고 물을 부어 후루룩 먹어치워야 했다. 하지만 섬세함은 떨어져도 인류의 귀중한 식문화의 한 부분으로 각 민족의 독특한 색을 내주는 음식이라는 것은 말할 것도 없다. 게다가 이런 종류의 음식이 풍요로운 오늘날에는 웰빙이라 해서 재평가되는 것 또한 흥미롭다.

혁명이 끝나고 구족들의 구체제가 무너진 19세기 중반까지도 프랑스인들의 80%는 시골 마을이나 작은 도시에서 살았다. 평민들 중 의사나 법률가, 상인 등으로 성공해서 돈을 번 사람들도 있었지만 아직도 대부분은 농업이나 수공업에 종사했고 가진 것이라곤 손바닥만한 땅덩이에서 배고프고 소박한 삶을 영위했던 것이다. 우리가 상상하는 멋지게 장식된 고기나 생선 요리는 구중궁궐에 있었던 거다. 수세기 동안 프랑스의 서민들이 가장 널리 먹던 음식은 수프로, 벽난로에 커다란 솥을 걸어놓고 오랜 시간 저어가며 끓이는 하루의 일용한 양식이었다. 육류나 야채가 부족하면 과일에도 물을 부어 수프로 끓여 먹었다. 이 과일 수프가 발전된 것이 바로 잼이다.

어쩌다 고기 조각이라도 한 줌 생기면 온 가족에게 돌아가야 하므로 물을 부어 양을 불려야 했다. 먼저 솥에 고기 조각을 넣고 물을 많이 부어 국물을 낸 다음 고기는 가족 전부에게 골고루 돌아가도록 잘게 찢는다. 그리고는 밭이나 들에서 딴 여러 가지 야채 즉 당근, 파, 감자, 무, 양배추, 콩, 옥수수, 밤 등을 넣고는 푹 끓인다. 넣는 것은 아주 다양했다. 뭐든 재료가 바뀌면 우리나라 국처럼 또 다른 메뉴가 되었다. 때로는 좀 더 걸쭉하게 하기 위해 돼지 비계를 넣기도 하고 쌀이나 파스타를 넣기도 했다. 다 끓이면 식구들에게 한 그릇씩 퍼주는데 먼저 커다란 볼에 빵을 잘라서 넣고는 그 위에 이 수프를 붓는 것이다. 요즘의 건더기가 하나도 없는 섬세한 수프와는 모양새가 전혀 다르다. 오히려 국밥에 가까운 형태라고 상상하면 되겠다. 이런 요리를 서민들만이 먹은 것이 아니라, 오트 퀴진Haute Cuisine, 고급요리이 다양하게 발전하기 전인 중세까지는 왕이나 귀족들도 예외는 아니었다. 다만 그 안에 들어가는 내용물에 따라 멀겋게 되면 서민의 수프이고 영양분이 많은 식재료가 듬뿍 들어가면 진한 스튜가 된 것 뿐이다.

 이 시대의 주식은 탄수화물이어서 성인은 하루에 바게트 네 개 분의 빵을 먹었다고 한다. 하긴 옛날에 우리나라도 농촌의 머슴이나 일꾼들은 커다란 주발에 밥을 산처럼 수북이 담아 두세 그릇 먹는 것을 보았던 기억이 난다. 확실히 지금보다는 밥을 많이 먹었다. 프랑스나 한국이나 생활이 나아지며 단백질과 야채, 과일이 균형을 맞추면서 탄수화물의 양이 줄었다. 그래서인지 한국에 온 프랑스 친구들은 다른 건 다 좋아해도 국에 밥을 말아 먹는 것은 질색한다. 이런 식의 식생활이 완전히 바뀐 지 여러 세기가 지났기 때문이다. 하지만 이들에게 지금 프랑스 요리라 하는 코스 요리가 자국을 대표하게 된 것은 사실 19세기 말이나 되어서였다.

이런 전통이 있어 프랑스인들에게 수프란 시골스러움과 포근함, 평화로움, 집, 엄마의 이미지를 갖는다. 집 안에 가득 찬 수프 끓이는 냄새…… 차린 것은 없지만 삼대가 식탁에 모여 저녁 시간을 보내는 대가족의 분위기…… 이런 소박함의 상징인 것이다. 하지만 20세기 들어 대부분의 사람들이 도시 생활을 하게 되면서 모든 생활패턴은 180도로 바뀌었다. 여기에 두 차례에 걸친 전쟁과 재건 등으로 이제 더 이상 여성들은 집에서 한가하게 수프를 끓이고 있을 시간이 없게 된 것이다. 삶의 현장으로 내돌린 주부들은 편리함과 효율을 따져야 했다. 그러다 보니 아궁이 앞에서 식구를 위해 하루를 보내던 주부의 이미지는 점차 사라지고 쉽고 금방 먹을 수 있는 간단한 요리나 반조리식품으로 대체되기 시작한다. 도시에서는 외식도 잦아지며 레스토랑들은 활기를 띠었다. 그러면서 수프는 시골의 노인들이나 해 먹는 요리가 되어 역사 속으로 사라져 갔다.

하지만 1960년대 이후 점차 경제가 발전함에 따라 수프가 다시 돌아오기 시작했는데, 사람들이 점점 가족적인 식탁과 전통에 대한 향수를 느끼기 시작한 것이다.

코스 요리 안에 자기네 레스토랑만의 창조적인 수프를 제공하는 데 자부심을 느끼는 셰프들도 많아졌다. 하지만 여전히 수프는 오래도록 준비해야 하는 품목이므로 일상식이라기보다는 특별식이며 바쁜 주부들은 약식 메뉴나 마트에 즐비한 반조리 수프를 많이 찾는다. 뜯어서 볼에 부어 전자레인지에 돌리기만 해도 되는 편리한 수프가 대량으로 많이 나와 있기 때문이다. 그러나 아직도 시골에서 할머니들은 온 식구가 모이는 날이면 커다란 솥에 수프를 끓인다. 그래서 큰 솥을 불어로 마르미트Marmite라고 한다. 어린이들이 마미Mamie라고 부르는 할머니의 이미지와 함께 연상되는 것이다.

파리에는 프랑스 전국의 요리가 거의 다 모여 있다.● 유일하게 프랑스 모든 지역의 다양한 요리나 치즈, 와인을 모두 맛볼 수 있는 곳이 파리인 것이다. 실제로 남쪽의 보르도에 가서 부르고뉴 와인이나 노르망디의 칼바도스는 눈을 씻고 찾아도 없다. 전라도에 가서 강원도 감자떡이나 함경도식 아바이 순대를 찾는 것과 다름이 없기 때문이다. 그런데 정작 파리만의 전통 요리라 하면 또 언뜻 생각나는 것이 많지 않다. 그런데 뇌리를 스치는 것이 하나 있으니, 바로 그 유명한 양파수프다. 감칠맛으로 가득하고 한 끼 식사로도 든든한 걸쭉한 수프로, 보기에도 투박하니 서민적인 정취가 물씬 풍긴다.

양파는 유럽에 아주 흔해 끓이거나 굽거나 튀겨서 두루두루 먹다보니 감자와 함께 여러 세기 동안 가난한 사람들의 식재료로 취급되었다. 하지만 이런 양파수프가 파리 지역에서 주로 먹게 된 것

● 요리백화점이라고 할 수 있는 파리에는 지역 고유의 요리는 많이 사라졌지만 프랑스 전체의 요리 전시장이다. 파리가 고향인 요리로 유명한 것은 당근과 양파, 베이컨이 들어간 크레시 수프(potage crecy), 달걀, 우유가 주재료인 파리식 플랑(tarte au flan) 등이 있고 우유 베이스의 베샤멜 소스(sauce béchamel), 생크림에 바닐라와 설탕을 넣고 휘핑한 크렘 샹티(crème chantilly) 등이 있다.

은 오히려 왕족들 덕분이었다. 전해지는 이야기에 따르면 18세기에 통조림 법을 발명한 니콜라 아페르Nicolas Appert는 발명가인 동시에 요리사였는데 어린 시절 샹파뉴의 살롱에 있는 폼므도르Pomme d'Or 호텔에서 견습생으로 있었다. 그런데 이 호텔은 로렌 지역에 영주로 머물던 폴란드의 왕 스타니슬라스 레진스키Stanislas Leszczynski가 베르사이유에 살고 있는 딸 마리 레진스키와 사위를 만나러가던 길에 묵곤 하던 곳이었다. 그 사위가 누군가 하면 바로 프랑스의 국왕 루이 15세였다.

어느 날 이 호텔에서 양파로 만든 걸쭉한 수프를 먹게 되었는데 너무 맛있어 다음 날 베르사이유로 떠날 생각도 하지 않고 만드는 법을 배우기 위해 더 머물렀다고 한다. 몸소 주방으로 내려가 셰프에게 요리를 해보도록 하며 본인도 눈물을 흘리며 양파를 썰었다나? 그래서 이 호텔에서 견습 생활을 하던 니콜라는 이 수프의 이름을 '스타니슬라스 양파수프Soupe à l'oignon à la Stanislas'라고 하며 자신의 책에 레시피를 넣었다. 스타니슬라스는 베르사이유에서 사위인 프랑스 국왕에게 양파수프를 만들어주었다고도 전한다. 루이 15세가 이 수프를 발명했다는 설도 있다. 사냥을 하다 숲속에 머무르게 된 어느 날 밤에 출출해졌는데 숙소에는 양파, 버터, 샴페인밖에 없었던 거다. 할 수 없이 이 세 가지를 가지고 요리라고 한 것이 최초의 양파수프라고도 하는데 장인이었던 스타니슬라스와 섞여서 나온 이야기 같다.

19세기 후반이 되어 가난한 예술가들이 모이던 몽마르트르나 시

그뤼예르 치즈를 올린 양파수프

장이 있던 레알Les Halles 지역에는 싸구려 음식점들이 생기기 시작했다. 이곳에서 주로 팔던 한 끼 식사가 바로 양파수프였다. 특히 아침 식사로 인기가 있었는데 밤새 술을 마시며 인생을 논하던 예술가들이나 상인들은 해장국으로 먹으러 왔고 사창가의 창녀들도 일을 끝낸 뒤(?) 지친 몸을 이끌고 허기를 달래러 왔다. 아침 빈속에 들어가는 양파수프는 생각만 해도 입에 침이 고인다.

양파수프에는 꼭 그뤼예르 치즈를 올려야 하는데, 한국에 흔한 밋밋한 모짜렐라를 올리면 절대로 그 맛이 나질 않는다. 두툼한 옹기에 누룽지처럼 노릇노릇하게 녹은 그뤼예르 치즈가 넘칠 듯이 덮여 있고 한 스푼 떠올리면 찍찍 늘어나며 입안까지 따라 들어오는 녀석을 그대로 돌려 입안으로 감아 넣는다. 곧이어 입 천장에 휘감기는 녹은 치즈, 노골노골하고 만족스런 맛의 이 치즈를 음미한 후에 아래쪽에 스푼을 넣어 푹 떠 올리면 양파의 진한 갈색 국물에는 빵덩이가 걸쭉하게 푹 적셔져 있다. 치즈와 함께 한 술을 떠서 입에 넣으면 양파가 버터와 함께 내는 고소한 향이 코끝을 유혹한다. 이어서 식욕이 왈칵 올라오며 수프를 확 덮치게 되는 거다.

그런데 흥미로운 것은 20세기의 그 유명한 요리사인 오귀스트 에스코피에가 1903년에 집대성한 불후의 명작 《요리 가이드》에 양파수프를 수록하지 않은 것이다. 그가 이 유명한 수프의 존재를 모르지는 않았을 텐데. 너무 서민적인 배경의 요리라서 의도적으로 뺀 것은 아닐지? 프랑스 요리가 고급으로 올라갈수록 사람 손이 가지 않게 섬세하게 정리되고 수프도 건더기가 없이 맑아지는 특징이 있는데 아마도 에스코피에의 안목에 양파수프는 너무 투박했는지도 모른다. 요리라는 느낌보다는 가난한 사람들이 배를 채우기 위한 양식일 뿐이라고 생각했을 수도 있다. 오히려 파리에 와서 양파수프를 맛보고 간 미국 사람들이 1960년대서부터 이 수프를 널리 알리기 시작했으니 말이다.

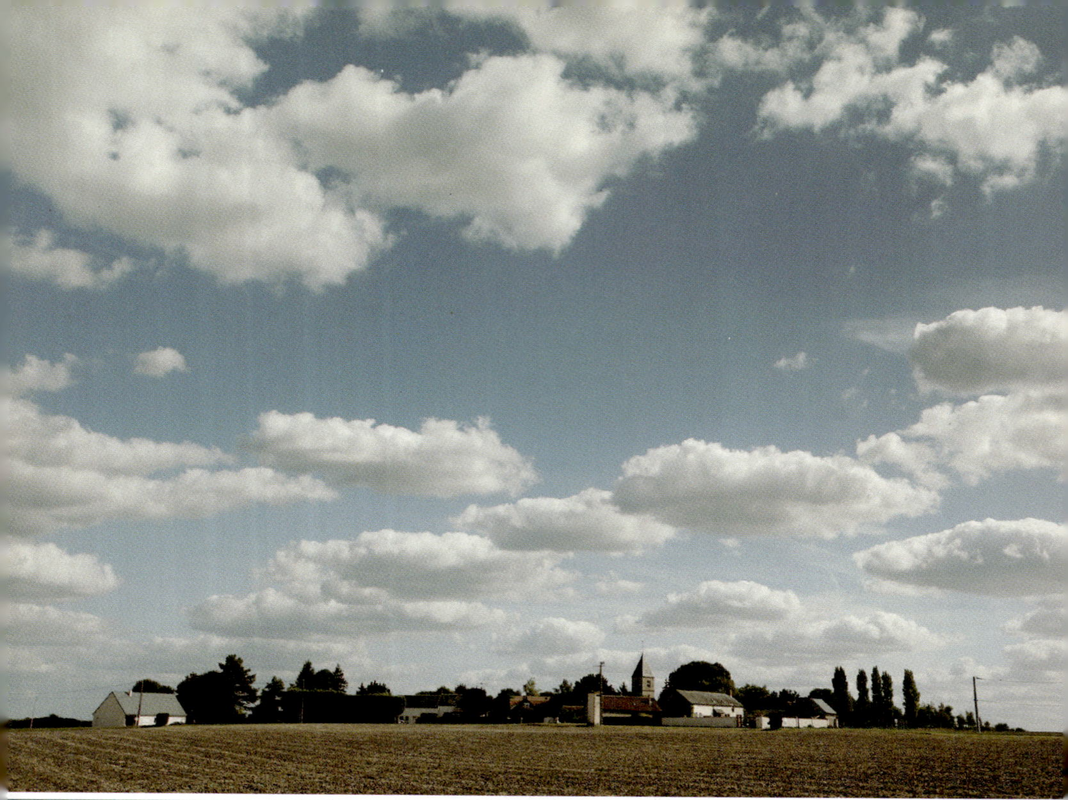

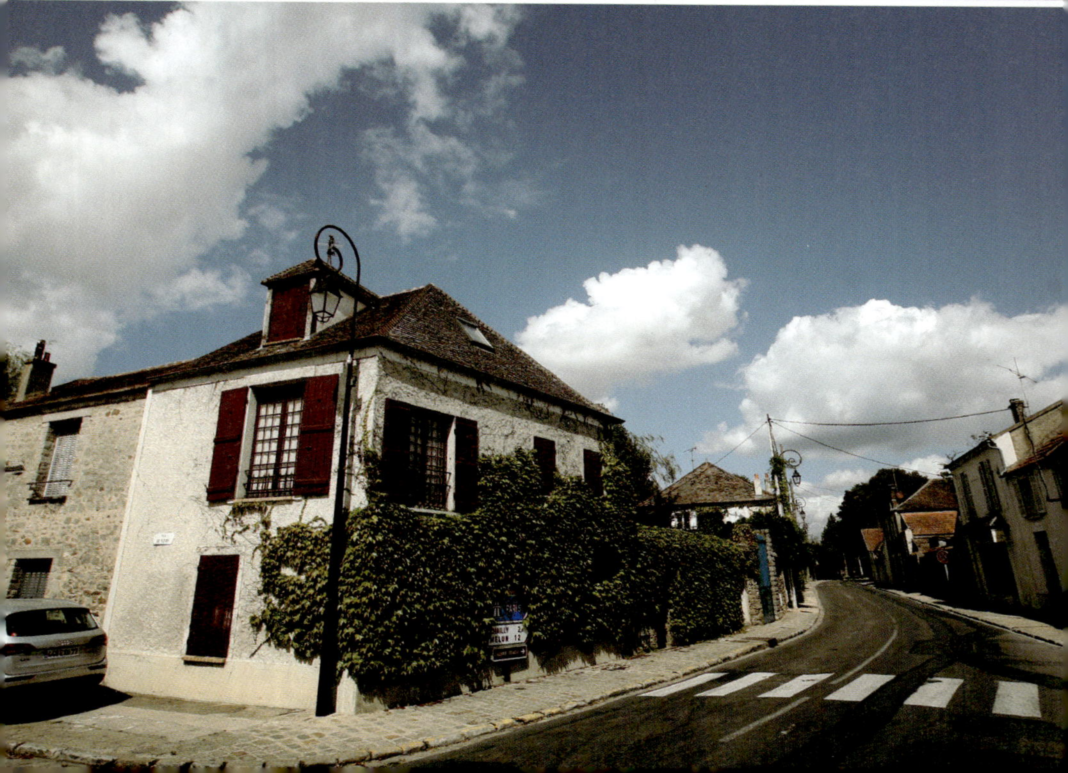

Les gâteaux spéciaux d'hivers

깊어가는 겨울밤의 특별한 케이크들

우리나라에서 명절이 되면 떡을 하던 것처럼, 유럽의 주부들은 특별한 의미의 케이크를 구웠다. 바쁜 도시 생활로 인해 이제 가정에서 떡 하는 집이 거의 없듯이 프랑스도 제과점에서 사는 케이크가 많아졌다. 크리스마스는 프랑스뿐 아니라 온 유럽 사람들에게 우리네 설 같이 가장 큰 명절이다. 멀리 있던 가족들이 모두 고향에 돌아와 함께 모여 밤늦게까지 성대한 정찬을 즐기며 아껴두던 와인 잔을 기울이는 것이다.

이 시즌에 도시의 제과점들은 뷔슈 드 노엘 Bûche de Noël이나 갈레트 데 루아 Galette des Rois라는 케이크를 내놓는다. '뷔슈 bûche'는 장작이란 뜻인데 말 그대로 벽난로의 장작 모양을 본 떠 만든 후 버섯 모양의 사탕이나 호랑나무 가지로 장식한 케이크다. 사실 제과점에

쭉 진열되어 있는 것들을 보면 그다지 예쁘다는 생각이 들지는 않는다. 하고 많은 자연의 모습 중에 장작 가운데 토막을 잘라다 놓은 모양이니 아름답기보다는 좀 기괴하다는 생각이 드는 것이다. 하지만 얼마 전부터 명인들의 제과점에서는 해마다 아주 상상력이 풍부한 예술적인 뷔슈드 노엘을 내놓아 구경하는 재미가 쏠쏠하다. 프랑스 제과의 대기업이라 할 수 있는 르노트르Lenôtre는 몇 년 전부터 해마다 유명한 패션 크리에이티브와 작업을 해서 다른 뷔슈들보다 몇 배는 비싼 가격(보통 100유로가 훌쩍 넘는다)에 한정판으로 출시한다.

칼 라거펠트Karl Lagerfeld, 지방시Givenchy, 겐조Kenzo 등 이름만 들어도 가슴이 설레는 디자이너들의 이름값이니 몸에 걸칠 수도 없는 건데도 예약이 줄을 선다. 오트쿠튀르Haute Couture, 고급맞춤복와 오트 파티스리Haute Patisserie, 고급제과의 만남이다. 지방시는 얼음 사탕으로 만든 루돌프의 머리가 양쪽에 있고 가운데는 설탕으로 만든 금색 리본과 금가루가 뿌려진 고혹적인 뷔슈를, 라거펠트는 초콜릿 무스의 롤케이크 위에 꼭 자기 같이 생긴 설탕 도끼를 꽂았다. 그런가 하면 겐조는 프랑스적 정서에 자신의 정체성을 담아 아주 일본적인 대나무 뷔슈에 끝에는 벚꽃 한 송이가 그려진 뷔슈를 선보였다. 작년에는 크리스티앙 라크르와Christian Lacroix가 작업을 했는데 남프랑스의 아를르Arles 출신인 그는 파스텔톤의 뷔슈 위에 프로방스의 전통인 13개의 디저트를 오종종 올렸다. 그리고 가격은 무려 125유로나 했다. 보기만 해도 "오우, 디자인!!!" 하는 소리가 저절로 나오는 뷔슈들이라 먹기가 아까울 정도다.

피에르 에르메Pierre Hermé는 초콜릿 장작 위에 자신의 트레이드마크인 작은 마카롱을 주렁주렁 다는 것도 잊지 않는다. 또 장폴

아름답게 장식한 지방시의 뷔슈

에뱅의 초콜릿 세계는 그 섬세함의 끝이 어딘지 알 수 없는 창의력이 돋보인다. 신데렐라 구두 안의 초콜릿볼이나 트렁크 모양으로 만든 뷔슈 위의 초콜릿 손잡이는 창의력에 거의 어지러울 지경이다. 주제가 장작이니 커피나 초콜릿 크림이 많지만 요즘은 바닐라, 오렌지, 딸기 등의 파스텔 색상도 많다. 조그맣게 만든 것은 뷔세트bûchette라고 하는(흔히 불어의 명사 끝에 'ette'를 붙이면 원래 크기보다 작은 버전을 말한다) 즉 '작게 구운 뷔슈'라는 뜻이다.

프랑스는 크리스마스이브에 묶은 장작에 불을 붙여 며칠 내내 태우는 것이 풍습이었다. 12월 24일부터 1월 6일 주현절이 올 때까지를 성탄 주일이라 하는데 가능하면 이 12일 내내 불씨가 꺼지지 않도록 가장 굵은 장작을 태우는 것이다. 일종의 의식처럼 포도나무가 많이 나는 지역은 포도나무를 태우고 남프랑스 지역에서는 올리브 나무를, 북부의 참나무 숲 지역에서는 참나무를 태웠다. 온 가족이 벽난로 앞에 모여 부활절부터 십자가 위에 보관하던 성지 가지로 축성을 한 후 장작과 함께 불을 붙이고 모두 함께 행운을 비는 것이다. 와인을 생산하는 지역에서는 와인을 부으며 가을

에 담가놓은 포도주가 잘 숙성되기를 기원하고 젖소가 많은 지역은 우유를 부으며 치즈가 잘 되기를 기원했다. 또 어떤 지역에서는 액운을 막기 위해 소금을 뿌리기도 했다.

장작에 대한 관습은 프랑스 속담에서도 잘 나타난다. 무언가 불길한 생각이 들면 이를 방지하기 위해 나무를 두드리는 거다. 책상이나 식탁, 의자 등 아무거나 나무로 된 물건을 톡톡 두드리며 "뚜슈 뒤 부아!Touche du bois, 나무를 두드려야지!"라고 외치는 것이다. 켈트족의 일족인 골족이 살던 이 지역은 로마가 점령하던 BC 1세기 이전에는 광활한 숲으로 뒤덮인 미개지였다. 그러다 보니 숲속의 작은 부락에 옹기종기 모여 살던 이들의 생활은 자연히 우리의 성황당 같이 모든 것들이 나무와 연결되어 있었을 거다. 숲의 요정, 나무의 신, 어두운 계곡의 마녀 등등이 모두 켈트족의 신화에서 유래한 것이다. 이런 관습이 후에 들어온 기독교와 결합되어 아기 예수의 구유와 연결되고 장작불이 타오르는 아늑한 마구간으로 진화했을 것이다.

실제의 장작에서 케이크로 이행된 것은 19세기였다. 산업혁명으로 증기기관과 기계가 발명되며 차차 석탄이 에너지의 중심으로 떠오르자 장작은 구시대의 유물이 되어갔다. 대신 액운을 쫓기 위해 장작 모양으로 된 케이크가 테이블에 오르게 된다. 파리의 파티시에이자 아이스크림 전문가이던 앙투안 샤라보Antoine Charabot가 1879년에 장작 모양의 케이크를 만든 것을 선두로 20세기가 되며 많은 파티시에들이 창의적인 장작 케이크를 내놓기 시작했다(역시 당시의 유명한 파티시에 피에르 라캉Pierre Lacam이 먼저 만들었다는 설도 있다). 원래는 버터크림 베이스로 만들었는데 지금처럼 일종의 롤케이크 위에 크림이나 초콜릿을 바르게 된 것은 2차 세계대전 이후라고 한다. 얼마 전부터는 아이스크림 뷔슈도 나온다.

게다가 프로방스 지방에는 재미있는 크리스마스 디저트가 하나 더 있는데 바로 '열세 개의 디저트Treize Desserts'라고 하는 것이다. 디저트를 열세 접시 만든다는 것이 아니고 프로방스 지방에서 나는 각종 견과류나 설탕절임, 과일 등을 골고루 열세 개 골라 접시마다 오종종하게 담아놓고 먹는 것이다. 우리나라 동지에 호두, 땅콩 등 각종 견과류를 늘어놓고 까먹는 것과도 닮아 있다.

이 13이라는 숫자는 예수 최후의 만찬에 12제자와 함께 모두 열세 명이 있었다는 데에서 유래한다. 이 날 밤의 만찬에는 배신자 유다도 태연히 참석했다. 예수는 제자들 중 누군가가 자기를 배신할 것이라는 것을 암시하고 이 식사를 마지막으로 체포되어 십자가형에 처해진다. 그래서 서양에서는 이날 밤 유다까지 합쳐 모였던 사람의 숫자인 13에 불길한 의미를 담는 것이다. 게다가 예수가 체포된 날이 다음 날인 금요일이었으므로 13일과 금요일이 합쳐지는 날을 최악으로 여긴다. 크리스마스가 되면 이 열세 가지의 각종 과자를 모아놓고 예수 최후의 만찬을 기억하는 동시에 불행의 숫자인 13을 미리 전시해놓고 이를 방지하고자 하는 것이다.

프로방스 지방에서는 아직도 밤늦게까지 계속되는 크리스마스 만찬인 그랑수페• 후에 이 디저트를 차려놓고 달콤한 와인과 함께 즐긴다. 이 열세 개 안에 들어가는 것은 지역마다 조금씩 다르지만 보통 비스킷, 호두, 흰색과 검은색의 누가, 과일 설탕절임, 와인에 졸인 포도, 대추야자 열매, 과일 페스토 등이다.

이밖에도 12월이 되면 연말을 기념해서 친지들 간에 작은 선물을 주고받는데 선물이라고 해도 부담 가는 것들이 아닌 작은 초콜릿이나 프리앙디즈friandise 정도다. 프리앙디즈는 작은 사탕 종류로 설탕절임부터 젤리까지 다양한데 제일 인기 있는 것이 마롱 글라세 marron glacé라고 하는 밤사탕이다. 그야말로 통밤을 설탕에 첨벙 넣어 통째로 절인 것인데 입안에 넣어 가운데를 깨물면 안에서 달콤한 시럽이 배어 나온다. 안에서 꼬냑이 툭 터지는 초콜릿의 과일 버전이라고 상상하면 된다. 시간이 가면 증발하여 마르게 되므로 안의 시럽이 신선도를 알려주는 척도다.

프랑스가 잘 만드는 과일 설탕절임이나 잼 중에 가장 고급스런 품목으로 통밤 절임과 밤잼Crème de marron은 전통적으로 손맛이 좋은 장인들이 만들어왔다. 1주일 이상 시럽의 온도와 농도를 조절해 가며 절이고 마지막에는 오븐에 넣어 투명한 반짝임을 주는데 단순해 보여도 아주 섬세한 작업이다. 통밤의 모양이 그대로 살아 있으면서 밤 가운데에 쫀득하니 시럽이 고이도록 하는 것이 생각보다 어려운 기술이라고 한다. 전혀 인공적인 주입 없이 완전히 자연적인

● **그랑수페**(Grand souper) 크리스마스나 새해 첫날 등의 성대한 디너 정찬 등을 말한다. 수페(souper)는 지방에서 디너(dîner)와 혼용해서 쓰거나, 밤참 등의 의미로 쓴다.

삼투압만을 통해 스며들도록 하는 것이기 때문이다.

뷔슈가 12월 초부터 깔리기 시작해서 크리스마스 시즌에 먹는 케이크라면, 연말의 흥청거림이 끝나면서부터 제과점에 나오는 겨울 케이크가 또 하나 있다. 바로 갈레트 데 루아로, 새해가 되면 주부들이 집에서 굽는 둥글고 도톰한 파이다. 위에 다양한 칼집을 넣어 모양을 낸 황금빛의 케이크에는 중세부터의 스토리가 농축되어 있다.

다 구워진 케이크가 식탁에 오르면 모든 사람이 긴장을 한다. 왕 게임처럼 재미있는 놀이가 시작되기 때문이다. 파이 어딘가에 '페브 fève'라고 하는 조그만 사기나 플라스틱 인형이 들어 있는데 자신의 조각에 이 인형이 들어 있는 사람이 왕으로 뽑히는 거다. 왕이 된 사람은 연령이나 사회적 지위를 불문하고 그날 하루 누구에게나 명령할 수 있는 권한이 생기게 된다. 보통 최대한 공정하게 하기 위해 케이크의 조각을 분배할 때 가장 나이 어린 아이가 테이블 밑으로 들어가 받을 사람을 호명한다. 자르는 칼집 사이에 페브가 들어 있을 수도 있기 때문이다. 게다가 갈레트는 초대객의 수만큼만 자르지 않고 항상 한 조각을 더 잘랐는데 가난한 자의 몫이라 하여 그날 처음 집 앞을 지나가는 걸인에게 주곤 하였다.

페브란 사기 인형 대신 원래 케이크 안에 넣던 누에콩을 말한다. 갈레트 데 루아는 '왕들의 파이'라는 뜻인데 주현절에 굽는 케이크였다. 주현절이란 예수가 태어난 크리스마스부터 12일간의 성탄주일을 지키고 난 후의 첫날인 1월 6일을 말하는데 예수가 세상에 온 것을 진정으로 축하하고 외부 방문객인 동방박사를 맞은 날이다. 아이가 태어나 삼칠일이라 하여 3주간은 외부인들에게 보이지 않다가 그 이후부터 방문을 허락했던 우리나라 풍습과 별반 다르지 않아 보인다(과학적으로도 증명된 것이 신생아가 면역력이 생기는 시기가 바로 생후 2~3주라고 한다). 바로 이때 방문한 동방의 박사들이 사실 오리엔트의 세 왕들이었다는 전승에서 기원한 놀이인 것이다. 중세 시대에도 주현절 즈음이 되면 온 유럽의 가정에서는 갈레트를 구웠는데 별반 유흥 시설이 없던 시기에 이때다 싶어 특별한 놀이를 즐겼던 것 같다.

　케이크를 구울 때 안에 동방의 왕을 상징하는 딱딱한 누에콩을 한 개 넣는 것이다. 그러다 보니 맛있는 케이크를 먹으며 게임까지 하는 날들이 1주일이 되고 그 다음에는 2주일에서 한 달로, 두 달로 점점 늘어나면서, 주현절의 놀이는 파티 때 뭔가 흥을 돋우기 위한 게임이 되어버렸다. 그래서 예전에는 이 날에 쓰기 위해 우리가 윷을 가지고 있듯이 각 가정에 손으로 만든 왕관을 한두 개씩 가지고 있었다고 한다

　주현절 케이크 안에 누에콩을 넣는 풍습은 훨씬 오래 전인 로마 시대로 거슬러 올라간다. 주현절이란 뜻의 에피타니Épiphanie는 그리이스어 어원으로 테오파니아Theophania라고도 하여 델피 신전에서 신의 나타남을 뜻한다. 오늘날 여성의 이름이자 주얼리의 대명사인 티파니Tiffany에서도 그 흔적을 찾을 수 있다.

　고대 이집트와 메소포타미아 지역에서는 태양신을 숭배하였기

때문에 태양의 죽음, 부활로 믿어지는 동지 시기에 축제를 열었다. 알렉산더 대왕과 함께 이 지역을 지배하게 된 그리스인들은 헬레니즘이라는 거대한 문화로 동질성을 만들어가는 과정에서 태양신 숭배에 먹고 마시는 축제의 신인 디오니소스Dionysos를 갖다 붙였다. 이 날 와인과 연극을 대변하며 밤의 세계를 관장하던 디오니소스의 이미지와는 어울리지 않게 사람들은 둥근 태양을 상징하는 황금빛 빵을 구워 나누어 먹었다.

　이처럼 이집트- 오리엔트 지역에서부터 시작해 그리스를 거쳐 온 태양을 닮은 이 둥근 빵은 곧 로마인들의 또 다른 축제와 만나게 된다. 로마인들에게 있어 12월은 사투르누스Saturnus를 섬기는 축제 기간이었던 것이다. 이들은 그리스인들로부터 물려받은 이 둥근 빵에 또다시 풍요와 자유의 신인 사투르누스를 갖다 붙였고 노예들에게 자유를 주는 날을 정했다. 그리고는 주인과 노예의 역할을 바꾸는 놀이를 고안해 낸다. 노예들 중 한 명을 '하루 동안의 왕'으로 임명하는 놀이였다. 풍요의 상징이던 누에콩을 둥근 빵에 넣은 후 최대한 조각을 내어 노예들에게 준 뒤 자기 조각에서 이를 발견한 사람이 그날의 왕이 되는 것이다. 왕이 된 노예는 그날이 가기 전까지 주인을 포함한 모든 사람에게 명령할 권한이 있었고 모든 사람이 무조건 그 명령을 따라야 했다. 어찌 보건 왕자와 거지 같은 즐거운 놀이였지만 다음날 다시 노예의 신분으로 돌아가야 하는 자의 심정을 생각해보면 죽을 때까지 싸워야 하는 검투사와 다를 바 없다. 로마 귀족들의 잔인한 놀이의 한 단면인 것이다.

사람의 맛　87

갈레트 데 루아에서 페브를 발견하면 왕이 되어 누구에게나 명령할 수 있다

　4세기에 가톨릭교회가 이교도의 축제를 금지하면서 이는 가톨릭의 종교 행사로 옷을 갈아입는다. 사투르누스나 디오니소스 대신 동방박사를 집어넣어 아름다운 픽션을 만들어낸 것이다. 이때부터 동방의 왕들 이름을 붙인 사기 인형을 누에콩 대신 빵에 넣었다. 이 긴 전통은 근세에도 내내 지속되었다. 하물며 그 엄격한 궁중의 에티켓과 각종 허세로 꽉 차있던 베르사이유에서조차 이 놀이는 유행했다. 전통적으로 여성들에게 갈레트를 나누어주고 동방박사 인형을 발견한 사람이 그날 하루 동안 프랑스의 여왕을 하는 놀이였다. 하지만 남성우월주의자인 루이 14세는, "어딜 감히 여자가! 소는 누가 키우는가!"라고 하며 이를 금지시켰고 다른 다양한 방법으로 놀이를 만들어냈다고 한다. 단 하루라도 여자가 여왕으로서 명령하는 꼴을 못 본 것이다.

　요즘은 갈레트 데 루아도 상업화되어 안에 갖가지 형태의 인형에 종이 왕관까지 함께 판매한다. 현대에는 동방박사 페브만 있는 것이 아니고 어린이들이 좋아하는 마이클 잭슨이나 디즈니 캐릭터도 있다. 특히 이 케이크는 파리 지역에서 프랑지판frangipane이라는 아몬드 크림을 풍성하게 넣어 더욱 맛이 좋아졌다. 슈퍼마켓에 홈베이킹 제품으로도 많이 나와 있어 준비된 제품을 사서 하라는 대로만 하면 뚝딱 케이크가 만들어진다.

아몬드 가루와 케이크용 크림을 1:1로 섞으면 프랑지판 고물이 완성된다. 밀가루와 버터 반죽을 해서 칼국수할 때 밀가루 밀듯이 널찍하게 펴서 2장을 만든다. 한 장 위에 프랑지판 크림을 듬뿍 넣고는 여기에 조그만 사기 인형을 넣은 뒤 위에 파이 반죽을 덮는다. 삐죽삐죽한 주변을 동그랗게 자르고는 가장자리를 계란 노른자로 잘 붙인 후 전체를 계란 노른자로 칠해 윤기를 준다. 케이크 위에 원하는 모양대로 칼집을 넣어 그림을 그려 200℃로 예열한 오븐에 넣어 25분간 구우면 케이크가 완성되는 것이다.

갈레트 데 루아를 먹을 때는 입속에서 살살 헤쳐 가며 먹는 것이 좋다. 인형이 어디 있을지 모르니 꽉 깨물다가는 이가 나갈 수도 있기 때문이다. 우리나라에도 빵집에 아몬드 가루와 버터로 만든 반죽인 프랑지판을 넣은 제품이 꽤 있다. 바삭한 파이나 말랑하고 촉촉한 빵 안에 아몬드가 까끌까끌하게 씹히는 감촉이 달면서도 고소해 "어, 너 이렇게 맛있어도 되는 거니?" 하면서 많이 먹다가는 하루치 열량 모두 채우게 되니 조심할 것.

La cuisine traditionnelle des grands-mères

다이어트의 적, 프랑스 할머니표 전통요리

럭셔리 브랜드들이 즐비한 샹젤리제나 몽테뉴 거리만이 프랑스일까? 쓰리 스타에 빛나는 알랭 뒤카스나 피에르 가니에르만이 프랑스의 미식일까? 이런 섬세함도 물론 프랑스 문화의 상징이지만 내게는 진정 살아 있는 프랑스 요리라고 하면 시크함보다 투박한 비스트로의 음식이 먼저 와 닿는다. 잘 계산된 맛과 소스의 오트 퀴진이 갤러리에 걸린 명화처럼 시각을 간질인다면 오랜 전통의 할머니표 요리에는 프랑스인들의 생생한 삶이 담겨 있다. 나 역시 함경도 출신이던 할머니가 만들어주시던 이북음식이 이제는 그 어디서도 먹을 수가 없어 안타까운 추억으로만 남아 있다. 어딘가에서 잘한다고 찾아가 보아도 흉내만 내었을 뿐 할머니의 맛은 없는 것이다.

하지만 모든 전통 요리들이 그렇듯, 프랑스의 할머니표 요리들도 외국인이나 관광객을 전혀 고려하지 않고 만들어진 음식들이라 이 나라 사람들은 그릇 바닥을 뚫을 정도로 핥아 먹는데 우리 입맛에는 영 안 맞아 그곳에선 컵라면과 봉지 김치를 찾게 될 수도 있다. 하지만 입에 맞고 안 맞고를 떠나서 조금만 마음의 문을 열면 요리라는 창문을 통해 또 다른 세상이 보인다. 해리포터의 마법의 나라는 물리적인 것이 아니고 우리 마음속에 있는 것이다.

프랑스의 이곳저곳을 여행하다 보면 정말 지방색이 뚜렷하다는 것을 실감할 수 있다. 풍경과 마을, 사람들도 다르지만 그보다도 다양한 요리와 와인은 끝없는 호기심을 충족시켜 주곤 한다. 프랑스는 천혜의 자연 조건을 갖춘 나라다. 한반도보다 2.5배 정도 큰 땅덩어리 위에 산과 강이 있고 삼면은 바다에 평야는 비옥하다. 기후도 대륙성, 서안해양성, 지중해성의 알짜배기 기후대만 가지고 있다. 지중해를 가진 나라가 알프스와 피레네까지 있으니 찬란한 햇빛과 세계 최고의 스키장이 동시에 있는 거다. 이거 너무 불공평한 거 아닌가 하는 생각이 슬며시 든다. 비옥한 땅에 각 지역마다 식재료와 특산물이 풍부하니 수많은 토속 음식이 발달해 있다.

아주 아주 오랜 옛날, 할머니의 할머니 시대부터 먹어왔던, 칼로리니 영양소니 이런 거 하나도 모르고도 그 시대를 살던 사람들 몸에 꼭 맞았던 그런 손맛이 있다. 그냥 툭툭 잘라 커다란 솥에서 푹 쪄내거나 크림과 버터, 비계 덩어리나 오리 기름으로 지방질이 철철 흐르는 요리들, 돼지 족발이나 가축의 내장도 거침없이 쓰는 것들이다. 다이어트와 건강에 목숨 거는 사람들은 뒤로 나자빠질 듯한 음식들이다. 프랑스 각 지방의 할머니표 요리들을 보면 우리가 상상하던 화려한 요리들과는 너무 달라서 이거 프랑스 요리 맞나 싶다. 이런 요리들은 매일의 일상식으로 먹어온 것도 있지만 대부분은 명절 때나 손님이 오면 내오는 특별 요리다. 우리나라 명절의 갈비찜이나 탕국 같다고 생각하면 되겠다. 그래서 섬세한 소스나 장식보다는 온 가족이 둘러앉아 먹기 편하게 푹푹 떠 담는 푸짐한 스튜가 많다.

프랑스의 오트 퀴진은 재료를 물에 첨벙 넣어 진하게 끓인 스튜 요리를 좀 경시하는 경향이 있다. 그래서 고급으로 올라갈수록 스튜 요리는 드물다. 중세의 라구Ragoût 같은 조리법으로 모든 재료를 섞어서 무슨 맛인지도 모르도록 오래 끓이는 잡탕이라고 생각하기 때문이다. 고급 요리일수록 재료의 맛을 그대로 살리면서 먹는 사람이 손 하나 까딱하지 않고 그저 입에 넣기만 하면 되게끔 주방에서 완벽하게 손질해서 섬세한 소스와 함께 나가는 것을 원칙으로 한다.

스튜는 가정이나 비스트로용 요리다. 프랑스인들이 '피쉬 앤 칩스Fish & Chips'외엔 별다른 요리랄 것이 없고 주로 스튜 요리가 많은 영국이나 독일 요리에 고개를 절레절레 흔드는 것도 이런 이유다. 섬세함은 떨어지지만 프랑스 전 국민이 아직도 좋아하는 국민 스튜 몇 개가 있는데 재미있는 것이 꼭 우리나라의 곰탕이나 닭볶음탕, 사골국밥 같이 정감이 넘치는 데다 전용 뚝배기에 먹는 것도 있다는 거다. 잊으면 안 되는 것이, 대부분의 할머니표 요리들이 아주 오랜 중세 시대부터 밭에 나가 일해야 하는 식구들을 위한 특별 몸보신 요리가 많아 한 그릇에 족히 1000칼로리는 된다는 것. 다이어트에는 완전 적이다.

콩을 넣은 고기 스튜, 카술레

카술리Cassoulet는 랑그독 지방의 전통 요리로 14세기 백년전쟁 당시, 영국군에게 포위되어 배고픔으로 고통 받던 군인들의 원기를 북돋아주기 위해 성 안에 있는 재료, 없는 재료 다 넣어 끓인 데서 유래한 음식이라고 한다. 우리나라의 메주콩 비슷한 말린 대두와 큼직하게 썬 고기, 야채, 소시지 등을 향신료와 함께 푹 고은 스튜 요리다. 콩이 꼭 들어가야 하는데 메주콩과 똑같은 품종은 아니겠지만 알이 크고 씹어보면 고소한 맛이 메주 담기 전에 삶아 놓은 콩 맛이랑 비슷하다.

랑그독 지방의 카술레

고기는 보통 쇠고기나 양고기, 돼지고기를 주로 사용하지만 식성에 따라 메추리나 기름진 오리 고기, 소시지, 지역에 따라서는 돼지 껍질을 넣는 등 세 가지 정도의 버전이 있다. 아침에 농부들이 일 나가며 집에 남아 있던 고기와 재료들을 벽난로의 자작자작한 장작불 위에 걸린 큰 솥에 몽땅 털어 넣으면, 저녁에 일 끝내고 돌아왔을 때 푹 익어서 요리가 완성되어 있는 것이다. 낮은 불에 하루 종일 끓은 콩과 고기 조각들은 완전히 물러서 키위를 넣은 갈비찜마냥 입속에서 녹아내리고 고기에서 배어나온 육류의 기름이 뭉근하게 섞여 기름기가 잘 잘 흐른다. 많이 느끼하므로 한국 사람은 웬만한 비위를 가진 사람이라도 많이는 못 먹는다. 요즘에는 슈퍼에 통조림으로 나와 있는데 전통적인 카술레에 비해 아주 약식으로 만든 것이다.

이 지역 사람들이 콩을 삶던 카솔cassole이라고 하는 원뿔 모양의 뚝배기에 담아 먹는 전통 때문에 여기서 이름이 유래했다. 랑그독의 이셀Issel 지역에서는 우리나라에서 도공이 도자기 빚듯이 아직도 이 뚝배기를 만드는 장인들이 있다.

흰 소스의 송아지 고기 찜, 블랑케트 드 보

프랑스 할머니표 전통요리에서 빠질 수 없는 것이 송아지 고기를 베아르네즈 소스에 조리한 블랑케트 드 보Blanquette de veau다. 블랑케트라는 이름은 이 스튜의 색이 흰색blanc인데서 유래한다. 이름에 송아지 고기라는 보veau가 달렸지만 돼지, 토끼, 칠면조, 새끼양 등 육질이 연하고 색이 옅은 고기면 모두 쓸 수 있다.

이 송아지 고기찜 만드는 것을 보면 프랑스 요리 종합세트 같은 느낌이 든다. 정통 요리의 핵심인 퐁 드 보 육수의 기원을 찾을 수 있는 거다. 프랑스 레스토랑 하면서 가장 안타까운 것이 육수 끓이고 난 후 고기는 모두 건져 동네 멍멍이 녀석 갖다 줄 때다. 오래도록 육수를 끓이고 난 고기는 맛이 다 빠지고 질겨서 수육으로 먹을 수가 없기 때문이다. 블랑케트 드 보는 육수 끓이는 방식과 똑같이 야채와 허브를 넣고 고기를 삶지만 맛이 빠지지 않도록 빨리 건져내서 조리하는 것이다. 여기에 프랑스 요리에서 소스의 농도를 맞추는 루$_{roux}$, 생크림과 달걀을 사용하는 베아르네즈 소스까지 쓰니 스튜치고는 상당히 난이도가 있는 요리다.

송아지 고기를 쓸 경우 가슴살이나 안심, 어깨살을 쓰는데 먼저 밑이 두꺼운 삼중 냄비에 버터와 올리브유를 넉넉히 두르고 양파를 볶다가 고기를 넣어 같이 볶아준다. 여기에 소금, 후추로 간을 하고 백포도즙를 넣는다. 조금 볶아 포도주의 알코올기가 날아가 버리면 물을 가득 붓고 당근, 양파, 부케 가르니●●, 대파를 넣고 함께 끓여 육수를 내는 것이다. 육수가 끓는 동안 버터와 계란 노른자와 생크림으로 소스를 만드는데 먼저 약한 불에서 버터를 50g쯤 녹이다가 동량의 밀가루를 넣어 잘 섞어서 루를 만든다. 여기에 끓이고 있는 육수를 한 국자 부어 계속 저으면서 소스를 만든다. 한 시간쯤 육수가 뭉근하게 끓으면 고기만 건져 양송이, 양파와 함께 옆에 만들어 놓은 소스에 넣어 함께 몇 분간 끓인다. 다 끓으면 불에서 내려 마지

● **퐁 드 보(fond de veau)** 소스나 수프 등을 만들기 위해 오븐에 구운 소뼈, 고기 덩어리, 야채, 허브 등을 넣어 끓인 기초가 되는 육수
●● **부케 가르니(bouquet garni)** 타임, 파슬리, 셀러리 등을 묶어 만든 허브 다발. 스톡이나 소스 등의 향을 내는 데 사용

블랑케트 드 보

막 순간에 생크림, 달걀노른자, 레몬 반 개를 짠 즙을 넣고 계속 휘저어주면 완성된다. 달걀노른자가 익어서 뭉치면 안 되므로 온도 조절이 필수다.

조금 복잡하기는 하지만 한국에서 몇 번 시도해 본적이 있는데 송아지 고기 구하기가 쉽지 않아 쇠고기 사태를 사용한 적이 있다. 흰 살코기가 아니라 블랑케트라는 말이 어울리지 않지만 감자나 밥, 파스타와 함께 서빙하면 크림과 계란이 어우러진 매끈한 소스와 삼박자가 맞는다. 파리에서 이 요리를 맛보는 사람들은 "느끼…… 느끼……"를 외치며 피클을 찾게 될지도 모르겠다. 하지만 피클이나 할라피뇨를 접시에 담아 단무지처럼 쓰는 곳은 한국 레스토랑밖에 없다는 것을 명심할 것.

적포도주에 졸인 닭볶음탕, 꼬꼬뱅

꼬꼬뱅Coq au vin 또한 프랑스 국민요리 대열에서 빼놓을 수 없는 메뉴다. 근세까지는 의사들이 회복기 환자들의 보약으로 이 요리를 처방할 정도였다니 닭고기조차 구하기 힘들었던 이 시대 농민들의 어려웠던 삶을 짐작할 수 있다. 오죽했으면 15세기에 앙리 4세께서 큰 선심 쓰듯이 "적어도 일요일에는 모든 국민이 닭고기를 먹게 하라"고 어명을 내렸겠는가?

꼬꼬뱅은 주로 프랑스 동부 지역에서 많이 해 먹던 할머니표 요리인데 그중에서도 레드 와인의 명산지인 부르고뉴의 보졸레 지역이 유명하다. 원래는 방목하던 질깃한 수탉을 사용해 레드 와인에 담가 오래도록 푹푹 고아야 하는데 흔히 유통되는 사육된 암탉을 사용할 경우는 살이 물러지기 때문에 너무 오래 졸이지 않는 것이 팁이다. 쥐라 지역에서는 특산주인 뱅존Vin Jaune에, 알자스 지역에서는 화이트 와인인 리슬링Riesling에 졸이기도 한다. 보르도산 레드 와인은 닭고기 단백질의 질긴 조직을 끊는 작용을 하는 탄닌이 너무 많기 때문에 좋지 않고 부르고뉴나 보졸레 등의 가벼운 레드를 써서 조리한다. 뭐, 나의 엉뚱한 발상이지만 부르고뉴표 특선요리니 럭셔리의 절정 버전으로 로마네콩티•에 졸인다면 어떤 맛이 될지? DRC••에서 듣는다면 로마네콩티 모욕죄로 고소할지도 모르겠다. 버전은 여러 가지가 있다. 레드 와인에 마리네이드 할 경우도 있고 옛날 할머니들은 닭피를 넣는 경우•••도 있었는데 요즘 젊은 친구

● 로마네콩티(Romanée Conti) 부르고뉴에서 생산되는 세계 최고의 와인 중 하나로, 좋은 빈티지는 1000만원을 호가한다-.

●● DRC 도멘 로마네 콘티(Domaine Romanee Conti)의 약자로 세계 최고급 부르고뉴 와인 로마네 콩티를 생산하는 포도원

●●● 동물의 피를 사용하는 요리를 상게트(Sanguette)라고 한다

적포도주에 졸인 꼬꼬뱅

들은 이 버전은 거의 먹어본 적이 없다고 한다.

일단 요리는 너무 복잡하면 하고 싶은 의욕을 잃기 때문에 나는 프랑스 아줌마들이 보통 집에서 하는 버전을 택하곤 했다. 먼저 팬에 올리브오일을 두르고(버터가 더 고소하겠지만 건강을 생각해서!) 소금, 후추로 간한 닭을 노릇노릇하게 지진다. 지진 닭을 커다란 냄비에 차곡차곡 넣으며 밀가루를 조금씩 뿌려준다. 밀가루 옷을 입혀서 지져도 좋지만 담백하게 하기 위해 농도를 맞추는 용도로 밀가루만 살짝 뿌리는 것이 좋다(탕수육이 아니므로 전분가루 사용은 자제할 것). 여기에 레드 와인 반과 닭 육수 반을 자작하게 부어준 후 통마늘 몇 개와 통후추 넣고 월계수 잎 하나, 타임 잎 몇 개 넣어 끓인다. 끓어오르면 불을 죽이고 낮은 불에 푹 고는 것이다. 한 40분쯤 뭉근하게 졸인 후에 감자와 당근, 대파, 양송이 등을 굵직굵직하게 썰어 넣는다. 15분 정도 더 졸이며 간을 맞추면 요리가 완성된다.

적포도주에 졸이게 되면 닭고기에 강한 보라색이 감돌아 처음 먹는 사람은 인도식 탄두리 요리를 볼 때처럼 좀 거부 반응이 들 수도 있다. 게다가 이 보라색 닭찜에서 정말 닭볶음탕의 맛을 기대한다면 실망할 것이다. 와인의 알코올은 날아갔지만 짙은 와인 향이 감돌아 감칠맛보다는 향을 즐기며 먹는 거다.

족발 요리

한국인의 족발 사랑만큼 프랑스인들의 사랑도 이에 못지않다. 한국에서는 주로 앞다리만 쓰고 뒷다리를 무시하지만 프랑스에서 뒷다리는 잠봉을 만들기 때문에 아주 귀한 재료로 취급 받는다. 게다가 앞다리는 한국과 마찬가지로 족발 요리Pied de Cochon로 푹 고아 먹는 조리법을 쓴다.

나는 사실 시장통에서 보이는 웃고 있는 돼지머리가 별로 기분이 좋지 않아 그리 즐기지는 않지만 가족과 전 국민이 사랑하니 이제는 가끔 먹게 된다. 게다가 하우스 맥주를 좋아하다 보니 한국식이나 프랑스식 족발 이전에 독일식 족발 요리와 먼저 친해졌다. 독일식 족발 요리라면 돼지 앞다리를 어깨까지 잘라 뼈와 함께 소금에 절였다가 오븐에 두어 시간 바삭하게 구워내는 슈바이네학센Schweinshaxe, 여러 가지 야채와 함께 맥주에 삶아낸 후 다시 맥주를 부어가며 연기를 쏘여 훈제 향이 배게 한 아이스바인Eisbein이 있다. 이는 한국인의 입맛에도 잘 맞는다.

의외로 프랑스도 족을 통째로 쓰는 무지막지한 요리가 여러 버전으로 있는데 이 중에서도 가장 유명한 곳이 파리에 이웃한 지방인 샹파뉴Champagne의 생트 므누Sainte-Menehould지역이다. 오래도록 낮은 불에 자작자작 고은 후에 족발을 통째로 오븐에서 다시 한 번 구워 이로 뼈를 깰 정도로 물러지게 한 후 안의 골수를 먹는 것이다.

요리가 처음 만들어진 계기가 실수로 인한 스토리들이 많은데 생트 므누의 족발 요리도 예외는 아니다. 어느 부잣집의 요리사가 다음 날 아침 식사를 위해 밤에 돼지 족발찜을 하기로 했다. 늦은 밤 벽난로에 솥을 걸어 두고 앉아 있자니 너무 졸려 어린 머슴에게 두 시간 후 솥을 내리라고 맡기고는 자러 들어갔다. 그런데 이 머슴이 그만 솥 앞에서 깜빡 잠이 들었다. 그동안 두어 시간 찌기만 해서 먹던 족발인데 그만 머슴의 실수로 밤새 자작자작 졸아버린 것이다. 다음날 솥 앞에서 쿨쿨 자고 있는 머슴을 발견한 요리사는 아연실색을 했다. 얼른 솥단지를 내리고 뚜껑을 열었는데 돼지족발이 타지 않고 그런대로 모양이 남아 있는 것이었다. 맛을 보았더니 웬걸! 너무 맛있는 데다 뼈까지 씹히는 새로운 요리가 탄생한 것이었다.

잔다르크Jeanne d'Arc에게 프랑스 군을 주어 백년전쟁을 승리로 이끈 후, 결국은 그녀를 화형대로 보낸 샤를르 7세가 이 족발 요리를 아주 좋아했다고 한다. 한번 맛보고는 궁중의 메뉴에 올리라고 명령해서 유명해졌다. 프랑스 혁명당시 루이 16세가 가족과 함께 프랑스를 탈출하기 위해 로렌 지역의 바렌Varennes으로 도망쳤을 때, 지친 몸을 보신하기 위해 맛보고는 감탄해 마지않았던 음식도 바로 이 족발 요리였다. 궁중의 최고급 요리만 드시던 양반이 이곳의 푹푹 고은 상스러운 음식에 홀딱 반하신 거다. 함께 탈출하던 마리 앙투아네트 왕비도 당연히 맛보았을 것이다. 불행하게도 루이 16세 부부는 뒤쫓아 온 혁명군에 체포되어 파리로 압송된 후 기요틴에서 사형당하고 마는데 만일 탈출했다가 다시 왕정이 복고되었다면 어려운 시절에 먹었던 이 요리가 생각나 궁중 메뉴에 올리도록 했을 것이다.

샹파누 지역의 족발 외에도 돼지 정강이 위쪽이나 허벅지 살을 야채와 함께 화이트 와인이나 포트와인을 부어 오래도록 삶아내는 찜 요리인 자레 드 포르Jarret de Porc도 지역마다 다양한 조리법이 있는데 공통점은 푹 고아서 쫄깃쫄깃한 껍질의 젤라틴이 녹아나온다는 것이다.

솔직히 그다지 비위가 좋지 않은 나는 스페셜로 족발 하나가 탈 모양까지 접시에 담겨 나온 것을 보면 식욕이 떨어진다 족발 요리는 느끼

프랑스식 족발 요리 피에 드 코숑

하므로 차라리 오래 숙성하지 않은 12년 정도의 쌩쌩한 위스키랑 먹으면 또 좋겠다는 생각을 하지만 프랑스에서 식사와 함께하는 위스키는 소믈리에를 놀래킬 것 같으니 역으로 산뜻한 기포가 있는 샴페인과 마시면 어떨까 싶다. 레드 와인, 특히 탄닌이 많은 레드 와인은 돼지 기름과 서로 충돌한다.

알자스식 스튜, 베케토프

　독일어로 빵집주인을 뜻하는 'Bäcker'와 오븐을 뜻하는 'ofen'이 합쳐진 베케토프Baeckeofe는 독일식 소시지 요리인 슈크루트와 함께 알자스의 대표 요리다. 그 이름 베케토프는 말 그대로 독일의 영향이 큰 알자스식으로 빵 오븐이란 말이다.

　옛날 시골에서 빵집은 별로 장사가 안됐다. 대부분 집에서 빵을 스스로 구워 먹었기 때문에 특별하게 빵집이 필요 없었던 거다. 그래서 빵집 여주인이 빵을 한 판 굽고 난 뒤 아직 식지 않고 놀고 있는 오븐에 요리를 넣고 몇 시간이고 낮은 불에 뭉근히 익혀 내는 요리라는 뜻이다. 쇠고기, 양고기, 돼지고기 세 가지의 고기를 감자, 각종 야채를 넣고 여기에 백포도주를 부은 후 간을 해서 오래오래(거의 24시간) 오븐에서 쪄낸 요리로 별 준비도 필요 없다. 그냥 뚝뚝 잘라 넣고 딴 일 하는 동안 혼자서 익고 있는 것이다.

　이 요리는 일요일에 주로 많이 먹었다고 하는데 고기가 귀했던 시절에 온 식구가 둘러앉아 나누어 먹기 위해서였을 것이다. 특히 스트라스부르의 베케토프가 유명하다. 독일의 영향이 강하게

알자스식 베케토프

남아 있는 알자스도 역시 독일식으로 맥주에 삶는 돼지 족발요리인 아이스바인과 비슷한 찜요리 Jarret de porc가 있는데, 재미있는 것은 프랑스 문화가 가미되다 보니 여기에 퐁 드 보를 넣기도 한다는 것이다. 독일식의 베케토프는 돼지 앞다리 하나가 냄비 속에서 툭 튀어나오기도 하며 스튜 위에 감자 슬라이스를 가득 덮어 익히기도 한다.

프로방스식 생선찌개, 부야베스

한국 사람들이 프랑스의 지방들 중 가장 친숙하게 여기는 곳이 바로 올리브나 각종 허브로 가득한 프로방스일 것이다. 이 지역의 요리는 지중해에서 나오는 풍부한 해산물과 생선 요리에, 토마토, 가지, 호박, 양파, 에샬로트, 파프리카 등 이 지역에서 생산되는 신선한 야채를 많이 사용하는 것이 특징이다. 대부분의 프랑스 요리가 버터나 크림을 많이 사용하는 데 비해 프로방스는 올리브기름을 많이 사용하기 때문에 웰빙스러운 데다, 마늘을 듬뿍 사용해 우리 입맛에도 잘 맞는다. 프로방스에서 가장 먼저 떠오르는 전통 요리는 계란과 토마토, 엔쵸비, 참치 등이 들어간 니스식의 푸짐한 샐러드와 바다로부터 금방 잡아 올린 생선으로 만든 부야베스 Bouillabaisse다.

원래 부야베스는 이 지방 어부들의 요리로, 바닷물을 이용해서 만들던 매우 단순한 요리였다. 고깃배가 돌아오면, 남편이 그물을 정리하는 동안 아낙네는 모닥불에 바닷물을 끓인다. 그리곤 흠집이 나서 팔지 못할 생선들을 골라 펜넬 fennel과 감자, 토마토 등을 끓여

내서 온 가족이 둘러앉아 먹곤 했다고 한다. 현재는 바닷물 대신에 작은 생선들로 국물을 만들고 여기에 신선한 생선과 토마토, 양파, 마늘 등을 넣어 끓여내 사프란, 파프리카, 올리브 오일 등으로 만든 붉은 색의 루이유rouille 소스에 찍어 먹는다.

보통 부야베스 전문점은 마르세이유Marseille에 많이 몰려 있는데 생선이나 관자, 게, 새우 등이 통째로 들어가다 보니 우리나라 불고기나 전골처럼 2인분 이상씩만 주문을 받는다. 갸르송(웨이터)이 어마어마한 양의 생선을 웨곤에 끌고 와 고객이 보는 앞에서 능숙한 칼질로 손질하여 접시에 담아주며 새우나 조개류는 손으로 먹고 헹굴 수 있도록 핑거볼이 함께 나온다. 생선을 익혀 걸쭉해진 국물은 수프로 만들어 여기에 갓 구운 마늘빵을 적셔가며 먹는다. 파프리카가 들어가 색이 꼭 우리나라의 매운탕 같이 생겼지만 매운맛은 전혀 없다. 하지만 생선의 비릿함이 파프리카나 사프란 등의 향신료와 어우러져 구수한 마늘빵을 자꾸 먹게 되어 생선을 다 먹기도 전에 배가 부르니 주의할 것.

또 프로방스 대표요리인 그랑 아이올리Grand Aioli도 빼놓을 수 없는 가정요리다. 말린 대구와 각종 야채들을 따로따로 소금물에 삶아 아이올리Aioli 소스에 찍어 먹는다. 기름기 없는 그랑 아이올리는 꼭 대구지리처럼 담백한 맛이 느껴진다. 별 맛이 없는 흰살 생선을 마요네즈에 마늘이 듬뿍 들어간 아이올리 소스를 푹 찍어 입에 넣고 시원한 로제와인을 한 모금 머금으면 프랑스 요리 느끼해서 못 먹는다는 사람도 아무 말 없이 계속 입으로 가져간다. 마늘향 그

득한 아이올리는 각 가정집마다 테이블 위에 올라가는 일상적인 소스로 한국인 입맛에 꼭 맞는다.

또 다른 남프랑스의 유명한 요리로 포토페 Pot au feu 가 있는데 이는 쇠고기, 당근,

부야베스

대파, 감자, 양배추 등을 레드 와인에 몇 시간 동안 고아서 비네그레트 Vinaigrette 소스나 겨자소스에 찍어 먹는 것이다. 도브 프로방살 Daube-provençale 은 요리 전에 쇠고기의 사태나 양지 또는 양고기를 큼직하게 썰어 양파, 당근, 마늘, 허브 등과 함께 하룻밤 레드 와인 담가 두는데 풍미를 더하기 위해 오렌지 껍질을 잘게 썰어 넣기도 한다. 다음날 절여 두었던 고기를 프라이팬에 한번 지진 다음 다시 절였던 레드 와인 국물에 토마토를 넣어 함께 뭉근하게 끓인다. 거의 완성되어갈 때쯤 올리브를 넣어 남국의 정취가 물씬 나는 찜 요리다. 고기의 육즙과 레드 와인이 탄닌이 어우러져 고소하면서도 타임이나 월계수 잎 등 프로방스의 허브향이 그득하다.

노르망디식 소내장탕, 트리프

바다의 무법자 바이킹족의 후손들이 정착한 땅. 프랑스 북부 해협의 노르망디 지방은 깎아지는 절벽을 끼고 끝없이 펼쳐진 해안선과 비옥한 땅이 절묘한 조화를 이룬 곳으로 제2차 세계대전 당시 노르

망디 상륙 작전으로 역사에 굵은 획을 긋기도 한 역사적인 땅이다.

노르망디의 특산주 시드르

해안에서는 어업, 평야에서는 낙농업이 주요 산업이다 보니 식재료가 아주 다양하고 풍부한 곳으로 우유, 버터, 크림뿐 아니라 닭고기와 오리 고기, 양 고기, 돼지 고기가 아주 유명하다. 바다에서 잡히는 생선과 조개류와 갑각류는 다른 지방의 것과 비교할 수 없을 정도로 품질이 좋다.

노르망디는 북쪽에 위치하고 비가 많이 내려 와인이 생산되지 않기 때문에 사과로 시드르Cidre나 칼바도스Calvados를 담가왔다. 그래서 대부분의 요리에 사과주를 넣으며 바로 옆 동네인 브르타뉴의 특선 요리인 크레이프Crêpe는 반드시 시드르와 함께 먹는다. 이곳에도 할머니표 전통요리가 있는데 바로 우족에 붙은 살과 위, 양, 천엽 등을 당근, 대파, 마늘 등의 각종 야채와 향신료를 넣은 뒤 사과주를 붓고 오븐에서 네댓 시간 끓인 엄청난 내장탕이다. 이를 트리프Tripes à la mode de Caen라 한다. 재미있는 것은 트리피에르tripière라는 뚝배기에 조리하는 것이다.

이 요리의 기원은 11세기에 바다를 건너가 영국을 정복했던 기욤

드 콩케랑의 시대까지 거슬러 올라간다니 천년은 족히 된 요리다. 노르망디 이름 그대로 스칸디나비아에서 온 바이킹 노르만족들이 내려와 세운 나라다 보니 좀 거친 음식이 많이 발달했을 수도 있다.

노르망디의 캉Caen대학에서 공부하기 위해 도착한지 얼마 안 되던 때에 특히나 캉스타일 à la mode de caen로 조리한 트리프가 유명하다 해서 이를 맛보기 위해 시내의 레스토랑을 찾아간 적이 있었다. 도착한지 얼마 안 되어 아직 친구도 없고, 공동 주방이라 밥을 해 먹기도 불편한 기숙사에 있었기 때문에 학교 식당에서 식사를 해야 하던 시절이었다. 한국도 마찬가지지만 사람의 손맛이 빠진 단체 급식이라는 것이 아무리 잘해도 몇 번 먹고 나면 질리기 마련이어서 이 지역의 전통 요리집 주소를 몇 개 정리해서 맛보기로 한 것이다. 가격 싸고 혼자 먹어도 별로 티 나지 않는 갈레트나 크레이프 전문점을 돌다가 시내에 두 개밖에 없는 중국집도 지쳤고 그 유명하다는 트리프를 먹어야겠다고 생각한 것이다. 시내의 프랭탕 백화점 뒷골목에 있던 브라스리였던 기억인데 정말 과장하지 않고 우리나라 냉면 그릇 정도 되는 크기의 뚝배기에 각종 내장이 허옇게 담겨서 나왔다.

그 당시에는 향신료의 진한 향이 내장 특유의 냄새와 뒤섞여 더 역겹게 느껴졌는데 지금 생각해보면 그것이 타임의 향이었다. 이상하게 타임은 닭요리에서는 향긋하게 느껴졌는데 내장과는 정말 아니었던 거다. 허브보다는 오히려 칠리 고추나 생강 같은 향으로 감싸준다면 먹을 만할 것 같았다. 정말 셰프에 대한 예의상 먹으려 아무리 노력해도 두 번째 손이 가질 않는 거였다. 내 생애 음식점에서 내 돈 내고 먹으면서 이렇게 땀을 뻘뻘 흘렸던 적은 몇 번 안 됐던 경험 중의 하나였다. 할 수 없이 그냥 모두 남기고, 갑자기 몸이 안 좋아서 집에 가야 한다고 열심히 수습하고 돈만 지불하고 나왔던 아픈 기억이 있다. 그리곤, '그 돈으로 크레이프 서너 개를 먹을 걸……' 하며 얼마나 후회했는지 모른다.

아랍식 찜요리, 쿠스쿠스

여러 가지 인종 문제로 바람이 잘 날 없지만 파리가 재미있는 것은 아프리카식의 요리를 다양하게 먹을 수 있다는 것이다. 이 중에서도 이제는 어쩔 수 없이 프랑스 국민요리 반열에 끼워주면 어떨까 싶은 것이 바로 쿠스쿠스couscous다.

쿠스쿠스란 귀여운 발음의 요리 이름은 북아프리카의 사하라를 떠돌던 유목 민족인 베르베르인이 붙인 것으로 모로코, 알제리, 튀니지, 리비아 등 아랍인들의 전통요리다. 이슬람교인 아랍인들은 엄격한 율법에 따라 9월의 낮 동안에 금식을 해야 하는 라마단이 끝나고 나면 온 식구가 둘러앉아 쿠스쿠스부터 해 먹는다고 한다. 그만큼 아랍인들은 이래도 쿠스쿠스 저래도 쿠스쿠스를 먹는다. 그러다 보니 프랑스에 북아프리카 이민자들이 증가하고 이들이 몇 세대를 이루면서 이제 쿠스쿠스는 프랑스 요리책에까지 등장하는 메뉴가 되었다.

처음 유학을 갔을 때 모로코나 알제리 학생들이 솥에 쿠스쿠스 찌는 것을 보고는 '쟤들은 새처럼 좁쌀이 주식인가 보다'라고 생각

1 쿠스쿠스

2 타진. 타진은 요리를 담은 도기 그릇을 말하기도 한다. 뚜껑이 길고 뾰족해서 아라비아의 모자 같이 생겼다.

3 프랑스식 꼬치구이. 쿠스쿠스와 함께 먹으면 아주 맛있다.

했다. 그런데 이게 좁쌀이 아니라 스물semoule, 이탈리아어로는 세몰리나semolina라는 일종의 파스타다. 밀을 굵게 갈아 쪄서 말린 것으로 유목민들이 자루에 담아 낙타에 매달고 이동하다가 조리하기 쉽게 만든 것이다. 이들에게는 우리의 쌀 같은 존재인 것이다. 프랑스의 슈퍼에 가면 알이 굵은 것부터 작은 크기까지 종류가 다양하게 나와 있어 메뉴에 따라 선택해서 쓸 수 있다. 옥수수로 만든 폴렌타도 스물의 일종이며 보리나 메밀로 만들기도 하는데 쿠스쿠스에 쓰는 것은 주로 밀로 만들며 메밀을 쓰기도 한다.

쿠스쿠스를 찌는 찜통을 쿠스쿠시에Couscoussier라고 하는데 떡이나 전통주 빚을 때에 쌀가루를 찌는 시루 같이 구멍이 숭숭 뚫린 칸으로 위, 아래가 나뉘어져 있다. 아래 칸에 양 고기, 닭고기, 이집트 콩, 각종 야채 등을 넣은 스튜를 끓이고 그 증기로 위 칸에서 스물을 찌는 것이다. 쿠스쿠스에는 노란색의 향신료인 사프란을 넣고 아주 매운 칠리소스로 만든 고추장인 아리사Harissa와 함께 먹는다. 이 아리사는 유학생들이 고추장 대신에 정말 많이 먹는데 맵다 못해 뜨거울 정도지만 은근히 중독성이 있다. 파리에서는 주로 고기를 꼬치에 끼워 익힌 브로셰트Brochette와 매콤한 북아프리카 소시지인 메르게즈merguez와 함께 먹는다. 쿠스쿠스가 완성되면 타진tajine이라고 하는 뾰족한 뚜껑이 덮인 뚝배기에 담아서 서빙하는데 타진은 그릇 이름인 동시에 스물을 뺀 스튜 요리이기도 하다. 그래서 쿠스쿠스나 타진이 아주 다른 요리인 줄 알고 시키면 스물이 있고 없고의 차이에 조금 실망하게 된다.

à la recherche du temps perdu

잃어버린
시간을 찾아서

오래된 과거로부터 아무런 기억도 남아 있지 않을 때 향과 맛은 마치 영혼처럼 아직도 오래도록 남아 있다. 거의 미세한 향과 맛의 작은 방울 위로 기억의 거대한 건물이 수그러질 줄 모르고 솟아오른다.

– 마르셀 프루스트

얼마 전부터 뇌과학이 많은 발전을 하고 있다. 예전에 다니던 대학원에서 나이도 지긋한 선배가 이쪽 계통으로 논문을 쓴다고 하던 생각이 난다. 한 20년 후에 더 할 일이 없어지면 나도 뇌에 대해 공부해보고 싶다는 생각이 잠깐 들었다. 식문화와 와인에 관심을 두다 보니 과학은 우리가 먹은 것이 생화학적으로 어떻게 분해되고 합성되는가에 관해서는 많은 연구를 했지만, 미각과 뇌의 상관관계

등에 관해서는 깊이 연구한 바가 없는 것 같아서다. 아마도 이 분야는 생명에 직접 관계되는 일이 아니기 때문에 크게 중요시하지 않았던 것 같다. 아니면 우리의 감각은 너무나 정신적인 영역에 깊이 연결되어 있기 때문에 이론적인 연구만으로는 훌륭한 결과를 이끌어 내는 데 한계가 있을 수도 있겠다는 생각도 들었다. 미각이 정신적이라는 얘기는, 예를 들어 같은 음식을 먹더라도 을씨년스런 형광등 불빛 아래서 먹는 것과 촛불을 켜고 좋은 음악을 들으며 먹는 것과는 맛이 천지차인 것을 보아도 알 수 있다. 싫은 사람과 최고급 식당에서 분위기를 잡은들 맛이 있을 리 만무하고, 바라만 보아도 좋은 사람과는 감자탕을 먹어도 피에르 가니에르에서의 만찬보다 멋진 저녁이 되니 말이다.

게다가 먹는다는 행위가 얼마나 시각적인가 하는 것은 와인을 블라인드 테이스팅 해보면 알 수 있다. 그렇게 서로 다르다고 확신하던 레드 와인과 화이트 와인조차 색을 보지 않으면 경계선 상에 있는 와인들 사이에는 혼동이 일어난다. 탄닌이 거의 없는 아주 가볍고 산도가 강한 어린 레드 와인은 진한 화이트 와인과의 경계선상에 위치하기 때문이다. 와인뿐 아니라 과일도 마찬가지다. 보지 않으면 그토록 확실히 알던 주변 사물들이 반 정도는 자신을 숨겨 버린다. 후각도 마찬가지다. 냄새를 맡지 못하면 아무리 맛있는 음식을 앞에 두어도 맛을 못 느낀다. 감기에 걸려 코가 막히면 입맛이 떨어지는 것도 그 이유다.

이처럼 입안의 돌기에서 느끼는 미각은 사실 얼마 되지 않는다.

사물의 '맛'이라고 부르는 것이 실제로는 코와 입을 통해 느끼는 것을 뇌가 만들어 낸 인상인 것이다. 모든 감각이 그렇다. 육체적인 사랑의 감각이 얼마나 정신적인 것인가는 말할 필요도 없을 것이다. 그렇기 때문에 인간이 무언가를 추억하고 그리워한다는 것은 우리의 정신이 그 감각을 잊지 못한다는 것과도 같다. 정신은 감각과 함께 시간과 공간이 만나는 교차점에 좌표를 찍으며 모든 이미지와 감각을 통째로 저장한다. 그러다 어느 순간 이 감각과 동일한 순간을 느낄 때, 그 좌표 상에 압축되어 있던 모든 기억들이 스멀스멀 솟아나오는 것이다. 이는 의식 속에서 솟아오르기도 하지만 때로는 완전히 기억상실해 있던 무의식의 심연 속에서 스며 나오기도 한다.

이런 미각과 정신과의 관계를 이야기 할 때 가장 먼저 떠오르는 것이 바로 마들렌이라는 작은 과자다. 이 과자는 20세기 초현실주의의 위대한 작가였던 마르셀 프루스트의 《잃어버린 시간을 찾아서》와 함께 유명해졌다. 총 7편으로 된 끔찍하게 긴 이 장편소설은 무의식 속으로의 시간 여행이다. 장장 몇천 장이나 되는 양에 프루스트의 문체는 악질적일 정도로 주절주절 길어서 불문학도들은 질겁하기 일쑤였다. 물론 그 소설로 박사 학위를 받은 인내심 많은 사람들도 있지만 나는 평생 그 일곱 권을 다 읽을 수 있을지조차 모르겠다.

1편인 〈스왕네 집쪽으로〉는 그냥저냥 재미없는 인생을 살고 있던 주인공이 어느 날 무심코 마들렌 한 조각을 홍차에 적셔 입으로 가져가면서부터 시작된다. 그런데 우연히 콧속에 스며드는 마들렌의 향기를 닿는 바로 그 순간, 믿을 수 없는 기적이 일어난다. 과거에도 맡았던 그 과자의 향이, 잊고 있던 과거의 어느 한 시점에 자극을 주었고 그동안 까맣게 잊고 있던 어린 시절의 기억을 일깨우기 시작한 것이다. 그 기억은 단편적인 한 장면에서 끝나는 것이 아니다. 마치 엉켰던 실타래가 풀리듯이 과거의 모든 기억들을 통째로 끄집어내고 있었다. 그곳은 거대한 무의식의 바다였다. 마들렌의 단순한 향기는 주인공을 시간 여행으로 데려가는 타임머신이 되었다. 과거는 사라지지 않았고 영원한 시간 속에 그대로 남아 있던 것이다.

문학을 전공하며 프루스트의 책에 도전하여 빌빌거리던 시절 도대체, 나를 이렇게 괴롭히는 마들렌이 어떤 과자인지가 궁금했다. 만나서 다 먹어 치워주리라 결심한 거다. 그런데 프랑스 땅을 밟고 처음 만나본 마들렌은 좀 실망스러웠다. 케이크라 하기엔 좀 밋밋하고 과자라고 하기엔 너무 촉촉한 프티 가토Petit gâteau로 뭐, 그냥 조가비 같이 생긴 것이 별 개성이 없어보였기 때문이다. 허, 너 뭐야, 이 후진 녀석이 프루스트를 유혹해 그 명작을 쓰게 했단 말이지……

우리나라에서는 케이크나 과자만 전문으로 취급하는 매장이 거의 없고 빵집에서 두루두루 모두 취급하지간 프랑스는 설탕이 들어가지 않은 식사용 빵을 취급하는 곳은 블랑제리Boulangerie라고 해서 단맛이 없이 식사용으로 먹는 바게트Baguette나 크루아상Croissant, 브리오슈Brioche 같은 비에노아즈리●를 판매한다. 비에노아즈리라는 것은 우리나라에서 흔히 데니쉬 패스트리라 하여 버터를 많이 넣

사람의 맛 115

은 얇은 생지fillo dough를 겹겹으로 접어 구운 필로 패스트리fillo pastry를 총칭한다. 이 생지는 요리에 쓰기도 하고 아침 식사용이나 간식으로 속에 초콜릿이나 잼을 넣어 부풀리기도 한다. 이와는 달리 설탕과 버터를 넣은 반죽에 각종 크림이나 과일을 사용하여 환상적으로 장식한 예쁜 케이크들을 파는 곳은 파티스리Patisserie라고 한다. 케익은 가토Gâteau라 하고 쿠키는 가토 섹Gâteau sec 또는 비스퀴Biscuit라 하는데, 케이크과 쿠키 사이에 이도 저도 아닌 애매한 애들이 있는데 이게 바로 프티 가토Petit Gâteau다. 케이크라 하기엔 과자 같고, 과자라 하기엔 케익 같은, 우리나라로 치면 호두과자나 만주 정도 되겠다.

 이 중 마들렌은 계란과 밀가루를 섞어 만드는 프랑스 동부 로렌 지방의 전통적인 프티 가토로, 기원은 폴란드 왕이었던 스타니슬라스 레진스키라고 전해진다. 바로 루이 15세의 부인이던 마리아 레진스카의 아버지로 심심치 않게 프랑스 요리사에 등장하신다. 스타니슬라스는 전쟁으로 폴란드를 잃고 독일 동부의 로렌 지방에 있던 자신의 영지에서 공작 신분으로 찌그러져 살고 있었다. 그러던 중

● **비에노아즈리(viennoiserie)** 19세기에 오스트리아의 비즈니스맨인 오거스트 장(August Zang)은 1838년 파리에 '비엔나의 빵집(Boulangerie Vienonnois)'를 열었다. 그는 반죽에 버터를 많이 넣은 얇은 생지를 여러 겹으로 층층이 쌓아 오븐에 굽는 빵을 발명하여 파리의 제빵업계에 혁신을 일으켰다. 이것이 바로 우리가 필로 패스트리라고 하는 빵이다. 그는 1848년 비엔나로 돌아가 일간지인 〈디프레스(Die Presse)〉를 창간했지만, 그의 제빵 기술은 파리에 남았다. 그래서 이런 패스트리를 그의 빵집 이름을 따 '비에노아즈리'라 하는데 오거스트가 오스트리아 사람이긴 했어도 패스트리가 비엔나에서 도입된 것이 아니고 파리에서 먼저 유행하게 된 빵이다.

1755년 자기 성에서 성대한 연회를 베풀게 되었다. 이 날의 연회는 과자류가 아주 중요했는데 하필이면 파티시에가 병석에 누워 일을 하지 못하게 된 거다. 어쩌나 하고 전전긍긍하고 있는데 시종 한 명이 자구책으로 어디선가 시골 여인네 하나를 데려왔다. 그 영지 안의 후작 밑에서 일하고 있는 하녀라고 했다. 선택의 여지가 없었다. 그녀는 덧 시간 동안이나 꼼지락거리며 밀가루와 계란으로 정성껏 작은 과자를 만들어 공작에게 바쳤다. 맛을 본 공작이 물었다.

"하, 이거 참 괴상한 과자구나, 이름이 무엇인고?"

"아, 그건 코메르시라는 마을에 사시는 저희 할머니가 자주 구워주시던 것인데 이름은 없사옵니다."

"그래, 이름이 없어? 그럼 네 이름은 무엇인고?"

"마들렌입니다"

"오, 마들렌이라. 바로 이거구먼! 이제부터 이 과자를 마들렌이라 부르자."

이렇게 해서 이 과자가 태어났다고 한다. 또 다른 전설은 마들렌이라는 소녀가 이 지역을 지나는 순례자들에게 가리비 껍질에 넣어 구운 과자를 나누어주곤 했던 데서 유래된 것이라고도 한다.

아무튼 마들렌은 로렌 지방의 전통이 되어 제2차 세계대전이 일어나기 전까지 기차를 타고 이곳을 지나다 보면 큰 광주리에 마들렌을 가득 담은 여인네들이 군중 속을 헤치고 다니며 파는 것을 볼 수 있었다고 한다. 마들렌을 만드는 것은 별로 어렵지 않아 주부들도 직접 형태를 만들어 오븐에서 구웠지만, 요즘은 호두과자나 만

사람의 맛 117

마들렌과 홍차

주처럼 구워내는 기계가 있어 적당히 반죽을 해서 짜 넣기만 하면 저절로 모양이 만들어진다. 어찌보면 우리나라 천안 삼거리의 호두과자랑 다를 바가 없는데 다만 프랑스인들은 이런 작은 작업 하나에도 스토리텔링을 부여하고 만드는 과정을 성스럽게 보존하여 문화적인 옷을 입히는 재주가 있다.

로렌 지방에서 유명해진 프티 가토 중에 마들렌보다 엄청 더 유명해지고 신분상승한 것이 바로 Macaron이다. 프루스트에게 마들렌이 있다면 내게는 마카롱이 오히려 추억의 상자를 열어주는 타임머신이다(내게 헨델과 그레텔의 과자집을 상상하라면 언제나 그 집은 온통 마카롱으로 만들어져 있다).

예쁘지만 너무 비싸서 선뜻 사 먹지 못했는데, 어느 날 금융연수원 근처에 자리를 잡은 녀석들이 반가워 코트 단추만한 것들을 한 개당 2천 원씩이나 주고 핫초코 한 잔과 함께 입속에 머금었다. 그때 뭔 마술에 들었는지 그만 삼청동의 가을 거리가 파리처럼 느껴졌던 거다. 쫀득하니 부드러운 이 프티 가토를 한입 베어 먹으니 단맛으로밖에는 그 외로움을 치유할 수 없었던 유학 시절의 기억이 스멀스멀

피어오르는 것이다. 마카롱 한 개와 우유를 가득 넣은 쇼콜라 한 잔을 양손으로 보듬고 어느 카페에 앉아 파리의 그 황량하던 가을 낙엽을 바라보던 날의 외로움이 다시 고스란히 몸속을 뚫고 지나갔다.

그 뒤로 꼬리를 물고 깊은 심연으로부터 스멀스멀 솟아오르는 추억들……. 내가 마치 물질 세계로부터 차원을 바꾸어 다시 살고 있는 것 같다고밖에는 표현할 수 없는 느낌이었다. 기억 속에서 여전히 아름다운 20대의 청춘으로 남아 있는 친구들과 그때의 이야기들이 50부작 대하드라마처럼 연결되는 거다. 아, 내가 프루스트 같은 천재였다면 책 한권은 금방 쓰겠는데 말이다. 이 기억속의 친구들 중 30대에 요절한 홍호의 모습은 아직도 너무 선명해서 그 애는 이제 중년이 된 내게 웃으며 말을 건다. 더 이상한 건 그때 이후로 한 번도 다시 보지 못한 친구들도 떠오르는데 홍호의 실제적인 죽음과 다시는 볼 수 없는 그 친구들과 다를 바가 무엇인지를 생각하게 된다는 것이다.

여기서 천재 프루스트와 평범한 나의 차이점이 극명하게 드러나는데 깊은 상념에 빠지기 싫어하는 나는 '에이, 이 무슨 개똥철학이야? 오늘 저녁은 뭐해 먹지?' 하며 마지막 마카롱 한 조각을 쇼콜라와 함께 털어 넣고 일어나는 거다. 천재란 그 생각을 끝까지 끌고 가 자신의 견해를 완결 짓는 사람들인가 보다. 나는 아직도 파리의 거리를 지나다 과자집에 아름다운 파스텔톤의 마카롱이 잔뜩 진열되어 있는 것을 보면 뭔지 모를 그리움에 서성인다.

마카롱은 아몬드 가루와 설탕, 달걀흰자를 기본 재료로 가운데에 생크림이나 초콜릿으로 만든 속을 넣은 앙증맞은 쿠키샌드다. 마치 작고 두꺼운 초코파이처럼 생긴 녀석이다. 우리가 지금 알고 있는 마카롱은 가운데 크림이 들어가 이층으로 되어 있는데, 이는 20세기 초 파리의 유명한 파티셰였던 라뒤레Louis Ernest Ladurée의 순수한 창작품이다. 원래의 마카롱은 샌드나 색을 입히지 않고 머랭으로만 만든 동그란 1단짜리 쿠키로 여러 버전이 있다. 어떤 지역에서는 동그랗게 만들지 않고 짤주머니로 짜서 커다란 밤 케이크처럼 뾰족하게 만들기도 한다.

　마카롱이 프랑스에서 유명해졌지만 원래는 이탈리아에서 유래되어 마카로니Macaroni와 같은 어원을 갖는다. 13세기경 베네치아에서는 보드라운 동그란 과자를 마카로네Macarone라 했는데 '섬세한 반죽'이라는 의미로 마카로니와는 사촌 지간이다. 이탈리아에서 프랑스로 시집온 카트린 드 메디치Catherine de Midicis가 데리고 온 이탈리아 요리사들은 마카롱을 궁중에 유행시키기 시작했다. 카트린 왕비는 아들인 앙리 3세의 첫날밤에 마카롱을 내놓았고, 120년 뒤에 태어나신 위대한 루이 14세도 이를 즐겨 드셨다고 한다. 우리나라에도 들어와 있는 빵집의 시조인 달로와요Dalloyau는 루이 16세와 마리 앙투아네트의 시종장으로 왕 부부에게 마카롱을 만들어 받치곤 했다고 한다.

　하지만 이 머랭 쿠키가 대중적으로 유명하게 된 계기는 17세기 로렌 지방의 카르멜회 수녀들 때문이다. 궁중에서만 먹던 마카롱이 로렌 지역에 전수된 이유는 카트린 드 메디치의 딸인 끌로드Claude de France공주가 토렌의 공작인 샤를 3세Duc Charles III de Lorraine와 결혼했기 때문이다. 끌로드 공주는 당연히 카트린 왕비가 이탈리아에서 들여온 마카롱을 로렌 지방에 소개하였다. 이 두 사람 사이에서 딸이 태어나자 외할머니의 이름을 따 카트린 드 로렌 Catherine de Lorraine이라 했고 신앙심이 돈독한 그녀는 낭시에 수녀회를 설립했다. 이 수녀원은 복종과 인내, 극한의 노동이라는 규율로 유명했다.

마카롱

보조 수녀였던 그리요Catherine Grillot와 몰로Elisabeth Morlot도 이곳의 종교법에 따라 공동체를 떠나 낭시의 어느 가난한 가정에 머물게 되었는데 생활비를 스스로 벌어 그 가족을 부양하는 것이 의무였다. 그래서 두 수녀는 과자를 만들어 바구니에 담아 집집마다 돌아다니며 팔았다. 그런데 어느 날 카트린 드 로렌의 건강이 아주 나빠졌다. 위장이 너무 약해져 과일이나 잼도 못 먹고 오직 날계란 두 개와 소화제 정도만 먹을 수 있었다. 시름시름 앓던 중 수녀들이 만든 마카롱을 맛보게 되었는데…… 웬걸, 소화도 잘되고 맛까지 있는 것이었다. 머랭을 계란으로만 만들어 구웠기 때문이었다. 마카롱 때문에 카트린 드 로렌은 곧 건강을 회복하게 되었고 이 과자는 수녀님들의 마카롱이라는 뜻의 '쇠르 마카롱sœurs Macarons'이라는 이

사람의 맛 121

1 예쁜 타르트들
2 파티스리
3 편안한 가토들

름이 붙었다. 이 레시피는 아직까지도 오직 두 수녀의 측근이었던 사람들에 의해 비밀로 전수되고 있다고 한다.

　20세기가 되면서 유명한 파티셰이던 라뒤레는 로렌식의 마카롱 두 개를 붙여 가운데에 초콜릿, 커스터드 등 다양한 재료를 사용한 크림을 넣어 샌드를 만들고 과일이나 허브 등의 천연색소로 쿠키에 색을 입혀 현재 우리가 열광하는 마카롱의 모습을 만들었다. 마카롱은 겉의 쿠키는 바삭하니 씹히면서 속은 쫄깃한 촉감을 주어야 하는 것이 무척 어려운 기술이라고 한다. 공기 밀도에 따라 씹히는 느낌이 다르기 때문이다. 그러다 보니 파리 시내에 마카롱으로 유명한 '피에르 에르메'나 '라뒤레' 같은 곳은 언제나 북적북적하다. 이들 버전과 조금 다른 제라르 밀로Gérard Mulot의 독창적 버전의 마카롱도 가슴이 두근거린다. 도쿄에서 태어난 일본 사람이면서 파리에 네 개나 숍을 연 사다하루 아오키Sadaharu Aoki의 도쿄 버전도 안 먹어 볼 수 없다. 개당 4유로에 육박하는 것도 있으니 후덜덜하게 비싸지만 최고의 마술사들이 만들었으니 가격을 감수해야 할 뿐.

　환상적인 색색마다 향과 맛이 다르고 안에 든 초콜릿의 맛도 모두 다르다. 아니 아예 초콜릿을 수입해 오는 원산지가 달라 어떤 것은 멕시코, 어떤 것은 베네수엘라의 카카오를 썼다고 명시되어 있다.

　섬세한 파티시에는 겉의 비스킷은 텍스처상 설탕을 줄일 수 없기 때문에 안에 넣은 내용물에서 설탕을 줄이는 방법으로 당도를 조절한다. 초콜릿의 마술사면서 가장 맛있는 마카롱을 만들기로 이름난 피에르 에르메는 겉에 푸아그라 젤리를 사용하고 안에는 초콜릿을 넣거나 파르마산 치즈를 사용한 마카롱을 만들어 찬사를 받기도 했다. 푸아그라에 단맛의 소스를 사용하고 소테른의 스위트 와인을 함께 마시는 전통을 생각해보면 푸아그라를 넣은 마카롱이라 해서 전혀 생소할 것도 없다는 생각이 든다. 아직 이 녀석을 먹어보지는 않았지만 파르마산 치즈와 80%짜리 카카오 초콜릿이라면 텍스처가 안 어울릴 이유도 없다. 오트 파티스리의 진화는 어디까지일지 궁금하다.

Secrets de Baguette

파리의 완벽한 바게트에는 비밀이 있다

얼마 전 드라마 〈제빵왕, 김탁구〉 때문에 빵이 화제가 된 적이 있었다. 스승이 던진 화두에 따라 탁구가 배부른 빵을 만든 이후 각종 동네 빵집에서는 김탁구 빵이 줄지어 나왔다. 나는 이 드라마를 보며 탁구가 꼭 다시 만들어주었으면 하는 빵이 있었다. 7080들만이 공유하는 추억 속의 배부른 빵, 맛있는 빵이 있기 때문이다.

그 시절 초등학교(그때는 '국민학교'라고 했다)에서는 집안 형편이 어려운 학생들에게 국가에서 무료로 나누어주던 배급빵이 있었다. 옥수수로 만든 거칠거칠하고 투박한 빵이었다. 당번 두 명이 교무실로 배급을 타러 갈 때면 어린 나의 가슴은 두근두근 방망이질 치기 시작했다. 당번들이 커다란 플라스틱 상자에 빵과 우유를 수북이 담아 양쪽에서 들고 교실 문을 열면 벌써 시큼한 효모 냄새가 교실에 가득했고 우리들의 한없는 식욕은 탐욕이 되어 눈이 반짝반짝 빛나는 것이다.

빵이라고 해봤자, 요즘처럼 위생적인 비닐 커버도 없었고 그냥 플라스틱 상자에 아무렇게나 담긴 누르스름한 타원형의 옥수수빵이었다. 하고 많은 빵 중에서도 왜 이 빵이 그렇게 맛있던지, 이때는 선생님이 하느님보다 높아 보였다. 집게로 빵을 집으신 선생님께서는 사정이 어려운 친구들을 한 명씩 호명하며 나누어주셨다. 지금 생각하면 장학금 몇 백만 원씩 주는 것도 아니면서 굳이 모두가 보는 앞에서 호명까지 할 필요가 있었을까 싶은데 사실 그때는 아무런 의식이 없었다. 누가 받았는지, 그 애를 어찌 생각했는지는 기억에도 남아 있지 않다. 대상자들에게 빵을 모두 나누어주고 나면 꼭 빵이 몇 개씩 남았는데 모두들 거기에 온 신경이 집중되어 있었기 때문이다.

이상하게도 6년 내내 지속되었을 이 장면이 왜 4학년에 고정되어 있는지는 나도 모르겠다. 아마도 대충 나누어주시던 남 선생님들보다 치밀하게 분배하시던 여 선생님의 그 완벽함에 압도되었기 때문일까? 아직도 성함과 모습, 옷까지 생생한 L선생님께서는 남은 빵을 정확히 반쪽, 어떨 때는 4분의 1씩 나누어서 오늘은 1분단, 내일은 2분단 등으로 배급을 주셨다. 아직도 그분이 빵을 자르던 손놀림은 분배와 시장경제의 산교육으로 내 가슴에 남아 있다. 잊을만 하면 연락 오는 친구 P가 파리의 명문 그랑제콜에서 전공했다는 소득분배의 경제학에 관한 이야기를 들으면서도 나는 내내 이 시절의 장면이 눈에 어른거렸을 뿐이다. 이때 경험한 것이 한 사회의 이상적인 소득분배가 아니었을까 하는……. 세금으로 빵을 만들고 어려운 사람들은 한 개씩 가져가고 빵이 남으면 이미 많이 가진 자들이 조금씩 나누어 갖는 것이다. 무식한 이해력일지 모르겠지만, 경제라면 머리에 쥐 내리는 내겐 이 빵의 분배가 소득분배뿐 아니라 시장형성이나 수요와 공급의 법칙까지 설명해주고 있는 거다.

아무튼 절대적으로 수량이 부족했기 때문에 일종의 블랙마켓 black market까지 형성되었다. 수단이 좋은 남자애들은 빵을 받은 불우한 아이들과 협상을 해서 엄마 몰래 집에서 가져온 먹을 것이나 도시락고 바꾸어 먹곤 했다. 될성부른 나무는 떡잎부터 알아본다고 이 친구들은 지금쯤 사업으로 아주 성공해 있을 것 같다. 참으로 아무 생각 없이 빵 생각만 했던 철없는 시절을 이제와 회상해보면 가슴 한쪽이 저려온다. 배급 받던 그 애들이 잘 살고 있겠지 하는 마음……. 아무튼 그 빵은 이상하게 마음을 글었고 전설처럼 박제되어 가슴에 남았다.

아직도 내 입속에 남아 있는 거친 옥수수 가루의 촉감은 어릴 때 아빠 볼에 며칠 면도 안 해서 나오는 그 삐쭉한 수염 자국의 감촉과 중첩되어 일종의 남성성에 대한 성적 환상으로 까지 비약 되었다. 실제로 수염 안 깎은 사람을 보면 지저분하다고 한마디 할 거면서 어릴 때의 옥수수빵처럼 내 상상 속에서만 그 감촉이 증폭되고 있는 것이다. 그런데 얼마 전 TV에서 〈나는 가수다〉라는 프로그램에 임재범이 나와 노래를 하는데 그의 수염 자국이 난 턱에서 그

프랑스인들의 주식인 빵

옥수수빵이 또 떠오른 거다. 그리고는 박제되어 있던 기억 속의 인물들이 또다시 움직이기 시작했다. 경계가 없는 무의식의 세계에 프루스트가 심취하지 않을 수 없었으리라.

지금도 그 빵의 맛을 잊지 못해 빵집만 보이면 들러서 옥수수빵을 한 아름씩 사오곤 하지만 그 빵은 어디에도 없다. 두 학번 빠른 남편도 이 추억을 공유하다 보니 가끔 배급빵 이야기를 하며 추억에 잠긴다. 오래 함께 살면 "밥 묵고 들어왔대이", "아는?", "퍼뜩 자라"로 대화가 줄어든다는데(사실, 줄어든다기보다 논쟁을 유려하게 피해간다는 표현이 맞을 거다), 나이 차이가 얼마 안 나니 이럴 때의 공감이 좋다. 그런데 이 빵은 이제 왜 못 만드는 것일까? 나의 한 친구는 논리적인 결론을 내린다. 생활이 윤택해져서 재료가 너무나 좋아진 데다가 우리가 이미 좋은 맛을 많이 알아 미각이 변화했고 과거와 동일한 맛을 재현하더라도 현재의 입맛으로는 맛 없게 느낄 수밖에 없다는 것이다.

여기에 여러 가지 환경적 요인도 더해졌을 것이다. 요즘은 누룩

빚듯이 천연효모를 키워 빵을 만드는 것이 아니라 시판되는 분말 효모를 쓰기 때문에 빵맛이 단조로울 수밖에 없고, 또 환경이 너무 깨끗해져서 그 시대에 빵 발효에 관여하던 미생물 균과 다를 수밖에 없기 때문이다. 집집마다 술맛이 다른 이유가 그 집만의 환경에만 사는 눈에 보이지 않는 미생물 균 때문인 것과 같은 이치다. 그러니 이 깨끗한 도시에서 그 빵맛은 상상 속에서만 존재할 뿐, 이제 우리의 미각으로 절대 다시 돌아올 수는 없는 거다.

내 추억 속에는 또 하나의 빵이 있는데 바로 유학 시절 먹던 바게트다. 이는 프랑스에 처음 발을 디디는 사람들이 최초로 접하는 '프랑스의 맛'이었다. 최루탄으로 공놀이 하던 그 시대에 외국이란 안드로메다만큼 멀어 비행기는 은하철도 999와 같은 급이었다. 유학길에 정보가 있을 리도 만무했다. 눈에 쉽게 띄고 빵 맛이 달라 봤자 얼마나 다르랴는 자신감도 있었고 그중에서도 엄청 길면서 값도 싼 빵이 있었으니 바로 바게트였다.

그러다 보니 아침마다 냄새를 솔솔 풍기며 빵집에 바게트가 나오면 줄을 서서 두세 개씩 사는 것이 낙이 되었다. 얼른 집으로 돌아와 따끈따끈한 바게트를 손으로 뜯어 노르스름한 가염 버터를 바르고 위에 살짝 과일잼을 올려 입에 넣으면 보고 싶어서 눈시울을 적시던 엄마도 그때는 생각이 나지 않는 거다. 뜨거운 쌀밥의 가운데를 파고 버터 한 덩이와 간장을 조금 떨어뜨려 살살 비벼 먹을 때 느끼던 황홀함- 거의 비슷한 강도다! 젊은 친구들에게는 뜨거운 밥에 스팸 한 조각이라고 해야 가슴에 더 와 닿겠지? 어딘가 마음 한구석이 항상 허전한 유학 생활에 그야말로 충만한 행복감을 주던 그 맛, 그래서 프랑스라고 하면 나는 언제나 그 뜨거운 바게트의 추억이 맞물려서 따라나온다.

서울에서 그 맛을 찾으려고 한다하는 빵집은 다 돌아다녔는데 역시 아니다. 밀가루와 효모도 다르고 환경도 다른 데다가 뜨겁게 나오는 시간을 맞추기도 어렵기 때문이다. 제빵하는 친구에게 물어보니 프랑스에서 수입한 밀가루로 만든다 해도 한국의 공기와 습도, 물이 달라 똑같은 맛이 나오질 않는다고 한다. 게다가 어렵게 천연 효모를 번식시켜 빵을 만들어 단가가 맞을 리도 없을 뿐더러, 설사 상품화해도 그 맛을 이해할 고객층도 얇을 것이다.

그리고 아마 먹는다는 행위 자체가 환경과도 연관이 있기 때문일 것이다. 파리에 가면 바게트부터 찾지만 유학 시절의 그 허기진 심정으로 먹던 맛과는 다른 느낌이다. 추억의 음식은 입의 감각만으로 먹는 것이 아니라, 마음으로 먹기 때문이다. 그 황량함 가운데의 행복이 살아 나오질 않는 것이다. 마치 대학생이 되어 초등학교 교정에 다시 가보았을 때의 느낌이랄까? 그래도 나는 여전히 프랑스식 아침 식사를 좋아한다. 예쁜 식탁보 위에 바게트와 크루아상●

● **크루아상(Croissant)** 바게트와 함께 또 하나의 프랑스 아침 식사의 대명사인 크루아상은 프랑스인들이 창안한 것이 아니고 헝가리에서 온 것이다. 17세기 터키 군들이 헝가리의 부다페스트를 함락했을 때 진을 치고 성을 넘기 위해 터널을 뚫었는데 헝가리 군이 터키 군을 물리쳤다. 이를 기념하기 위해 터키의 문장인 초승달 모양의 빵을 만든 것이 동유럽에서 유행되며 오스트리아까지 건너갔다. 이 당시 오스트리아의 공주였던 마리 앙투아네트는 프랑스의 루이 16세에게로 시집오며 빵을 도입한 것이다.

과 과일, 버터, 잼을 죽 늘어놓고 카페오레의 향과 함께 먹는 프랑스식 아침은 간단하면서도 시크chic하기 때문이다.

파리 먹거리의 상징하면 거위간이나 달팽이, 샴페인 같은 고급스런 식재료보다 바게트가 먼저 떠오르는 이유는 큰 봉지에 식료품들과 함께 바게트를 삐죽이 꽂고 다니는 파리지앵을 도처에서 만날 수 있기 때문이다. 할머니들이 끌고 다니는 캐리어에도 독신 남성이 들고 가는 장바구니에도 어김없이 바게트가 솟아나와 있다.

게다가 바게트야말로 순수하게 파리에서 태어난 빵이다. 밀의 겉을 도정하고 흰색 밀가루를 생산할 수 있게 된 것이 루이 14세 치세의 17세기부터였는데 거무튀튀한 빵만 먹던 시대에 흰 빵은 귀족들에게 선풍적인 인기를 끌었다. 검은 밀이나 보리로 만든 빵보다 소화가 잘 되고 귀하게 여겨졌기 때문이다. 그 전의 빵은 대부분 둥근 모양으로 구웠는데, 18세기가 되면서 반죽기가 발명되자 빵을 길게 늘여 노릇하게 굽는 빵집들이 생기기 시작했다. 전승에 따르면 바게트는 나폴레옹 군대의 보급품으로부터 시작했다는 설도 있다. 군인들이 배낭이나 호주머니에 쑤셔 넣거나 매달고 다니기 편하도록 긴 막대 모양으로 만들었다는 것이다. 이 설은 나폴레옹이 통조림 발명가 아페르를 지원해서 보급품으로 매일 고기를 먹게 된 프랑스군이 승승장구했다는 설처럼 역사적인 개연성은 떨어지는 듯하다. 어쨌거나 파리를 제외한 시골에서는 여전히 검은 밀로 둥근 빵을 만들어 먹었다. 그래서 아직도 흑밀로 만든 둥근 빵을 '시골빵'이라고 부른다.

우리가 쌀에서 취하는 탄수화물을 이들은 빵에서 취하니 빵이 주식이다. 주식이 부족하면 민심이 흉흉해질 수밖에 없다. 밀 수확이 너무 안 좋던 1788년, 겨울의 극심한 한파에 배를 굶주린 파리 지앵들은 결국 그 이듬해인 1789년 "우리에게 빵을 달라!"고 외치며 바스티유를 습격하여 혁명의 포문을 열었다. 몰려든 군중을 보며 왕비였던 마리 앙투아네트가 했던 망언은 21세기였다면 인터넷 포탈 검색 순위 1위감이다.

"빵이 없으면 케이크를 먹으면 되잖아?●"

이 철딱서니 없는 발언으로 마리 앙투아네트는 일약 모태 된장녀로 등극했고 현대적으로 해석하면 '구찌가 없으면 샤넬을 들면 되잖아?'와 동급이니, 아직까지도 이 왕언니를 이긴 자는 없다.

파리에서 탄생한 바게트가 프랑스 전역으로 확산되어 일상의 식탁에 오르려면 20세기 초가 되어야 했다. 파리에서 바게트가 전통적인 빵을 누르게 된 이유는 도시에서의 라이프 스타일이 바빠졌기 때문이다. 전기가 부족하던 시대라 정부는 빵집이 새벽 4시 전에 작업을 시작하는 것을 금지했는데 바게트는 전통적인 둥근 빵보다 발효에서부터 굽는 시간이 적게 걸려 준비 시간이 짧았기 때문이다.

맛있는 바게트는 겉이 노릇노릇하면서 딱딱하고 표면에 그린 사선이 깊이 패여 있으면서 부스러지면 안 된다. 말랑말랑한 속살의 색이 너무 옅어도 안 되고 크림색을 띠면서 탄력이 있어 누르면 곧

● 원래는 케이크가 아니라 브리오슈(Brioche)라는 버터를 많이 넣어 구운 빵이라고 했다고 한다.

다양한 빵들이 진열된 빵집 스케치

제자리로 돌아와야 한다. 종이나 면포 같은 색이 나면서 탄력이 없으면 생지만 만드는 전문 업체에서 공급받아 빵집에서 굽기만 한 것이라고 봐도 좋다. 또 대기업에서 대량생산하는 빵은 반죽과 발효 시간이 짧기 때문에 내부의 말랑한 부분에 생긴 공기구멍이 커진다. 즉, 공기와 접촉 표면적이 넓어져서 빨리 마르게 되는 것이다. 이것이 슈퍼마켓에서 파는 대량생산 빵들이 겉에 비닐로 포장되어 있는 이유다.

진정한 바게트 장인들은 매일매일 직접 반죽해서 새로 바게트를 굽는다. 표준 바게트는 대략 넓이가 5~6cm에 굵기는 3~4cm, 길이는 70cm, 무게는 250g 정도다. 뭐 이런 것까지 따지냐고 할 수도 있지만 크기에 따라 껍질과 내부의 분포도가 달라져서 맛도 달라지기 때문이다. 매년 열리는 프랑스 바게트 챔피언 대회에서는 이런 표준치가 아주 중요한 기준이 된다. 이보다 얇게 만든 것은 피셀Ficelle이라 해서 125g 정도이며 400g짜리 뚱뚱한 바게트는 플류트Flûte라고 한다.

원래 빵은 서양의 대표적인 발효 식품인 요구르트나 치즈처럼 '슬로푸드'였지만 분말 효모yeast가 등장한 이후부터는 발효 시간이 20~30분으로 단축되었다. 오늘날에는 "빵 나와라 뚝딱"하면 정말 오븐에서 한 시간 만에 튀어나오는 빵이 주를 이룬다. 하지만 진정한 바게트를 맛보려면 시중 효모가 아닌 천연 효모인 르뱅Levain을 사용한 빵이어야 한다.

르뱅이란 '일어나다'라는 뜻의 동사lever에서 파생된 것으로 효모가 증식하여 부글부글 끓어오르는 것이 일어나는 것 같다고 해서 유래된 것이다. 이는 이집트 시대부터 내려온 전통적인 방법으로 우리나라에서 누룩을 띄워 술을 만드는 것과 비슷한 과정이다. 즉 물과 밀가루를 섞어 공기 중의 천연 효모들이 여기에 붙어 증식하도록 한 후, 이를 사용해 빵을 발효시키는 것이다. 이렇게 하는 발효는 시판되는 분말 효모와는 다른 발효 과정을 겪게 된다. 시판 효모를 쓰면 순수하게 알코올 발효만 일어나 이 과정에서 발생하는 가스로 빵이 부풀게 된다. 하지만 천연 효모인 르뱅을 사용하면 알코올 발효에 젖산 발효가 함께 일어나는 거다. 효모만을 뽑아내서 배양한 후 건조시킨 시판 효모에는 다른 미생물이 남아 있지 않지만 르뱅 속에는 효모뿐 아니라 다른 미생물들이 살아 있어 발효에 함께 참여하기 때문이다. 여기서 이 작용을 길게 설명할 수는 없지만 효모는 곰팡이 균이고 젖산균은 박테리아라는 사실만으로도 이 과정에 얼마나 큰 차이점이 있는지는 상상할 수 있을 것이다. 누룩을 띄운 전통 가양주와 입국방식으로 만든 막걸리와의 차이 정도로 크다고 할 수 있겠다.

르뱅은 발효가 아주 천천히 진행되어 시판 효모보다 다섯 시간 정도나 더 걸린다. 그야말로 슬로푸드다. 시간은 더 오래 걸리지만 이렇게 만든 천연 빵은 껍질이 두껍고 내부의 부드러운 부분이 농밀하면서 불규칙적이다. 게다가 시중 효모로 만든 빵은 하루만 지나면 굳어버리고 며칠 후에는 곰팡이가 피지만 르뱅으로 만든 빵은 아무런 보존제 처리 없이도 일주일은 너끈히 버틴다.

바게트를 들고 있는 파리지앵

파리의 유명한 빵집들은 자기네만의 르벵을 계속 유지해가며 빵을 만든다. 그 옛날 우리나라도 양조장마다 환경에 맞는 누룩곰팡이가 있어 누룩이 술맛이 결정했듯이 빵집마다 살고 있는 효모의 종류가 달라 특성에 맞는 르벵을 만드는 비법이 있다. 일단 기본은 강력분 밀가루와 물을 동량으로 섞어서 시작하는데 특성에 따라 과즙이나 꿀, 설탕, 우유 등을 효모의 먹이로 추가할 수도 있다. 이렇게 반죽한 모체 르벵을 효모가 번식하기 좋은 25℃ 정도의 온도에 며칠 놓아 두면 최초의 발효가 시작된다. 부글부글 끓으며 효모들이 번식을 시작하면 여기에 지속적으로 밀가루와 물을 추가해 번식을 돕는다. 이렇게 해서 만들어진 것을 르벵 셰프 Levain-chef 라 해서 빵을 반죽할 때 밀가루 양의 20~40%를 떼어 넣고 함께 반죽한다. 르벵 셰프는 한번 만들어 놓고 여기에 계속 밀가루와 물을 추가해가며 쓴다. 그래서 옛날 반가마다 장맛과 술맛이 달랐듯이 파리의 유명한 빵집에서는 며느리도 모르는 르벵 비법이 전수된다.

르벵 발효빵은 일반 빵과 육안으로는 쉽게 구분할 수 없지만 만

져보면 알 수 있다. 천천히 팽창하기 때문에 빵의 입자가 고르고 이로 인해 다른 빵보다 무겁다. 우리는 분말 효모를 쓴 빵에 익숙하기 때문에 딱딱한 공처럼 두꺼운 천연 발효빵의 질감이 낯설게 느껴질 수 있지만 탄력이 있고 쫀득하면서 시큼하면서도 구수한 효모의 향은 일단 익숙해지고 나면 중독성이 있다.

이렇듯 시간이 일반 빵에 비해 두세 배는 걸리니 아주 이른 시간부터 빵을 만들어야 아침 시간에 맞출 수 있는 데다가 르뱅을 잘못 만들면 빵을 실패할 수도 있으니 많은 빵집에서 안전한 분말효모를 사용하면서 빵맛이 평준화되어가고 있어 안타깝다. 이것이 바로 내가 찾던 어린 시절의 옥수수빵이 이제는 없는 이유와도 비슷할 거다.

중세부터 빵 만드는 장인의 길드가 있었을 정도로 중요한 식품이었던 빵은 그 품질을 보호하기 위해 파리에서 해마다 최고의 바게트 명인을 뽑는 대회를 연다. '파리 바게트 그랑프리Le Grand prix de la baguette de la ville de Paris' 대회다. 여기에서 우승을 하는 빵집은 쇼윈도에 자랑스럽게 '최고 장인상' 표시를 달 수 있다. 게다가 과거 국왕에게 납품했듯이 대통령을 위해 한 해 동안 엘리제궁에 빵을 납품하는 영광을 안게 된다. 빵뿐만 아니고 프랑스는 다양한 분야의 명장들을 존중한다. 이런 범국가적인 노력 덕분에 파리 곳곳에는 옛날 그대로의 손맛의 맛있는 빵을 만드는 탁구네 집이 숨어 있다.

Cuisine très àla mode française

아주 프랑스적인 요리 팁

프랑스의 전통적인 요리 중 하나가 테린과 파테, 갈랑틴 등이다. 분명 제과점이 아닌 식품점인데 안에 여러 가지 색이 들어간 파운드케이크나 롤케이크를 잘라서 파는 것을 흔히 볼 수 있다. 그런데 가까이 가서보면 재료가 생선이나 해산물, 육류, 야채 등이다. 이런 종류들이 바로 테린이나 파테다. 각종 재료를 갈거나 다져서 긴 도기 그릇에 담아 익히고 겉에 젤리로 굳혀 모양을 내는 요리다. 정형화된 모양이 아니고, 안에 다양한 재료를 쓸 수 있어 창의력을 마음껏 발휘할 수 있기 때문에 대부분의 셰프들이 메뉴에 즐겨 넣는 요리다. 그 내용물에 따라 푸아그라로 만들면 푸아그라 테린이나 파테가 되고, 연어로 만들면 연어 테린이나 파테가 되는 거다.

프랑스의 젊은 친구들 집에 초대되어 가면, 동네 식품점에서 만들어 파는 테린이나 파테가 상에 많이 오른다. 물론 시간이 많을 때는 부부가 함께 스튜나 오븐 요리도 준비하지만, 일하고 들어와 준비 시간이 많이 없을 때 바로 동네 샤르퀴트리에서 산 각종 테린과 햄, 장봉 등은 간편하면서도 영양가 있고 배도 불릴 수 있는 아주 요술 같은 녀석들이다.

유학 전에는 프랑스인들이 매일 식사 때 달팽이나 거위 간, 스테이크 등을 먹을 거라고 상상했다. '프랑스 요리'라는 말이 주는 럭셔리한 프리미엄 때문이었을 것이다. 그러나 이런 것들은 곧 특별한 날의 이야기라는 것을 알게 되었다. 우리와 다를 바 없는 거다. 다만 먹는 데 치중해 식비에 돈을 더 자주, 많이 쓰는 사람들이 있고, 그렇지 않은 사람들이 있을 뿐이다. 손맛 좋은 주부는 가끔 전통적인 음식을 잔뜩 만들어 식구들에게 먹이기도 하고, 그렇지 않으면 레스토랑에서 돈을 지불하고 훌륭한 셰프가 해주는 요리를 사먹는 것이다. 대부분의 가정에서 일상적으로 하는 식사는 단출할 때가 많다. 일가를 이루어 식구가 많은 전통적인 집은 좀 더 잘 먹겠지만 파리의 바쁜 독신들이나 맞벌이 하는 젊은 부부들은 가끔의 외식을 낙으로 삼으며, 간단한 샐러드와 함께 식품점에서 사온 테린이나 파테로 한 끼를 해결하는 경우도 많다.

한국에서도 프랑스 친구가 파티에 초대해서 가보면, 여러 종류의 테린과 파테, 생햄 조각들, 토마토를 넣은 야채샐러드와 치즈, 메추리알 삶은 것과 마요네즈, 그리고 여러 종류의 빵을 담은 커다란 바구니와 여기에 친구들이 한 병씩 들고 온 와인이 전부다. 음식보다는 프랑스인들 특유의 대화로 배를 채우는 것이다. 시간에 쫓기는 파리지앵들은 요리할 시간이 많지 않은 거다. 아무튼 이런 날은 집에 와서 남은 국에 밥이라도 몇 수저 먹어야 속이 차는 것을 보면 나도 어쩔 수 없는 배달의 민족이구나 하는 생각이 들게 된다. 할머니, 할아버지에 형제도 많은 집안에서 자라 결혼 초부터 시어머님과 함께 산 나는, 일단 누군가를 초대해 '먹인다' 하면 제대로 배를 불려야 한다는 강박관념이 있다. 제대로 살림에만 올인하며 살지 않았는데도, 맏며느리에 레스토랑 경력까지 합쳐져 먹고 마시는 데에 삶의 많은 부분을 할애하는 거다. 그래서 가끔 이런 내가 프랑스인들보다 더 그순기적인 것은 아닌가 하는 생각이 들기도 한다.

 테린Terrine은 원래 오븐에 넣는 길쭉하고 두꺼운 도기를 말한다. 파운드케이크 틀처럼 길게 만든 뚝배기라고 생각하면 된다. 고기, 생선 또는 가금류 등으로 아주 고운 다짐육farce을 만든 뒤 다양한 부재료와 함께 이 용기에 층층이 쌓아 담은 후 오븐에서 중탕하여 만든다. 그러다 보니 요리 이름을 그릇에서 따와 '테린'이라 하게 되었다. 용기는 꼭 도기로 된 테린이 아니더라도 내열성 유리나 법랑 등 오븐에 넣을 수 있는 내열성 재료면 된다. 이렇게 조리하면 식재료 원래의 맛들이 소실되지 않고 함께 농축되어 각각의 맛을 간직하며 어우러진다는 장점이 있기 때문이다. 단면을 자르면 안에서 쌓인 식자료들이 모양 그대로 익어 아름다운 대리석과 같은 단면을 보여준다 이처럼 따로 장식이 필요 없는 것이 바로 테린의 백미라 하겠다. 내용물은 각 지역마다 많이 나는 식재료를 쓰며, 알자스 지역에서는 돼지 간만을 이용한 테린도 만든다. 오븐에서 꺼내 식힌 후 그냥 먹어도 되지만 원래는 젤리를 바른 용기에 옮겨 담고 이 위에 또 젤리를 덧바른 후 천천히 굳혀 차게 먹는다. 젤리를 곁들여가며 먹는 거다.

    젤리는 프랑스어로 줄레gelée라 하는데, 전문용어로는 아스픽Aspic이라 한다. 동물의 뼈, 근육, 껍질 등을 오랜 시간 푹 고아 연골의 콜라겐 성분이 우러나오게 하여 젤라틴화 되면 이를 투명하게 굳혀서 보관했다가 두루두루 쓴다. 아스픽을 중탕해서 녹인 후 여기에 다양한 내용물을 섞어 틀에 굳혀 묵처럼 된 상태로 전채 요리에 내는 것이다. 테린의 다짐육은 돼지고기나 닭고기, 칠면조, 오리나 또는 멧돼지 등의 사냥 고기 등을 갈아서 지방과 균일하게 섞인 상태의 에뮐시옹émulsion을 만드는데, 빵가루나 계란, 향신료 등을 추가하기도 한다. 쇠고기는 결착력이 떨어져 우리나라 동그랑땡처럼 다른 고기들과 섞지 않으면 퍽퍽해서 맛도 없고 테린이 잘 되지도 않는다. 생선도 흰살 생선부터 랍스터, 새우, 가리비, 오징어등을 다양하게 쓰는데, 셰프들은 흰살 생선을 선호한다. 안에 모양과 색을 내기 위해 삽입하는 부재료가 돋보여 단면에 아름다운 결을 보여주기 때문이다. 누벨 퀴진으로 많이 가벼워진 프랑스 요리이지만 아직도 푸아그라 테린 등은 프랑스 요리의 정수를 이룬다.

    파테는 고기나 생선의 맛을 안에 가두기 위해 젤리 대신 종이처럼 얇은 필로 생지*로 겉을 감싸서 만든다. 프랑스에서는 제과뿐 아니라 요리에서도 필로 생지를 자주 이용한다. 달팽이 요리나 양

각종 테린. 특히 살구색의 연어 테린이 눈에 들어온다

파수프 등 모든 종류의 요리 위에 얇은 필로 생지를 뚜껑처럼 덮어 오븐에 구우면 도우가 부풀며 필름막을 형성하여 조리 시 재료의 맛과 향이 소실되지 않고 안에 배게 되는 것이다. 필로 도우를 커다랗게 여러 겹 또아리를 돌린 후 가운데에 쇠고기나 닭고기, 버섯 등의 각종 맛깔난 재료를 넣어 오븐에 굽는 요리를 볼로방 Vol-au-vent 이라고 하는데, '바람을 가르며 날다'란 의미의 멋진 이름이다. 마치 타이어에 공기 들어간 것처럼 부푼 모양을 연상시켜서 이런 이름이 붙은 것 같다. 원래는 파이를 굽는 찰진 성지 위에 다양한 재료를 올려 구웠는데, 마리 앙투안 카렘이 이를 가볍고 여러 겹으로 된 필로 생지로 대체한 거다. 볼로방을 한입씩 들고 먹기 좋도록 작은 버전으로 만든 것을 부셰아라렌느 Bouchée à la reine라고 하는데, '왕비 스타일의 작은 한입 파이'란 뜻이다. 루이 15세의 왕비였던 폴란드 공

● **필로도우(Fillo dough)** 종이처럼 얇은 막을 여러 겹으로 층층이 겹쳐서 구운 패스트리를 만드는 생지를 말한다. 크루아상과 비슷하다고 생각하면 된다.

살코기나 간으로 만든 테린들

주 마리 레진스키가 고안해서 이런 이름이 붙었다.

파테는 볼로방은 아니지만 필로 생지를 사용하여 내용물을 감싸는 것은 같다. 육류, 가금류, 생선에 야채나 과일에 크림 등을 넣어 아주 곱게 간 다음, 틀에 얇고 넓게 필로 생지를 깔고 위에 이 내용물을 부어 넣는다. 이때 가운데에 소시지나 햄을 넣어 단면의 모양을 내기도 하며, 파테의 재료나 굵기는 지역이나 선호도에 따라 다양하게 할 수 있다. 필로 생지로 위까지 덮어 싼 다음 오븐에서 구운 후, 차게 먹어도 되고 뜨겁게 먹어도 되는 일종의 고급 파이다.

내용물을 만드는 법은 테린이나 파테 거의 비슷해서 실제로 프랑스 사람들도 혼동해서 말하기도 한다. 다만 테린은 원래 그 용기에 담은 채로 식혀서 서빙을 했기 때문에 용기 이름 그대로 테린이라 했고, 파테는 용기에서 꺼내 잘라서 서빙한 데서 차이점이 있었던 듯하나 지금은 프랑스 친구들도 그냥 혼용해서 쓴다. 친구 카트린은 집에서 가끔 파테나 테린을 만드는데, 함께 요리를 하면서 속이 너무 고와 내가 "테린이지?" 하면 그녀는 언제나 "파테"라고 한다. 또 속이 너무 거칠어 "파테지?" 그러면 "테린이야"라고 하는 거다. 그러면서 큰 볼에 젤리를 따로 만들어 그 위에 스푼을 푹 꼽아 내놓는다. 곁들여 먹으라는 것이다. 레스토랑의 테린이나 파테는 아주 예술적인 그림이 단면에 나오고 겉 표면에 젤리나 패스트리가 잘 붙어 있지만 가정에서는 그냥 편하게 요리를 하고는 젤리를 아예 따로 내기도 하는거다. 그럼 정석으로 배운 외국인인 나는 속으로 "어, 젤리랑 나오니까 테린인데 얘는 왜 자꾸 파테라고 하나?" 반문한다. 애니웨이, 니가 프랑스인이니 맞겠지. 맛있으면 그만이다.

혼동이 가는 비슷한 요리가 하나 더 있는데 바로 갈랑틴Galantine이다. 갈랑틴은 영어의 젤라틴과 같은 라틴어 어원에서 파생된 말로, 이름 그대로 젤리를 써서 마무리를 하는 요리다. 여기서 파생된 요리가 파테나 티린이다. 뼈를 발라낸 닭이나 오리 등의 살을 얇게 펴서 다짐육을 안에 넣은 후 김밥 말듯이 꼭꼭 말아 양 끝을 묶은 뒤, 끓는 육수에 익혀서 먹는 것이다. 레스토랑 같은 곳에서는 익힌 다음 위에 아스픽 젤라틴을 발라 완성도를 높이지만, 일반 가정에서는 그냥 먹거나 시중의 젤라틴으로 만든 줄레를 따로 곁들인다. 다짐육은 원하는 대로 다양한 재료를 쓸 수 있어 요리사의 창의력을 마음껏 발휘할 수 있다. 게다가 완성된 후 잘랐을 때의 단면을 예술적으로 표현할 수 있는 데다 잘라서 펼쳐 놓으면 양도 많아 파티 등에도 많이 쓴다. 우리나라의 호텔 뷔페 등에서도 가끔 볼 수 있다.

요즘은 우리 젊은이들도 말 가지고 장난을 많이 하지만, 프랑스 사람들은 말장난이 전통이다. 갈랑틴이 신사들의 정중함을 말하는 갈랑galant과 발음이 비슷하므로 서로 연관시켰다. 가금류의 뼈를 바르는 일은 시간을 많이 요하는 어려운 작업이었기 때문에 요리사들은 갈랑틴을 멋지게 장식해서 고급스럽게 내놓곤 했다. 그래서 테이블을 갈랑'친절한, 예의 바른'의 뜻하게 장식한다는 의미를 얹어 도시의 세련된 식문화를 대변하는 요리가 되었다. 고전적인 개념의 테린이나 갈랑틴, 파테는 육류가 주를 이루었으나 요즘은 야채나 해산물도 많이 사용한다.

발론틴Ballonttine이란 요리도 있는데, 이는 갈랑틴이랑 발음이 비롯해 혼동하기 쉽다. 하지만 발론틴은 영 다른 종류의 요리다. 고기나 생선, 가금류의 뼈를 바르고 이 안에 속을 채운 뒤 감아서 사탕처럼 양쪽을 묶은 다음 찌거나 오븐에 구운 요리로 보통은 뜨겁게 서빙한다. 이는 데쳐서 차게 서빙하는 갈랑틴과는 다르다.

Le goût sucré qui console l'âme

영혼을 위로하는 달콤함

    단맛, 쓴맛, 신맛, 짠맛, 매운맛 중에 인간의 영혼을 달래주는 맛은 어떤 것일까? 모든 맛은 나름대로 인간의 혀를 매혹시키는 힘이 있다. 세상의 등불 같은 고요함으로 맛을 받쳐주는 짠맛, 회한에 잠겨 꿀꺽꿀꺽 넘기는 술맛에 섞인 쓴맛, 또 몸을 털 정도로 긴장감을 주는 신맛, 게다가 땀과 눈물을 뻘뻘 흘려가며 먹는 매운맛……. 이 모두가 우리를 위로하고 육체를 이완시키는 능력이 있다.

    하지만 이 모든 것을 합해도 단맛이 주는 치유의 힘을 쫓아갈 수는 없다. 단맛은 육체보다 영혼을 위로해주기 때문이다. 사랑도, 행복도, 기쁨도 달콤하다고 표현한다. 달콤한 것을 먹으면 연애할 때 나오는 것과 비슷한 신경전달물질이 분비된다는 학계의 보고도 있다.

    그래서인지 단맛은 연애와 같은 중독성이 있다. 이제 막 사랑에 빠진 여인도, 연인과 헤어진 여인도 츠콜릿을 찾는다. 이브의 유혹에 빠진 아담이 삼킨 선악과도 '달콤한' 맛이었을 것이다. 어쩌면 선악과를 맛보기 전의 인간은 단맛을 느끼지 못했을지도 모르겠다. 그래서 사랑의 행위라는 달콤함에 취한 아담과 이브는 그만 차후에 일어날 일은 생각지 못하고 말았다. 인간의 모든 욕망과 괴로움도 선악과의 단맛을 알고부터 쏟아져 나왔으니 말이다. 만약 술이 약처럼 그저 쓰기만 했다면 인간이 이처럼 즐길 수 없었을 거다. 당분이 발효해 알코올이 되는 것이므로 100% 쓴맛만 있는 술은 존재하지 않는다. 술의 기원은 단맛에서 왔기 때문이다.

아직 설탕을 모르던 시대에, 단맛은 자연에서 아주 어렵게 얻는 맛이었으므로 그리스인과 로마인들은 와인에도 귀하게 여기는 꿀을 넣어 마셨다. 그냥 마신다는 것은 천민들이나 하는 짓이었다. 중세 말까지도 설탕이나 향신료 제조 기술을 알지 못했던 유럽인들은 설탕을 동방으로부터 전량 수입해야 했다. 그러므로 설탕은 상위 1%만이 쓸 수 있던 식재료였다. 조그만 후추나 설탕 한 통 값이 작은 집 한 채 값이었다니 서민들은 꿈도 못 꾸는 부의 상징이었던 거다. 불과 몇십 년 전만해도 한국에서는 설탕이 명절 선물세트 안에 귀하게 자리 잡고, 토마토나 딸기에도 하얀 설탕 가루를 듬뿍 뿌려 먹던 것을 기억해보면 조금은 이해가 간다. 동방으로부터 도착한 이런 귀중품이 서유럽으로 들어오는 항구가 바로, 이탈리아의 베네치아나 제노바 등이었다. 그리하여 중개무역을 통해 부를 축적한 이 도시들은 서유럽 대부분이 아직 투박한 중세에 머물고 있던 14세기에 찬란한 르네상스로 도약할 수 있었다.

이러한 유럽에 하늘이 주신 기회가 바로 신대륙의 발견이었다. 이 광활한 자원의 보고에서 들어오는 보물은 유럽인의 경제, 사회, 문화 모든 면을 변화시키기 시작했다. 식생활에도 혁명이 일었다. 햇볕이 작열하는 드넓은 사탕수수 밭에서 흑인 노예들의 목숨과 바꾼 설탕은 황금알을 낳는 거위였다. 이제 설탕을 향신료와 동격으로 생각해 각종 요리에 넣어 메인 요리조차도 전부 달콤하게 먹던 중세적인 식습관에는 완전한 변화가 일었다. 설탕으로 만든 과자나 케이크로 부를 과시하던 시대도 지나갔다. 그토록 갈구하던 설탕만으로 원없이 달게 만드는 요리가 따로 발전하기 시작한 것이다.

맛을 나누면 훨씬 각각의 맛을 잘 느낄 수 있다는 것도 알게 되면서 디저트나 케이크 종류는 본 요리와는 완전히 독립하게 된다. 메인에 설탕의 사용이 줄어 식재료의 맛을 가릴 수 있게 되자, 식재료의 신선함이 중요하게 된다. 너무 진한 향신료들도 타임, 월계수 잎, 파슬리 등의 프랑스에서 나는 허브들로 바뀌고 버터를 많이 사용하며 소스의 개념도 차차 생기게 되었다. 메인 요리는 소금으로만 간을 맞추고 디저트는 완전히 독립해 짠맛과 단맛이 분리되는 프랑스 요리의 기본 체계가 완성됐다. 그래서 프랑스 전통 요리는 고기나 생선, 야채에 설탕을 사용하지 않고, 과일이나 케이크, 디저트에 소금을 쓰지 않는다. 다른 유럽 국가들도 이런 프랑스 요리의 영향을 많이 받아 이 법칙을 따르지만 프랑스만큼 엄격하지는 않다. 이는 단맛과 신맛이 함께 어우러진 아랍이나 아시아 요리와는 아주 다른 것이다. 디저트와 제과의 카테고리는 17세기가 되면서 서서히 모습을 드러내기 시작한다.

영어의 디저트를 프랑스어로 발음하면 데세르Dessert인데, 이는 바로 '식탁을 치우다'는 의미의 불어동사 desservir에서 파생된 것이다. 단맛이 나는 요리를 앙트르메entremet라고도 하는데 이는 중세에서부터 17세기까지 식사와 식사의 사이에 서커스나 광대, 음유시인들이 하는 공연을 지칭하던 말이었다. 하지만 루이 14세 시대엔 첫 번째와 두 번째 코스가 끝나고 테이블을 완전히 치운 후에 디저트 테이블을 다시 차리고는 환상적인 과자 공예로 장식한 테이블에서 단맛의 와인과 함께 세 번째 코스를 다시 시작했다고 한다. 물론 이 중간에 여러 가지 공연도 즐겼다. 그래서 단맛의 세 번째 코스를 앙트르메라고 했고 이어서 테이블을 치우다는 뜻의 디저트도 비슷한 의미로 혼용되었다. 현대에는 앙트르메보다는 디저트라는 말로 모든 것을 함축하지만 그래도 커다란 홀케이크를 앙트르메라고 하기도 하며 토퀴즈나 알랭 뒤카스 같은 스타 셰프들도 자신의 디저트 이름에 앙트르메라는 단어를 즐겨 쓴다.

그러나 디저트가 과시적인 거대한 장식에서 벗어나 지금 우리가 알고 있는 프랑스식 세트로 된 메뉴로 정착된 것은 19세기가 되어서였다. 식후 배에 부담을 주지 않는 달걀이나 과일, 크림 거품 등의 가벼운 재료로 절제된 단맛, 생과일의 영양학적인 면까지 고려된 메뉴들이 스타 셰프들의 손끝에서 완성되어갔다. 마치 인상주의 화가들이 지난 세기의 무거움을 벗어 던진 것과도 같았다. 시대적인 조류였던 것이다. 그래서 디저트는 애피타이저나 메인 요리보다 시대적인 반영이나 한 시대를 풍미한 인물들의 스토리가 많은 것도 특징이다. 전채나 메인 요리는 우선 식욕을 돋우어 배를 부르게 하는 것이 목적이지만, 식후에 먹는 디저트는 극적인 감동과 반전의 느낌이 있기 때문이다.

예를 들어, 살구를 얹은 외교관 Diplomate aux abricots이라는 괴상한 이름의 디저트가 있는데, 이는 아몬드 가루, 계란 노른자 등이 들어간 반죽 안에 럼주에 적신 계란 과자와 설탕절임한 과일이 아삭아삭 씹히는 일종의 푸딩이다. 그런데 이 푸딩이 외교관이나 국제정치와 무슨 상관이 있는지 전혀 감이 안 오는 거다. 앙투안 카렘은 탈레랑 Talleyrand의 밑에 있으면서 수많은 외교관들을 접대했다. 제과의 천재이던 그는 숟가락 비스킷 biscuits cuillers이라는 긴 계란 과자를 만들었는데 이 계란 과자를 부스러뜨려 넣거나 옆에 붙여 만든 파이에 '외교관'이라는 이름을 붙였다. 탈레랑이 식당 옆에 붙은 작은 방에서 이 계란 과자나 파이와 함께 샴페인으로 가벼운 리셉션을 하곤 했기 때문이다. 19세기가 되면서 영국에서는 생크림과 계란노른자를 사용하여 커스타드 크림을 만들었는데 이 커스타드가 프랑스에 와서는 다양한 버전으로 발전했다.

프랑스어로 커스타드를 크렘 앙글레즈 Crème Anglaise라고 하는데 이를 변형해 탈레랑과는 전혀 상관도 없는데 크렘 디플로마트 Crème Diplomate, 크렘 바바루아즈 Crème Bavaroise 등의 이름을 붙였다. 크렘 디플로마트는 일반 커스타드인 크렘 앙글레즈에 젤라틴을 넣어 좀 더 쫀쫀하게 만든 것이고, 젤라틴이 아주 듬뿍 들어간 것이 크렘 바바루아즈다. 모두가 19세기에 서로 원수지간이던 영국과 독일의 바바리아 공화국, 그리고 이를 외교적으로 이용했던 프랑스 3국간의 역사적인 흔적이 반영된 이름들이다. 아무튼 상상력을 자극하는 디저트의 이름들은 19세기부터 미식가들의 한없는 욕망을 불러일으키기 시작한다.

1825년 파리의 오페라에서는 부아엘디외Boieldieu의 코믹 오페라인 〈담므 블랑슈 Dame Blanche, 백의의 부인〉가 대단한 성공을 거두었다. 곧 새로운 디저트가 생겨났다. 바닐라 아이스크림에 뜨거운 초콜릿을 부은 후 여기에 휘핑 크림인 크렘 샹티Crème Chantilly를 얹은 것이다. 이는 오페라보다 더 큰 성공을 거두었다.

19세기 초에는 초콜릿을 압축해 산업화할 수 있게 되자, 초콜릿 공예와 더불어 초콜릿 무스도 생겨났다. 중탕해서 녹인 초콜릿과 생크림, 계란 노른자를 휘핑해서 만든 이 디저트는 특이하게도 불행한 삶을 살다간 그 유명한 인상주의 화가 툴루즈 로트렉이 만들었다. 어릴 때 불구가 되어 하반신이 성장하지 못하게 된 로트렉은 부유한 귀족 집안의 자제였지만 평생을 자기학대 속에 살았다. 몽마르트르의 어둠침침한 창녀촌을 배회하며 알코올에 절어 짧은 생을 살았다. 그러나 그동안 파리의 밤 문화를 주제로 한 많은 작품을 남겼고 고흐를 비롯해 그 시대의 수많은 화가들과 교류했다.

로트렉은 그림에만 천재적인 것이 아니었나 보다. 19세기 말부터 만들기 시작한 '무스'는 계란 노른자와 휘핑 크림을 사용해 만든 거품으로 생선이나 야채 베이스의 메인 요리에만 사용했다. 어느 날 로트렉은 이 거품에 코코아 가루를 넣었다. 그랬더니 마치 공기처럼 가벼운 질감을 가진 환상적인 맛을 내는 것이 아닌가! 처음에 로트렉은 이를 초콜릿 마요네즈라고 불렀다. 약간의 커피나 체리 블렌드, 샴페인을 넣은 버전도 생겼다. 파리의 예술적 감성과 무언가 달콤한 이미지들은 그 시대의 데카당스한 분위기와 함께 여성적인 유혹과 결합되어 갔다. 단맛은 팜므파탈만큼 치명적이었기 때문이다.

오펜바흐Offenbach는 그의 대표작인 오페레타 〈라 벨 엘렌 La Belle Hélène, 아름다운 엘렌〉을 공연하여 대성공을 거두었다. 너무 우아해서 지루했던 귀족들의 오페라를 희극화하여 좀 더 박진감 있고 풍자적으로 그렸기 때문에 '작은 오페라'라는 의미로 '오페레타'라고 했다. 〈라 벨 엘렌〉은 트로이 전쟁의 원인이 되었던 스파르타의 아름다운 헬레나 왕비에서 인물을 빌려왔지만 전혀 다른 자유분방하고도 인간적인 여인으로 그리며 19세기 상류사회의 숨막힐 듯한 위선을 풍자했다. 어찌 보면 20세기 뮤지컬의 시조가 되는 셈이다. 20세기 초의 위대한 셰프던 에스코피에는 머리도 명석하셨다. 파리의 리츠 호텔 셰프로 있던 당시, 사장이던 세자르 리츠의 뒤를 이은 후임자의 딸이 결혼을 하게 되었는데, 그 딸의 이름이 우연히도 엘렌 엘르Hélène Elles였다 에스코피에는 그녀에게 오펜바흐의 여주인공의 후광을 입히며 '아름다운 엘렌의 배'라는 의미의 디저트인 '포아르 벨 엘렌Poire Belle Hélène'을 만들었다. 곧 이는 세기의 디저트가 되었고 지금

배 모양이 그대로 살아 있는 포아르 벨 엘렌

도 전 세계의 셰프들이 즐겨 자기 메뉴에 올린다.

　포아르 벨 엘렌을 만들기는 아주 쉽다. 표주박 같이 생긴 말랑한 서양배를 깎아 반으로 자른 후(아주 작은 것은 통째로 써도 된다) 설탕을 듬뿍 넣은 시럽에 20분간 익힌다. 배가 식으면 꼭지가 위에 오도록 접시에 놓은 후, 옆에 바닐라 아이스크림을 놓고 위에 버터와 함께 녹인 뜨거운 초콜릿을 부어 내면 끝이다.

　내가 프랑스 레스토랑을 운영할 때 만들기 쉬우면서 이름도 예쁜 이 디저트를 꼭 해보고 싶었다. 아직 서양배가 수입되지도 않고 통조림조차 없었기 때문에 우리 배를 가지고 이렇게도 해보고 저렇게도 해보았다. 하지만 서양배는 한국의 배와 품종 자체가 틀리다. 한국 배는 거의 구형에 가까우면서 크고 육질이 거칠며 즙이 많은 데 비해 유럽산 배는 표주박 모양으로 크기가 작으면서 육질이 아주 몽글몽글 부드럽다. 안타깝게도 둥근 배를 썰어서 만든 '푸아르 벨 엘렌'은 표주박 모양이 내는 날렵함이 살아나질 않는 거다. 게다가 아침마다 배를 서너 개씩 졸여 준비를 했지만 외국인 외에는 주문하는 사람이 없었다. 한국에는 아직 디저트라는 문화가 생소하던 시절이었기 때문이다. 그래서 밤이면 밤마다 시럽에 졸인 배를 먹었다는……. 그렇다고 내가 일제시대 사람이나 해방 전이나 6.25를 겪은 할머니 세대라 생각하진 말라. 90년대까지만 해도 특급 호텔을 제외하고는 레스토랑에서 돈까스와 함박스테이크를 먹은 후에 웨이터가 와서는 정중하게 "디저트는 콜라 하시겠습니까? 사이다 하시겠습니까?" 하던 시절이니 말이다.

 에스코피에는 여성을 무척이나 좋아했던지, 디저트에 즐겨 여성의 이름을 붙이곤 했다. 그가 만든 또 하나의 불후의 명작 역시 아니나 다를까 여성의 이름이다. 그가 런던의 사보이 호텔에 셰프로 있을 당시 호주의 소프라노인 넬리 멜바 Nellie Melba가 묵게 되었다. 호주의 국보 소녀로 지금도 100달러짜리 지폐에 얼굴을 올리고 계신 분이니, 거의 신사임당 님과 동급의 위치를 차지한다고 보면 되겠다. 그녀는 식사 후에 바닐라 아이스크림을 주문했다. 그런데 마침 아이스크림의 양이 턱없이 부족한 거다. 임기응변에 능한 에스코피에는 복숭아를 얇게 저며 접시에 깐 후에 아이스크림을 위에 올리고, 라즈베리와 시럽을 곁들였다. 그리고는 직접 디저트를 들고 나와 능청스럽게도 "멜바양, 당신을 위해 준비했습니다. 이 디저트에 당신의 이름을 붙인다면 영광이겠습니다"라고 말했다! 이를 받은 멜바 부인의 입이 얼마만큼 찢어졌을지는 상상에 맡기겠다. 그래서 이 디저트는 '라 페슈 멜바 La Pêche Melba', 즉 '멜바 복숭아'가 되었다. 그런데 주인공이 호주 사람인 데다 영국에서 만들어서 그런지 이상하게도 이 디저트 만큼은 영어식으로 피치멜바 Peach Melba라고 발음해야 더 맛있게 가슴에 와 닿는 것이 신기하다.

미스 유니버스에 출전한 2007년도 미스 벨기에 안늘리앙 쿠르비에 Annelien Cooreviets는 특별히 미인은 아니었지만 머리가 좋았다. 미스 벨기에로 출전할 때 TV에서 개인기로 노래나 춤을 추는 대신 크렙 슈제트를 해보여 모든 사람들에게 깊은 인상을 준 것이다. 진실이었든 대본이었든 이 퍼포먼스는 혁 소리나게 예쁘지도 않은 그녀가 미스 벨기에로 뽑히는 데 결정적인 역할을 했다. 바로 크렙 슈제트는 왕가의 후광을 갖고 있는 디저트이기 때문이다. 그녀 입에서 '크렙 슈제트'라는 말이 나오자마자 그녀는 이미 모나코에서 영국 황태자와 황홀한 저녁을 보내고 있는 미스 슈제트가 되어 버린 거다.

크렙 슈제트

프랑스를 좋아했던 웨일즈의 왕자(후에 에드워드 7세가 된다)는 많은 시간을 남

문화의 맛 159

부의 지중해 코트 다쥐르Côte d'Azur에서 보내곤 했다. 1898년 어느 날, 그는 모나코의 몬테카를로 레스토랑에 흠모하던 아름다운 프랑스 여인을 초대했다. 이름은 바로 슈제트Suzette. 그날의 메뉴에는 브르타뉴의 전통 요리인 크레이프, 즉 크렙이 들어 있었다. 요리사가 웨곤을 밀고 와, 왕과 슈제트 양이 보는 앞에서 크렙을 직접 구워내고 있는데 실수로 그만, 옆에 있던 40℃짜리 그랑마니에●를 팬에 엎고 만 것이다. 엎어지며 리큐르에 불이 붙어 후라이팬은 불로 뒤덮였다. 요리사는 침착하게 불을 정리하고 순발력을 동원하여 알코올에 그을린 크렙을 두 번 접어서 왕자의 테이블에 서브했다. 그런데 이게 웬일? 한입 떠 넣은 왕자는 그 맛의 황홀함에 넋이 나가버린 거다. 그리고는 오렌지 리큐어에 플랑베●●된 이 디저트를 자기 애인의 이름을 따서 크렙 슈제트라고 명명했다. 이 크렙 슈제트를 멋지게 각색해 당시의 유명한 프랑스 여배우 쉬잔 라이쉔베르그Suzanne Reichenberg에게 바쳐 오늘날의 클래식한 디저트의 대명사로 만든 것도 당연히 오귀스트 에스코피에였다.

가난한 유학생 시절, 이런 전설에 매료된 나는 언젠가 바다가 보이는 작은 레스토랑에서 사랑하는 사람과 함께 나만을 위한 크렙 슈제트를 서빙 받고 싶다는 열망을 가졌다. 왠지 그 장소는 지중해가

● **그랑마니에(grand marnier)** 오렌지로 술을 담가 증류해 만든 리큐어로 오렌지의 풍미가 그윽한 아주 달콤한 술이다.
●● **플랑베(framber)** 높은 도수의 알콜에 불을 붙여 요리에 향을 더하는 조리법.

1 갈레트 2 크레이프

아닌 크레이프가 태어난 브르타뉴의 해변이었으면 좋겠다고 생각했었다. 그런데 내 일생에 만난 최초이자 가장 멋진 슈제트는 고급 레스토랑이 아닌, 여행 중에 우연히 가게 된 브르타뉴 시골의 아주 작은 크레이프 전문점에서였다. 학생 시절 친구들과 브르타뉴의 카르나크Carnac 근처를 여행하다 길을 잘못 들어 고생한 적이 있다.

카르나크에는 그 근원을 알 수 없을 정도로 오래된 맨힐Menhir이 줄지어 있는 국립공원이 있는데 이 거대한 돌들이 카르나크 앞바다에 잠겨 있는 고대 도시까지 연결되어 있다는 학설에 홀려 떠난 길이었다. 어려서부터 사라진 아틀란티스의 전설에 매료되어 있던 나는 카르나크 숲의 돌들 사이에서 수만 년 전의 고대도시를 거닐고 있는 듯한 감격에 사로잡혔더랬다. 그러다 길을 잃은 것이다. 비슷비슷한 숲속의 작은 도로들을 헤매고 헤매다 외딴 곳에 불을 밝히고 있던 작은 레스토랑에 다다랐는데 크레이프 전문점이었다.

　부부가 운영하고 있었는데 나무를 넣어 석회로 지은 집에서는 브르타뉴 농가의 냄새가 풀풀 나고 있었다. 계란과 버섯에, 햄과 치즈가 듬뿍 올라간 갈레트를 먹고 디저트로 크렘 슈제트는 없냐고 물었다. 유학 초창기다 보니 그냥 아는 체하려고 한마디 한 건데 마침 그 이야기를 듣고 있던 남편 요리사가 친절하게도 손님이 많지 않으니 일본에서 온 미녀(?)들을 위해 특별히 해주겠다는 것이었다. 다만 그랑마니에는 없고 코엥트로●밖에 없다고 했다. 다른 때 같으면 일본과 한국은 다르고 문화가 어쩌고, 일본 여자들보다 한국 여자들이 더 예쁘고 어쩌고, 구구절절 애국할 텐데 일본이라면 속도 다 빼주는 프랑스인들을 잘 아는 우리는 이번만은 그냥 있기로 했다. 그 주인은 자기 집에 웨곤이 준비되어 있지 않으므로 주방에서 해다 주겠다고 했다. 요리책에서 보아 상상하던 섬세한 모양은 아니었지만 오렌지 껍질을 굵게 썰어 넣어 코엥트로에 플랑베한 크렘 슈제트는 투박하니 정말 맛있었다. 게다가 별로 비싸게 받지도 않아 더욱 기분 좋게 우리는 길을 떠났다. 언젠가 한 번쯤 다시 가보고 싶은 곳이지만 아직 가지는 못하고 그 이후로 프랑스 요리점을 경영하며 그 셰프가 해주었던 터프한 레시피 그대로 크렘 슈제트를 무던히도 우려 먹었다.

- - - - -

● **코엥트로(Cointreau)** 그랑마니에와 같은 오렌지 리큐어지만 브랜드가 다르다. 그랑마니에가 더 고급이다.

20세기가 무르익어가며 디저트는 식후의 마무리로서 그 레스토랑의 격을 높이는 예쁜 사치로 자리 잡았다. 메인요리의 식재료는 고기나 생선을 중심으로 전통적인 조리법이 있다 보니, 소스나 데커레이션을 변형해 끝에 셰프의 이름을 붙이는 정도의 창의력에 머문다. 뭔가 배를 채워줄 것 같은 묵직한 이름에 식재료도 반영해야 하므로 보수적일 수밖에 없다. 예를 들어 송아지 고기나 닭고기에 아주 생뚱맞게 '공기가 스쳐 지나가며 혀끝에 감도나니' 뭐, 이런 이름을 붙일 수는 없는 거다. 적어도 스테이크인지, 찜인지, 소스가 무엇인지의 정보가 들어가야 한다는 말이다.

하지만 디저트는 이런 데서 완전히 자유롭다. 무궁무진한 조합과 창작으로 열려 있으면서 이름 역시 아방가르드한 상상력을 동원하는 것이 허락되는 것이다. 게다가 달콤함이 주는 여성적인 느낌은 데커레이션과 이름에 더욱 감성을 허락한다. 그래서 카렘 이후의 유명한 셰프들은 자기만의 비장의 디저트 메뉴를 만들기 시작했다.

서양 요리의 클라이맥스는 디저트라는 말이 있다. 와인과 함께 허기진 욕망을 채운 후, 나른하게 의자에 기댄 채 초콜릿 무스 한 스푼을 혀에 올린다. 달콤하게 혀를 감싸는 그 매끈한 촉감은 진정한 맛의 절정이다. 그래서 하루하루의 삶에 환호를 지르는 프랑스인들의 단맛에 대한 집착은 아직도 계속된다. 이 친구들이 디저트나 케이크를 먹을 때 보면 실로 무섭다. '그렇게 먹고도 저걸 또 다 먹냐!' 하는 느낌이 절로 들게 된다.

Les guides gastronomiques

미식가이드의 축복 혹은 저주

올해도 어김없이 3월에 2011년판 빨간 표지의 〈미슐랭 가이드 Guide Michelin〉가 발간되었다. 오늘날 타이어만큼이나 전 세계 사람들에게 유명한 이 미슐랭 가이드를 만든 것은 발상의 전환이었다. 타이어 회사가 미식 가이드를 만들겠다는 발상의 전환 말이다. 1900년도에 창간한 미슐랭 가이드는 지금까지 3500만 부 정도가 팔렸다. 해마다 사야 하니 24유로면 꽤 비싼 책인데도 봄에 업데이트 될 때마다 5, 60만 부가 팔린다. 뭐 해리포터 정도의 세계적인 베스트셀러는 아니지만 이정도면 스테디셀러다. 프랑스에서는 19세기 초부터 미식에 관한 가이드가 출간되기 시작했지만 아직까지 해마다 업데이트되며 건재한 것은 이 책이 유일하다. 후발 주자들도 많지만 이 중 미슐랭이 차지하고 있는 권위는 독보적이다. 역사와 전통이 주는

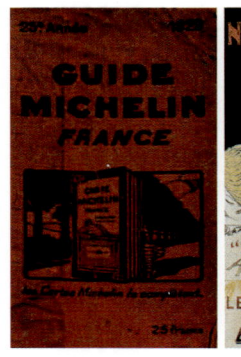 

프랑스판 미슐랭 가이드의 표지

후광과 노하우는 쉽게 따라잡을 수 없기 때문이다.

미슐랭과 상관없이 묵묵히 일하거나 무시하는 셰프들도 있지만, 그래도 여기서 완전히 자유로운 자는 없다. 애써 무시한다는 것 자체가 관심의 표명이기 때문이다. 그래서 지금도 프랑스의 초보 셰프들은 배우들이 오스카상을 숭배하듯이 미슐랭 스타를 향해 꿈을 키운다.

모두가 이를 갈망하는 이유는 가이드에 수록된 대부분의 레스토랑은 별을 못 받기 때문이다. 2011년에 수록된 총 3419개 레스토랑 중, 별을 받은 레스토랑은 571개고 이중 470개는 별 하나, 76개가 별 둘, 별 세 개짜리는 25개밖에 안 된다. 이 25개 중에 열 개가 파리에 있다. 이러니 별 세 개 속에 들고 싶어 하는 인간의 심리는 당연한 것이다.

비벤덤Bibendum이라는 캐릭터로 유명한 미슐랭은 프랑스의 클레르몽페랑Clermont-Ferrand이라는 중부의 도시에서 고무 공장을 운영하던 형제인 에드워드 미슐랭과 앙리 미슐랭이 1889년 세운 타이어 회사다. 증기기관 발명 후, 자동차가 인간의 삶 속으로 막 들어오고 있던 이 시대의 기술이란 보잘 것 없었다. 자동차 바퀴를 교체

하고는 접착제로 고정해야 하는 불편함도 있었다. 미슐랭 형제는 바로 이 부분에 아이디어를 짜내 성공한다. 접착제 없이 끼워 넣는 타이어를 만들어낸 것이다.

이 시대에 운전이란 대단한 기술이었고, 차를 소유한 사람은 특혜 받은 계층이었다. 우리나라의 5, 60년대를 생각하면 되겠다. 어른들 말씀에 의하면 이 시절에 운전을 할 줄 안다 하면 모두들 우러러봤다고 한다. 최첨단의 기계를 움직여 어디로든 데려가주니 백마 탄 왕자에 버금갔을 것이다. 하지만 지금처럼 도로 사정이 좋지 않던 시대에 장거리 운전을 한다는 것은 경우에 따라 대단한 모험이기도 했다. 그래서 미슐랭 형제는 타이어를 사는 고객들에게 유럽의 도로 사정에 관한 도움을 주기 위해 미슐랭 타이어 교체 정비소나 주유소 등을 간단히 수록한 정보지를 사은품으로 배포했다.

1900년에 파리에서 열린 세계 만국 박람회를 기념하여 첫 쇄를 찍어낸 것이 바로 미슐랭 가이드의 출발이었다. 처음에는 순수 홍보 목적이었으므로 별다른 관심을 끌지 못했다. 하지만 미슐랭은 여기서 멈추지 않고 정비소뿐 아니라 레스토랑이나 병원, 약국, 호텔, 관광지 등을 수록한 유용한 정보지를 만들기로 했다. 휴게소나 호텔이 많지 않던 그 시절 이 가이드의 인기는 점점 높아지기 시작했다. 그러자 이들은 1920년부터 좀 더 권위를 세우고 수준을 높이기 위해 상업용 광고는 모두 빼고, 유료 가이드로 전환한다.

수록되는 모든 레스토랑들을 세 거의 등급으로 나누어 별을 주는 등급 시스템을 도입한 것은 1930년대인데, 곧 대단한 반향을 불러 일으켰다. 20세기 초에 유럽에서 타이어를 사용하는 고객들이라면 당연히 상위 1%였을 테니 말이다. 이때부터는 운전하며 다니다 좋은 곳을 발견한 독자들 스스로가 감독관이 되어 앞 다투어 정보를 주기 시작했다. 수록되는 정보는 늘어갔고 타이어와 고객들, 레스토랑들 간에 서로 시너지 효과를 일으켰다. 미슐랭 가이드를 보고 여가 시간에 이곳저곳을 찾아다니는 사람들이 늘면서 자동차와 타이어도 더 많이 팔렸다. 여기에 수많은 셰프들이 쓰리 스타의 꿈을 키우며 창의력을 발휘하자 정보는 늘어갔다. 독자들이 너도나도 맛집을 찾아다니니 레스토랑들의 매상도 올랐다. 결국 이런 연쇄반응이 책의 권위를 높여주고 프랑스 미식의 역사에 한 획을 그은 것이다.

이제 가이드는 미슐랭의 버젓한 연계 사업으로 성장했다. 미국의 〈자갓Zagat〉이나 프랑스의 〈골트 미요Gault Millau〉도 미슐랭의 뒤를 따라 권위적인 가이드로 떠올랐지만 여전히 하늘의 가장 높은 별은 미슐랭이다. 미슐랭이 배출한 스타 셰프들은 대중의 주목을 받으며 세계적인 스타가 됐다. 마치 로버트 파커• 점수가 가라주 와인들을 스타 와인으로 만든 것과도 같다. 그뿐 아니라 프랑스의 지적인 환경도 한몫했다. 오랜 귀족 사회와 천천히 이루어진 자본주의의 발달로 부르주아 계층이 발달하고 중산층이 두터운 프랑스는 식문화

• **로버트 파커(Robert Parker)** 미국의 와인 평론가. 생전 그가 주는 점수로 전 세계의 와인시장이 요동을 쳤다.

도 차곡차곡 쌓여 광범위한 독자층을 확보할 수 있었다. 게다가 수많은 나라들이 다닥다닥 붙어 육로로 연결된 유럽이다 보니, 미슐랭 가이드는 금방 전 유럽의 도시로 확대됐고 이제 전 세계의 주요 도시로 확대되고 있다.

미슐랭 가이드가 이처럼 권위 있게 된 이유는 그 평가 방식의 공정성과 익명성에 있다. 그럼 미슐랭의 감독관은 어떤 사람이 될까? 아직도 미슐랭의 평가단은 점조직으로, 베일에 싸여 있어 마치 국제 스파이 조직 같다. 철저히 개별적, 자율적으로 움직이며 완벽한 보안 유지를 원칙으로 하기 때문이다. 한 명이 1년에 평균 250여 개의 레스토랑을 돌며 점수를 매기는데 월급이 따로 있는 것은 아니며, 실비용을 영수증 처리한다. 수백 대 일의 경쟁률이라는 평가단은 약 87명이며 여성이나 남성, 인종, 연령 등의 제한은 없지만, 호텔이나 레스토랑 요식업에 조예가 깊은 사람들을 주로 뽑는다.

맛에 관한 전문성과 자질을 갖추어야 하기 때문에 평가단이 되어도 6개월 이상을 전문적인 교육을 받은 후에 활동하게 된다. 신분이 노출되면 로비가 들어올 수도 있고 객관적인 평가가 되지 못하기 때문에 해당 업소에 알리지 않는 것은 기본이다. 다른 고객들과 똑같이 행동하며, 레스토랑이나 호텔을 예약하고 돈을 지불한다. 인터뷰나 질문도 금물이다. 종업원들이 눈치를 채면 의식해서 서빙을 하므로 공정성이 떨어지기 때문에 아주 조심스레 주변을 살피며 관찰한다. 음식은 그 집의 대표 요리나 셰프의 특선 요리 등을 제대로 한 코스 맛보고 스타일링의 시각적 아름다움, 향미, 맛, 감촉, 음식의 양, 가격 대비 만족도, 서비스의 질과 분위기, 주류의 셀렉션, 종업원들의 위생 상태까지 하나도 놓치지 않고 온 감각을 동원해 체크한다. 하지만 이 중에서도 가장 중요한 기준은 당연히 식재료의 신선도와 셰프의 창의력이다. 방문 후에는 체크한 모든 사항을 종합하기 위해 리서치하는 데도 많은 시간을 보내게 된다. 인터넷의 블로그와 잡지 등 매스컴의 평론, 미식 정보들, 신문 등도 빠짐없이 읽고 독자들이 보내는 엄청난 양의 피드백과 제안도 놓치지 않는다. 좋은 평점의 레스토랑이라도 반대되는 의견이 나올 경우에는 진지하게 반영한다. 이렇게 1년간 모인 리포트들이 다음 해의 출판에 수록되는 것이다.

그런데 문제는 한번 미슐랭 스타를 받았다고 해서 평생 가는 훈장이 아니라는 거다. 지속적으로 모든 고객에게 같은 감동을 주느냐가 중요하다. 1년마다 새로 평가하여 랭킹이 바뀌다 보니 꾸준히 개발하고 창의적인 노력을 하지 않으면 다음 해는 보장받지 못한다. 언제 누가 감독관일지 모르니 별 한번 따고 나면 1년 내내 긴장할 수밖에 없는 것이다. 이처럼 철저한 객관성을 유지하는 평가단 덕분에 셰프를 평가하는 어려운 작업에 동의를 이끌어 내고 권위를 인정받을 수 있었던 것이다.

1969년부터 앙리 골트 Henri Gault 와 크리스티앙 미요 Christian Millau 는 〈골트 미요〉라는 미식 비평잡지를 창간해서 성공을 거두었고 1972년부터 가이드를 내놓아 현재 미슐랭에 이어 영향력을 행사한다. 게다가 이들은 너무 무거운 소스에 집착해온 카렘과 에스코피에

계보의 정통 요리에 신세대 혁명을 일으키며 1973년 누벨 퀴진의 문을 열었다. 이에 그 시대의 스타 셰프이던 폴 보퀴즈, 트루아그로 형제, 알렝 샤펠, 미쉘 게라르 등이 동참했고, 프랑스 요리는 또 한 번의 진화를 이룩했다. 골트 미요는 미슐랭과는 조금 다르게 20점 만점으로 점수를 매기며 프랑스 와인 가이드북도 함께 내고 있다.

골트 미요뿐 아니라 공중파인 France3와 France5에서 〈미식엽서Carte postale gourmande〉, 〈프티트르노의 전망대Escapades de Petitrenaud〉 등 활발한 요리 프로그램을 진행하고 있는 장-뤽 프티트르노Jean-Luc Petitfrenaud같은 방송인도 호텔 레스토랑 분야에서는 큰 입김을 발휘한다. 그의 방송에 한번 나가고 나면 당연 그 레스토랑이나 셰프는 스타로 발돋움하기 마련이다.

결국 미슐랭을 비롯한 미식 비평지나 방송 등도 미디어다. 그러다 보니 글로벌한 세계의 흐름을 반영하지 않을 수 없다. 현대의 프랑스 요리는 전통적인 카렘이나 에스코피에의 계보를 잇고 있는 정통파도 있지만 점차도 셰프 자체가 퍼스널 브랜드화 되며 영감을 얻어 만들어내는 요리 쪽으로 가고 있다. 영감이란 예술성과 통하는 말이지만 이에 치우치면 퓨전이라는 명제에 봉착한다. 19세기의 인상파 화가들이 일본의 우키요에 화풍에 영감을 받고 고갱은 타이티에서 일생을 마쳤다. 또 피카소가 쿠비즘의 영감을 받은 것은 아프리카 토속품에서였다. 최고의 셰프가 일본 요리의 맛을 슬쩍 가미하여 아름답고 이국적인 프랑스식 전채 요리를 내놓았을 때 박수 치지 않을 사람은 없다. 현대의 미슐랭에서도 이런 감각적인 추세를 무시할 수는 없다.

게다가 미각에 치중하는 무거운 전통보다 퓨전은 시각적으로 훨씬 세련되고 섬세하다. 그러다 보니 외국에서 발간되는 미슐랭 가이드로 인해 외국 도시가 파리를 능가하는 결과도 낳고 있다. 예를 들어 도쿄는 현재 세계에서 쓰리 스타 레스토랑이 가장 많은 도시다. 열한 개나 되니, 열 개 있는 전통의 파리보다 많다. 게다가 이 열한 개 중 세 개가 프랑스 요리점이라는 아이러니컬한 현상이 일어나고 있다. 프랑스와 일본이 원래 마케팅적으로 궁합이 잘 맞는다는 것은 알고 있지만 좀 어안이 벙벙한 것도 사실이다. 뉴욕도 아니고 도쿄가 이렇듯 급부상할 줄 누가 알았겠는가 말이다. 돈 많은 일본에 미슐랭이 아양을 떤다고 생각할 수도 있지만 한편으로는 당연한 결과라는 결론에 이른다.

70년대 초반 알랭 샹드렝이나 폴 보퀴즈 등이 누벨 퀴진을 거론하기 시작한 이후로 프랑스와 일본의 요리업계는 거의 밀월 관계였다. 프랑스 셰프들의 일본 요리의 섬세함에 대한 사랑은 19세기 우키요에 화풍이 파리의 인상주의 화가들에게 준 충격에 버금갔다. 다만 19세기 미술은 일본의 일방적인 공세였지만, 20세기의 요리는 상호간의 매혹과 감탄이었다고 할까? 알랭 뒤카스, 피에르 가니에르, 미셸 트루아그로, 조엘 로뷔숑 등의 스타 셰프들이 일본 요리의 디테일을 프랑스 요리에 도입했고 너도나도 도쿄에 레스토랑을 열었다. 프랑스를 동경하던 일본의 서양 요리사들은 너도나도 유학을 왔고 일식 셰프들은 파리에 레스토랑을 열고 우동과 사시미를 유행시켰다. 프랑스 파티시에들이 파리에서보다 일본에서 먼저 유명해지는 경우도 생겨났다. 피에르 에르메나 장 폴 에벵이 그 선봉에 섰다. 그런데 이것은 파리를 바짝 쫓으며 도쿄가 미식의 도시로 부상하는 결과를 냈다. 파리가 점점 더 국제화되어 가며 요리도 감성에 치우치다 보니, 진정한 프랑스 전통의 맛을 보려면 별 하나짜리 비스트로들을 찾아다니는 것도 좋은 방법이다.

그러다 보니 미슐랭 스타나 골트 미요의 점수 시스템에 반기를 드는 비평가와 요리사들도 있다. 부작용도 만만치 않기 때문이다. 장인의 전통보다 트렌드를 무시할 수 없는 요즘, 그 유명한 파리의 상징, 지금 예약해도 1년 후에나 테이블이 난다는 투르 다르장이 1996년에 별 세 개에서 두개로 강등되는 수모를 겪었고 2006년엔 별이 또 하나 강등되었다. 이 당시 88세이던 외식업의 상징, 투르 다르장의 소유주던 클로드 테라이Claude Terrail는 병으로 앞을 보지 못했는데, 이 충격 때문인지 영원히 눈을 감고 말았다. 브르타뉴의 유명한 셰프던 올리비에 뢸랭제Olivier Roellinger는 50세 되던 2006년에 18년 동안이나 기다리던 미슐랭 쓰리 스타를 받았다.

하지만 그 행복은 길지 않았다. 정상에 올랐지만 이를 지킨다는 것은 엄청난 스트레스를 동반했다. 별이 떨어질 수도 있다는 강박관념은 일하는 기쁨과 삶의 즐거움을 앗아가고 만 것이다. 결국 그는 2008년에 "더 이상 별을 지킬 체력이 안 된다"며 쓰리 스타 레스토랑의 문을 닫았다. 그리고는 부인과 함께 소박하고 단출하게 별 하나짜리 레스토랑을 운영하며 살고 있다. 이 뿐만이 아니다. 2003년엔 부르고뉴의 '라코트도르'의 셰프 베르나르 루아조 Bernard Loiseau 가 별 셋에서 둘로 강등되자 집에서 사냥총으로 자살했다. 미슐랭뿐 아니라 골트 미요에서도 평점 20점에서 17점으로 강등되는 수모를 겪은 것이다. 도대체 쓰리 스타가 뭐길래……! 프랑스 전체가 충격을 받았다. 친구 셰프인 폴 보퀴즈는 미슐랭과 골트 미요가 베르나르를 죽였다고 비난하기도 했다. 그래도 미슐랭 가이드의 권위는 여전히 굳건하다. 더 놀라운 것은 베르나르의 미망인인 도미니크 루아조는 남편이 죽은 다음 날에도 레스토랑을 열었고, 예약 손님을 받았다는 것이다. 그녀는 2004년에 보란듯이 다시 별 세 개를 복구해냈다. 2011년에도 프랑스 남서부 퓌미롤의 유명한 미셸 트라마 Michel Trama는 별을 잃었고 새로 들어온 레스토랑은 없다. 그 유명한 죠엘 로뷔숑 Joël Robuchon도 너무 바빠서인지 여러 개의 사업체 중 이 라인 잃으면 저 라인에서 얻기를 반복하고 있다.

쓰리 스타의 꿈을 안고 앞만 보고 달리는 셰프도 있고, 자신보다 요리에 관해 더 잘 알지 못하는 사람들에게 평가받는다는 것에 불신을 표명하며 쓰리 스타를 내던지는 셰프도 생겼다.* 하지만 긍정적이든 부정적이든 아직도 미슐랭이나 골트 미요는 프랑스 미식의 상징이다. 프랑스 사람들은 해마다 새로운 미슐랭 가이드가 나오면 주저하지 않고 몇 만 원을 투자하여 산다. 여행이나 바캉스에서는 마치 바이블처럼 끼고 다닌다. 미슐랭 가이드뿐 아니라 자기네 나라 문화유산임에도 사전만한 두께의 가이드북을 가지고 다니며 일일이 역사적 배경과 건축에 관한 공부를 해가며 여행하는 사람들이 많은 것도 놀랍다. 우리로선 생각지도 못할 일이다. 경주에 간다고 첨성대와 불국사에 관한 세세한 건축적 정보를 수집하고 300페이지짜리 가이드북을 가지고 떠나는 사람이 얼마나 되겠느냔 말이다.

즉 이 정도의 외식 가이드가 발전하려면 그 도시 전체의 미식에 대한 열정과 감각이 동시에 발전되어야 한다. 외식산업뿐 아니라 그 사회 전체의 경제뿐 아니라 문화, 독자들의 감각까지 모두 동일한 수준이어야 하는 것이다. 각 분야의 발전이 동일하게 높은 수준이라는 것은 경제력만으로는 결코 도달할 수 없다. 그 도시가 글로벌한 식문화에 얼마나 오랫동안 공들여 왔으며 얼마만큼 대중이 이를 수용할 수 있는 미각을 경험했는지가 중요하다.

한국은 경제적으로는 발전했지만 불행하게도 문화적 소양을 키울 여유가 없었다. 해방 이후 전쟁을 겪고 급격하게 민주주의와 자본주의를 도입하는 과정에서 조상들이 갖고 있던 정신적인 깊이를 잃어버린 것이다. 우선 주거 문화가 발전했고 겉치장을 위해서 패션이 뒤따랐다. 여기에는 한국 사람들 특유의 체면 문화도 한몫했을 거다. 일단 보이는 것이 먼저다 보니 라면을 먹을지언정 차를 바

● 61년생으로 33세에 최연소 미슐랭 쓰리 스타가 셰프가 된 영국의 마르코 피에르 화이트(Marco Pierre White)는 "이제껏 나보다 음식에 대해 무지한 사람들에게 평가 받았다. 나는 미슐랭 감독관들을 너무 존중했고 나 자신을 홀대했다. 나에겐 세 개의 선택이 있다. 나는 내 세계에 갇혀 일주일에 엿새를 일할 수도 있고 거짓말을 하며 값을 올려 받으면서도 불 앞에 서지 않을 수도 있다. 또 미슐랭 별을 반납하고 나의 아이들과 시간을 보내며 자신을 재창조할 수도 있다"라며 별을 반납하고 소박한 레스토랑을 운영하고 있다. 마르코의 기록은 이탈리아으 마시미리아노(Massimiliano Alajmo)가 28살에 쓰리 스타 셰프가 되면서 깨졌다.

꾸고 명품을 쓰며 속이 텅 비어버린 것이다. 그러니 이런 미식 잡지를 만든다 해도 누가 읽을 것이며 감독관은 누가 할 것이냐는 문제에 봉착한다. 요리를 평하기 위해서는 그것을 만든 사람만큼 그 요리에 관해 잘 알고 있어야 하기 때문이다. 감독관을 할 소양이 있는 사람이 없으니 셰프들이나 독자들은 결코 그 점수나 별을 인정하지 않을 것이다. "니가 뭔데 내 요리에 점수를 매겨?"라고 하면 할 말이 없다. 게다가 먹어주는 손님이 있어야 빛이 나는 것이 레스토랑인데 역량 있는 셰프들도 소신이나 창의력보다는 유행을 생각하지 않을 수 없다. 트렌드에 따라 채 몇 개월도 안 돼 간판이 바뀌어 있는 한국 외식산업의 현실에 미식 가이드란 큰 의미가 없다.

그래도 조금 기대되는 것이 한국관광공사에서 미슐랭과 제휴해 〈미슐랭 그린 가이드〉 한국판을 발간했다는 소식이다. 곧 도쿄, 홍콩, 마카오에 이어 한국판 레드 가이드도 거론될 텐데, 과연 그 다양성을 충족시킬 만한 식문화가 한국에 충분히 남아 있는지에 고개가 갸우뚱해지며 걱정되기 시작하는 거다. 한식의 세계화도 좋지만 콘텐츠가 제대로 되어 있는지를 정비할 때가 되지 않았는가 싶다. 대통령이 "우리의 미식은 세계 최고입니다"라고 당당히 연설하고 유네스코의 인류 유산에 등록된 식문화를 가지고 있는 나라, 이십 년 전 유학시절에 갔던 레스토랑에 대물림한 아들이 셰프가 되어 손님을 맞는 나라가 이럴 땐 참 부럽다.

JEUN
Livres
Papeterie
TOURISME · LIVRES

TOSHI
LAMEN
JAPONAIS
OPERA MARKET
TRAITEUR
RENAULT

La légende des Stars-chefs

스타 셰프의 신화는 만들어지는 것

　이탈리아 르네상스의 새로운 물결에 정신을 빼앗긴 프랑스의 권력자들은 하나의 문화 아래 단결된 강력한 프랑스를 꿈꾸었다. 순수 예술이나 인문학은 시간이 오래 걸리는 분야이지만 미각으로 느끼는 요리는 즉각적인 표현 예술이라는 것을 직감한 것이다. 게다가 식욕이라는 가장 본능적인 욕구에 저항할 수 있는 인간이란 거의 없다는 것도 알았다. 그래서 프랑스의 권력층은 범국가적으로 레시피를 수집하고 요리사들을 양성해 이들을 장기판의 조커처럼 사용하기 시작한다. 요리가 가부장적인 남성들의 정치 세계에서 활용되다 보니 프랑스의 고급 요리는 한국의 수라간과는 달리 남성의 영역이었다. 이렇듯 몇백 년간 기득권층의 비호를 받으며 모인 레시피들은 프랑스인들 특유의 체계적이고 창조적인 성격과 만나 점점 거대한 식문화가 되어갔다. 결국 프랑스 고급 요리란, 권력층과 요리사가 전략적으로 만들어낸 구성이 탄탄한 드라마라고도 할 수 있다.

1533년 메디치가의 카트린이 훗날 프랑스 국왕이 될 오를레앙 공과 결혼하면서 함께 데려온 이탈리아 요리사들은 프랑스 궁정에 커다란 변혁을 주었다. 뒤를 이어 앙리 4세의 조리장이던 라바렌François Pierre de La Varenne이나 루이 14세 시대의 프랑수아 바텔François Vatel같이 프랑스 왕실의 유명한 조리장들도 출현하게 된다. 국가 권력의 최측근에 있다 보니 왕실의 조리장에게는 명예가 너무도 중요했던 나머지 불행한 이야기들도 전해져온다.

왕족이던 콩데Condé 공의 소유인 샹티Chantilly 성의 총 셰프이던 바텔은 1671년에 루이 14세와 그 가족을 맞는 연회를 총지휘하게 되었다. 성의 안뜰에 텐트를 치고 성대한 연회 테이블이 차려졌다. 그런데 방문객들이 속속 도착하고 파티가 시작되자 몇 가지 예상치 못한 사건이 발생했다. 날씨가 흐려져 준비했던 불꽃놀이가 구름에 가려 잘 보이지도 않았고 명단에 없이 참가한 사람들이 있어 오븐에 구운 고기도 모자랐던 거다. 안 그래도 영 마음이 착잡한데 머피의 법칙일까? 다음날 새벽, 바텔이 주방에 내려가 그날 쓸 생선을 점검해보니 도착해 있는 재료의 양이 턱없이 부족한 것 아닌가! 바텔의 자존심은 사두라이를 능가했다. 그 길로 자기 방에 올라가 단도로 심장을 세 번이나 찔러 40세의 생을 마감하고 만다. 더 애석한 일은 그가 죽은 후에 뒤늦게 생선이 모두 도착한 것이다.

17세기 루이 14세 치하의 베르사이유는 프랑스 바로크의 절정을 이루던 시대였다. 예술이나 건축, 실내장식이 기괴하고 과도한 장식으로 넘치던 바로크의 미적 감각은 요리에도 그대로 적용되었다. 너무 무겁고 진한 소스와 과한 장식들이 요리 자체를 가려버린 것이다. 손님들이 도착하기 전에 테이블 위에 음식이 상다리가 휘어지도록 차려지고 가운데는 웅장하고 화려한 조각품을 장식했다. 맛보다는 초대객들의 눈이 휘둥그레지도록 하는 깜짝쇼가 우선이었던 것이다. 애피타이저부터 메인 요리까지 한 테이블 위에 늘어놓은 것이 오늘날 우리가 뷔페라고 하는 스타일의 원조다. 이런 서빙은 압도적으로 시각을 휘어잡지만 먹을 때가 되면 식어서 불어 터지기 일쑤였다.

이 시절은 과시의 시대였고 미식보다는 아직 탐식의 단계에 머물러 있었다. 그러던 어느 날 포도주의 영역에서 먼저 커다란 변혁이 이루어졌다. 그것은 샹파뉴 지방의 수도사이던 동 페리뇽Dom Pérignon이 우연히 발견한 예술, 샴페인에서 시작됐다. 항상 새로움에 목말라 하고 와인을 요리에 접목하던 셰프들은 샴페인의 기포와 그 섬세함을 알고 여러 가지 생각을 하게 된다. 레드 와인이 줄 수 없는 산뜻함이 화이트 와인에 있고 화이트가 줄 수 없는 그 섬세한 기포와 이스트의 유희가 샴페인에 있었던 것이다. 즉 샴페인은 모든 와인의 정점에 있다고 해도 과언이 아니었다. 그래서 샴페인에 걸맞은 섬세한 요리에 대한 생각이 태어났고 너무 과도하게 오버된 요리는 촌스럽게 느껴졌을지도 모른다. 그래서 오늘날 누벨 퀴진의 이론가들은 그 역사적 시작을 니콜라 본퐁스Nicolas de Bonnefons

까지 거슬러 올라가기도 한다. 이 시대의 식탐에 대해 비판적이었던 그는 1654년에 《전원의 즐거움 Le Delica de Campagne》이란 책에서 '음식의 맛이 조리로 가려져서는 안 되므로 단순하고 자연적인 조리법을 써야 한다'고 주장했다.

마리 앙투안 카렘

많은 전문가들은 프랑스 요리가 진정 지금과 같은 세련된 모습으로 다듬어지기 시작한 것이 루이 16세 시대 말이 태어난 요리 천재 마리 앙투안 카렘에서부터였다고 본다. '마리 앙투안(마리 앙토넹이라고도 함)'이라는 이름은 바로 루이 16세의 왕비 '마리 앙투아네트'에서 온 이름인데 카렘의 엄마가 마리 앙투아네트를 너무 동경해서 이름을 이렇게 지었다고 한다. 게다가 마리 앙투아네트가 프랑스 혁명의 이슬로 단두대에서 사형되기 전 마지막으로 먹은 식사가 바로 카렘이 만든 수프였다니, 참으로 이상한 인연이다.

그러나 이런 멋진 이름을 지어준 부모는 대정하게도 여덟 살 된 카렘을 길바닥에 버린다. 아이가 15명이나 있던 그 가족은 먹고 살 길이 막막했기 때문이다. 하지만 버림받은 그 아이를 하늘은 버리지 않았다. 그 아이는 '대장'이라는 뜻에서 최초로 셰프라는 명칭을 받은 위대한 요리사가 되었고 최초로 유럽 전체에 프랑스 요리의 명성을 떨친 원조 스타 셰프로 기록되었다. 게다가 카렘은 프랑스

문화의 맛 181

요리를 과학과 예술의 경지까지 끌어올려 역사를 'Before 카렘'과 'After 카렘'으로 나누었고, 온갖 신화를 만들어냈다. 현재 요리사들이 쓰는 흰 모자를 처음 쓴 사람도 그였고, 프랑스 요리에서 중세적인 무거움과 과다한 향신료를 완전히 벗겨내고 가볍고 섬세한 요리로 재탄생시킨 것도 그였다. 이런 그의 능력은 황실과 파리의 신흥 부르주아들을 매료시켰다. 나폴레옹 치하의 외무대신이던 탈레랑은 아주 까다로운 사람이었는데 카렘은 그의 미각마저 휘어잡았고 한 시대를 풍미하는 최상의 파트너십을 발휘했다.

1804년 나폴레옹은 자금을 대어 탈레랑에게 발랑세Château de Valençay 성을 사도록 했다. 탈레랑은 곧 이 성을 사교 모임의 장소로 리모델링하고 카렘을 불러들였다. 탈레랑의 저택에서 일하게 된다는 것은 전 유럽의 수장들에게 프랑스를 대표해 요리를 대접한다는 의미였기 때문이다. 그는 이곳에 머물며 프랑스 요리의 힘으로 전 유럽의 외교관들의 입맛을 잡아 외교관의 역할을 톡톡히 했다. 이때부터 그는 프랑스 최상류층 저택의 수많은 파티와 공식 만찬을 주관하며 파티스리부터 메인 요리까지 섭렵하게 된다. 이렇게 맺은 인연으로 나폴레옹 실각 후에는 런던에서 훗날 조지 5세가 되는 황태자의 시중을 들게 되며 오스트리아에서는 황제 프란츠 1세, 러시아에서는 차르 알렉산데르 1세의 요리장을 지낸다. 훗날 알렉산데르 1세는 카렘을 회상하며 이렇게 말했다. "카렘은 우리가 알지 못하고 먹던 것이 무엇인가를 알게 해주었다." 그리고는 그를 일컬어 '왕들의 요리사요, 요리사 중의 왕'이라고 했다.

나폴레옹 실각 후 외국의 왕족들을 위해 일하다 파리로 돌아온 카렘은 말년을 은행가이자 프랑스 와인의 최고봉 샤또 라피트 로칠드Château Lafite Rothschild의 소유주인 제임스 로칠드를 위해 일한다. 그가 마지막으로 차린 테이블은 아일랜드 태생으로 당대의 유명한 여류 소설가이자 사교계의 여왕이던 모건 부인Lady Sydney Morgan을 위한 정찬이었다. 로칠드 남작은 블로뉴 숲에 있는 아름다운 자신의 성으로 모건 부인을 초대했다. 시트러스 향이 감도는 대리석의 정원에서 카렘은 모건 부인을 위해 인생의 마지막 열정을 쏟아낸다. 이 날 카렘은 정교한 조각품으로 피에스 몬테pièce montée, 대형 데커레이션 케이크를 만들고, 위에는 설탕으로 그녀의 이름을 써넣었다. 당대의 내로라하는 파티에 모두 초대 받아 다니던 그녀였지만 카렘의 요리에는 진정 감격해서 최고의 찬사를 바쳤고 이렇게 기록했다. '서사시를 쓴 사람들의 재능도 이 정찬을 준비한 사람의 천재성에는 미치지 못한다……. 이렇게 공들여 차린 음식을 공정하게 평가하기 위해서는 음식을 만든 사람만큼이나 요리법에 대해 잘 알고 있어야 한다.'

카렘의 후계자인 위르벵 뒤부아Urbain Dubois는 프랑스 요리를 실무보다는 이론적인 토대 위에 구축했다. 고전 요리와 예술적인 요리들에 관한 방대한 저작뿐 아니라 20년간 러시아 황제의 궁에서 조리장으로 일한 경험을 토대로 현대식 요리 서빙을 보급한 주인공이다. 그때까지 수십 가지 요리를 뷔페처럼 식탁 위에 모두 늘어놓고 먹던 프랑스식 서빙 방식을 한 코스에 한 요리만을 서빙하는 러시아식으로 바꾼 것이다.

요리를 늘어놓은 웅장하고 호사스러운 테이블은 건축적인 미를 감상하기에는 좋지만 수많은 음식을 한꺼번에 차리기 때문에 음식이 식어버리는 단점이 있었다. 당시의 러시아는 프랑스의 앞선 문화를 받아들이기 위해 프랑스어를 사용하고 프랑스 주방장을 고용하고 프랑스식 예법을 지켰지만, 워낙 날씨가 춥다보니 서빙 방식을 나름대로 추운 기후에 맞도록 개선해서 사용하고 있었다. 바로 한 접시당 일 인분씩의 요리만을 조금씩 서빙해서 음식이 뜨거울 때 먹을 수 있도록 한 것이다. 바로 이때 프랑스에 도입된 서빙법이 전 세계에 퍼져 오늘날까지 서양의 코스 요리에 사용되고 있다.

1879년 프랑스 대혁명 이후부터 19세기까지는 궁정이 독점하던 식문화가 대중에게 퍼지게 되고 요리사에 기여한 많은 미식가와 요리사가 쏟아져 나온다. 이 중에서도 카렘 이후 프랑스 요리를 지금 현재의 위치에 완전히 올려놓은 또 한명의 위대한 요리사가 오귀스트 에스코피이다. 그의 실력에 반한 독일 황제 빌름헬 2세는 러시아의 알렉산데르 2세가 카렘을 칭송한 것을 본 딴 듯, 에스코피에게 '짐은 독일 황제, 당신은 황제의 요리장, 그리고 요리장 중의 제왕'이라고 극찬했다.

알프스의 작은 산간 마을에서 태어난 에스코피에가 유럽의 요리계를 평정하기까지의 스토리는 카렘만큼이나 하늘이 내린 운명이라고밖에 생각할 수 없다. 그의 인생을 바꾸어 놓을 행운의 여신은 모나코에서 다가왔다. 그가 몬테카를로의 그랑 호텔에서 셰프로

일하던 중에 호텔 사업계에 엄청난 수완을 발휘하며 최고의 럭셔리 호텔을 꿈꾸던 세자르 리츠César Ritz를 만나게 된 것이다. 세자르 리츠의 눈에 뜨인 그의 커리어는 승승장구였다.

런던의 사보이 호텔을 비롯하여 파리의 리츠 호텔 등 유럽의 내로라하는 유명 호텔들을 인수한 리츠와 호흡을 함께 하면서 에스코피에는 프랑스 요리의 질을 또 한 단계 높이며 전 세계에 명성을 떨치게 된다. 먼저 그는 접시 위에서 먹을 수 없는 장식 등은 과감히 쳐내 실용적인 요리로 현대화시켰다. 그뿐 아니라 오늘날 우리가 쓰고 있는 주방의 동선을 정리한 것도 그였고 각각 분화되어 있던 레스토랑의 영역을 통합하여 시스템화 하고, 위르벵 뒤부아의 러시아 서빙을 도입하여 현재의 서브 순서를 창안한 사람도 그였다. 주문지를 석 장으로 만들어 주방, 웨이터, 캐셔에게 각각 한 장씩 가도록 해서 음식 서빙의 흐름을 알 수 있게 했고 전표에 고객의 이름을 적어 재차 방문했을 때 선호하는 음식을 미리 알아 추천할 수 있도록 고품격 서비스의 틀을 마련한 것도 그였다. 게다가 그는 최고의 위치에 올라서서도 어려운 이웃을 배려하는 것을 잊지 않고 주방 뒷문에 항상 남은 음식들을 놓아 두어 지나가는 걸인들이 먹도록 했다고 전해진다.

1903년에는 프랑스 오트 퀴진의 집대성이라 할 《요리 가이드Guide Culinaire》를 집필해, 이는 오늘날까지 서양 요리사라면 누구나 보아야 하는 참고서가 되고 있다. 그래서 에스코피에가 죽은 후에도 제자들은 권위 있는 상이나 유명한 요리 학교의 수료증을 받은 것보다 그의 밑에서 수학했다는 것을 더 자랑스럽게 여겨 명함에 새기기도 했다. 게다가 1920년 국가로부터 그 공로를 인정받아 레지옹 도뇌르Légion d'Honneur 훈장을 받음으로써 조리사의 사회적 지위를 높이는 데도 기여했고 1966년 그의 집은 조리예술 박물관으로 지정되었다.

에스코피에가 정리한 레시피는 누벨 퀴진의 열풍이 불기 시작하기 전인 1970대까지는 신성불가침의 영역이었다. 누벨 퀴진은 '새로운 음식'이란 의미의 프랑스어로 재료의 본래의 맛을 최대한 살리며 고기를 줄이고 야채나 과일을 많이 이용하는 저칼로리의 웰빙 조리법이다. 그동안 카렘과 에스코피에가 정리한 조리법들은 칼로리가 높고 너무 식욕을 돋운다는 단점이 있었다. 버터나 크림으로 기름지고 칼로리에 구애받지 않는 맛을 추구하는 것이 그때까지 프랑스인들의 먹는 방식이었던 것이다. 하지만 누벨 퀴진은 이런 패러다임을 해체하고 요리에서 지방을 반 이상 떼어냈다. 여기에 절제되고 섬세한 데커레이션과 부드러운 색채, 이국적인 맛에 대한 오픈 마인드까지 덧붙인 요리의 혁명은 15년 만에 프랑스와 전 유럽 사회에 번진다.

전체적으로 볼 때 식문화 역시 거대한 지구적 문화 흐름의 한 부분이기 때문에, 포스트모더니즘적 해체주의, 문화적 믹스 앤 매치Mix & Match라는 흐름을 탔다고 볼 수도 있겠다. 현대 프랑스 요리를 주도하는 폴 보퀴즈Paul Bocuse, 알랭 샤펠Alain Chapel, 앙드레 픽André Pic 등은 초창기 누벨 퀴진 시대의 거장이다. 여기에 요리 비평가인 크리스티앙 미요와 앙리 골트는 1973년에 요리사들에게 소스를 가볍게 하고 재료의 맛을 살리기 위해 끊임없이 연구할 것과 외국 요리법을 수용하는 데 주저하지 말라고 주장했다. 사실 현대에 활동하는 셰프들 중 누구도 누벨 퀴진에서 자유로울 수는 없다. 웰빙은 세계적인 추세기 때문이다. 물론 셰프들이 자신이 좋아하는 요리를 만드는 것도 중요하지만, 더 중요한 것은 사람들이 먹고 싶어 하는 요리를 만드는 것이다. 아무도 먹으러 오지 않는 곳의 셰프는 존재 이유가 없기 때문이다.

내가 유학하던 80년대 후반에 프랑스는 누벨 퀴진에 관해 온 국민이 찬반으로 나뉘어 TV에서 토론을 벌이곤 했다. 잘 먹고 잘 사는 데서 행복을 느끼는 프랑스인들에게 누벨 퀴진은 배고프고 헐벗은 요리 같이 느껴졌기 때문이다. 전통이냐 혁신이냐의 주제로 끝없는 토론이 이어졌지만 프랑스인들 특유의 관용의 정신은, 곧 둘 다를 인정하고 공존하며 각자 좋은 것을 선택하는 쪽으로 타협하기에 이르렀다. 극단적으로 트렌디한 셰프들도 있지만 현대의 많은 유명 요리사들은 에스코피에의 조리법과 누벨 퀴진의 새로운 면을 동시에 수용한다. 하지만 비스트로나 브라스리 등에서는 여전히 진한 소스와 칼로리 높은 식재료를 쓴 전통 요리들을 서빙한다.

현대는 미디어의 사회다. 과거 군주들이 만들던 스타 셰프의 전통은 미디어를 통해 아직도 계속된다. 미슐랭이 선봉에 서서 수많은 스타를 배출해냈고 이들 중에는 전 세계를 전세기로 돌아다니며 명성을 날리는 셰프도 있다. 즉, 셰프가 요리를 하는 시대가 아니라 비즈니스를 하며 자신의 이름을 브랜드로 내거는 시대가 된 것이다. 알랭 뒤카스, 피에르 가니에르 같은 사람들은 오늘은 파리, 내일은 뉴욕, 모레는 홍콩, 도쿄, 서울을 지나간다. 그리고 접시 위의 비주얼은 그 어느 때보다 중요해져 '푸드 스타일링'이라는 신조어도 생겼다. 17세기의 바로크와 같은 웅장한 조각적 장식이 아니라, 하얀 도화지 위에 그린 세련된 현대미술이 되었다는 말이다.

gastronomie moleculaire

분자요리,
요리와 과학이 결혼하다

몇 년 전부터 과학계에서 분자생물학 Molecular Biology이 화두가 되었듯이 한국 요리업계에는 '분자요리 Molecular gastronomy'가 트렌드로 떠올랐다. 외식 분야에 꽤 오래 몸을 담고 있었다고 생각했는데도 아직도 이 분야는 조금 생소하다. 처음엔 분자요리라는 말에 좀 괴기스럽다는 느낌까지 가졌던 것도 사실이다. 몰레큘러 Molecular가 '분자'라는 뜻의 형용사이고 가스트로노미 gastronomy가 '미식'이라는 뜻이니 얼추 끼워 맞추어 직역하면 분자요리가 틀린 말은 아닌데 실험실용 단어와 미식이라는 말과의 조합이 영 어색했던 것이다.

사실은 조리한다는 것 자체가 식재료에 여러 가지 물질이 합쳐지며 물이나 열, 압력 등을 가해 식재료를 물리적, 화학적으로 변화시키는 과학의 일부분이다. 그런데 분자요리는 물질에서의 반응을 이용해서 식재료의 질감과 조직을 변형시켜 아주 다른 스타일의 요리를 창조하는 것이다. 이는 1980년대 후반에 요리하기를 좋아하는 과학자들이 요리사들과 협력하며 탄생했다. 요리는 식품영양학이나 식품공학 분야에서 오래도록 다루어 왔지만 대부분이 미생물과의 상관관계를 연구하며 보존이나 대량생산 또는 발효 식품 개발 등 완제품 연구에 관한 것이었다. 게다가 셰프와 주부, 과학자는 서로 별개로 각자의 분야에서 따로 일해 왔다. 셰프나 주부는 과학적 지식과는 무관했고 과학자는 주방에서의 요리와는 무관했다.

바로 1980년대 초반에 이 틀을 깬 사람이 파리의 물리화학 박사인 에르베 디스Hervé This교수다. 그는 워낙 요리를 좋아해서 집에서 항상 요리하는 것을 즐겼다고 한다. 과학자다 보니 집에서 식재료를 가지고 다양한 실험을 해왔는데 아방가르드적인 셰프의 선두주자인 피에르 가니에르와 만나게 되면서 실질적으로 조리 방법이나 시각적인 아름다움을 연구하기 시작한다. 1988년에는 옥스퍼드 대학의 물리학 교수인 니콜라스 커티Nicholas Kurty와 함께 '분자요리'라는 새로운 과목을 만들어 파리의 식품공학 연구소인 아그로파리텍Agro Paris Tech의 화학실험실에서 연구를 시작했다. 니콜라스 커티는 영국의 유명한 미슐랭 쓰리 스타 레스토랑인 더 팻덕The Fat Duck의 스타 셰프인 헤스턴 블루멘탈Heston Bluementhal과 함께 '맛의 상호 보완적 요소'에 대한 연구를 하기도 했다. 여기에 스페인 셰프인 다니 가르시아Dani Garcia, 페란 아드리아Ferran Adrià 등은 이를 본격적으로 실전에 응용하기 시작했다(그런데 안타깝게도 얼마 전 스페인의 페란

문화의 맛 191

아드리아가 경영하던 세계 최고의 분자요리 레스토랑 엘 불리El Bulli가 누적된 적자로 2010년 7월 30일에 문을 닫는다는 비보가 들려왔다).

과학적인 분석을 통한 식재료의 마술은 세계 최고의 셰프들을 사로잡았고 미각에는 혁명이 일었다. 누벨 퀴진으로 프랑스 요리의 진화가 이루어진 파리에 또 한 번의 바람이 불어 분자요리, 요리 구조주의 등 새로운 조류가 물결을 타기 시작한 것이다. 몇 년 전 나는 분자요리를 접하면서 디스 박사에 대해 좀 더 알고 싶어 여기저기 자료를 뒤지다 그가 TV에서 강연하는 것을 본 적이 있다.

몸집이나 머리가 제라르 드빠르디유Gerard Depardieu만큼이나 커서 섬세한 요리와는 잘 어울릴 것 같지 않은 양반이었다. 50대 후반 정도인데 말도 아주 빨라 정신이 없었다. 디스 교수가 쓴 책을 번역하고 싶어 연락처를 알기 위해 온 파리를 뒤져서는 결국 그와 통화까지 한 번 하는 극성을 부렸던 기억이 난다. 불행하게도 그 책은 이미 번역되어 있는 데다 한국은 아직 시장이 너무 좁아 별로 의미가 없다는 판단을 내리고는 포기했지만 말이다. 어쨌든 내가 가장 잘 할 수 있을 새로운 분야를 하나 더 알게 된 거다. 10년쯤 후에 은퇴하면 집 주방을 실험실로 꾸미고 디스 교수와 같은 각종 실험을 해 보고 싶다.

이처럼 분자요리에서는 주방이 실험실이 된다. 액체 질소, 크산탄 고무xanthan gomme, 폴리페놀polyphenol, 탄산가스CO_2, 레시틴lécithin, 소디움 알기네이트sodium alginate 등은 더 이상 화학 실험실에서 쓰이는 시료가 아니다. 바로 아방가르드한 셰프들이 주방에서 흔히 쓰고 있는 물질들이다. 이 물질들의 힘을 빌리면 액체 질소를 사용한 메렝게, 크산탄 고무를 넣은 수플레, 폴리페놀을 살짝 넣어 새콤한 맛을 내는 버터, 탄산 눈으로 장식한 칵테일 등의 과학스런 이름을 가진 요리가 탄생한다.

알고 보면 분자요리라는 것을 우리가 의식하지는 못했지만 아주 오래전부터 존재해왔다. 예를 들어 옥수수나 쌀 등의 곡물을 통에 넣고 열을 가해 굽다가 순간적인 압력을 주어 '뻥!' 하고 구조를 스펀지로 변화시키던 강냉이나 뻥튀기, 또 설탕을 열에 녹이면 탄소화되어 가며 캐러멜이 되는 것을 이용한 사탕이나 여기에 소다를 넣어 부풀린 뽑기, 공기를 불어넣으면 실처럼 흐트러지는 것을 응용한 솜사탕 등도 모두 과학적으로 풀어보면 분자요리라 할 수 있는 것이다.

그런데 분자요리에 대해 오해를 하는 사람들도 있다. 요리에 뭔가 화학약품을 넣어 모양을 전혀 다른 모습으로 변화시키는 일종의 마술쇼로 여기는 것이다. 그러나 화학제품을 쓴다면 이는 분자요리의 정의에서 벗어난다. 반드시 자연에서 일어나는 물질들의 반응을 이용해 '맛과 향'은 그대로 유지하되, 형태를 어메이징(!)하게 변형하여 감동을 주는 것이다. 요리와 과학을 결합시켜 식재료의 다양한 물리적, 화학적 변화로 맛과 시각적인 즐거움을 주는 요리를 창조하는 것이다. 예를 들어 요즘 많이 쓰는 거품의 경우 모양이 눌리거나 허물어지지 않으면서 환상적인 분위기를 연출할 수 있기 때문에 스타일링이 살아 전 세계의 셰프들을 열광시키고 있는데, 그

거품으로 모양을 낸 분자요리

반응을 보면 간단하다. 단지 생크림에 젤라틴을 녹여 특수 고안된 밀폐 용기에 넣어 흔든 후 여기에 탄산가스를 집어넣어 부풀린 것뿐이다. 이 안에는 어떤 화학물질도 들어가지 않고 콜라나 사이다 등 탄산음료를 만드는 방법을 생크림에 적용했을 뿐이다.

또 루콜라(로켓이라고도 한다)로 스파게티를 만드는 과정을 보면 간단하면서도 환상적인 결과물을 낸다. 우선 믹서에 루콜라와 물을 넣어 간다. 이것을 냄비에 넣고 여기에 한천 가루를 넣어 낮은 불에 끓이며 젓는다. 이를 다른 용기에 따른 후 정맥 주사 맞을 때 쓰는 굵은 주사기를 가져와 채워 넣는다. 주사기 끝에 링겔용 투명 관을 연결하여 여기에 주사기 안의 루콜라를 짜 넣는 거다. 관이 다 채워지면 이 관을 찬 얼음물에 3분 정도 넣어 냉각시킨다. 이 관을 다시 빈 주사기에 연결해 누르면 압력으로 인해 안에 굳은 내용물이 파스타처럼 길게 나오는 것이다!

병원에서 쓰는 기구로 음식 가지고 장난치는 것 같아 보이지만 쌉쌀한 루콜라 향의 이 초록색 투명 파스타의 효과는 상상 이상이다. 이뿐 아니다. 당분이나 알코올 함량이 많아 0℃에서는 얼지 않는 액체를 영하 200℃의 액체 질소로 표면을 순간 급랭시켜 구슬 모양으로 만든다든지, 칼슘과 만나면 알긴산이 고체로 변하는 화학적 속성을 이용해 몽글몽글한 캐비아 모양의 액체를 만들어내기도 한다.

사실 요리에 과학이 개입한 건 벌써 19세기 중엽부터였다. 19세기라 하면 17세기의 과학혁명을 겪고 난 유럽이 과학을 기술과 접목해 대량생산의 시대로 접어들던 때다. 도시는 점점 커지고 과학이 인간의 생활과 점점 더 밀접해지면서 기술의 발달은 서로 연쇄반응을 일으키며 혁명을 일으키고 있었다. 인류가 지구상에 태어나 살아온 모든 시기를 통해 이렇게 도약한 시기는 없었다. 신석기 시대에 인간이 정착 생활을 시작한 이후 문명의 진보가 가히 혁명적이었다 해도 이 시기만큼 폭발적인 힘에 떠밀린 적은 없었다. 이제 인간은 문명의 지배자가 아니라 기계화와 모더니즘이라는 거대한 물결에 휩쓸리는 것처럼 보였다. 이제 돌이킬 수 없는 과학과 물질의 세기로 들어선 것이다. 이때부터 화학, 생물학은 다양한 식품의 생산과 보존, 그리고 영양 관리의 측면에서 요리에 깊게 관여하기 시작했다.

이과 쪽에 조금이라도 몸담고 있는 사람들은 현대 화학의 아버지라 불리는 프랑스의 앙투안 라부아지에Antoine Lavoisier를 모두 알고 있을 것이다. 물질이 불에 타는 연소가 산소라는 대기 중의 물질 때문이라는 것을 발견해 현대 과학의 문을 여신 분이다. 그러나 불행하게도 라부아지에는 1784년 구체제의 세무 관리로 일했다는 죄목으로 혁명정부의 기요틴에서 참수형에 처해진다.

유명한 신고전주의 화가인 자크 루이 다비드Jacques-Louis David

유명한 신고전주의 화가인 다비드가 그린 라부아지에와 그 부인

가 그린 그림에서도 보듯이 이 분의 부인은 아주 미인이었던 것 같다. 10년 쯤 지난 1804년, 그녀는 미국의 유명한 과학자인 벤자민 톰프슨Benjamin Thompson 경과 재혼을 하게 된다. 하버드 교수직을 지내는 등 잘나가던 톰프슨 경은 유럽에서 많은 시간을 보내며 아예 파리에 와서 살고 있었다. 하지만 황혼이 깊어가던 때에 재혼한 이 부부는 그리 오래 행복하지는 못했다. 아무튼 이 위대한 과학자는 젊어서부터 요리에 관심이 많았는데 노년에 만나 사랑을 불태운 부인을 위해 여러 가지 시도를 했다.

그는 분자요리의 최초의 형태라 할 수 있는 많은 조리법들을 남겼는데 이 중 유명한 것이 바로, 그가 결혼한 해인 1804년에 발명한 베이크드 알라스카Baked Alaska라는 디저트다. 파이나 푸딩에 아이스크림을 올리고 여기에 계란흰자의 거품으로 막을 씌운 후 오븐에서 5분간 굽는 것이다. 겉은 갈색으로 노릇하게 구워져 뜨거운데 내부는 차가운 아이스크림이 그대로 남아 있어 마치 빙산으로 덮인 알래스카를 구운 것 같다는 의미였다.

톰프슨 경은 이뿐 아니라 1794년에는 《아궁이의 건축과 조리기구들에 관하여》라는 400페이지나 되는 에세이를 발표했는데 이 책에서도 여러 가지 조리법을 과학자의 시각에서 다루고 있다.

베이크드 알래스카.

예를 들면, 어느 날 커다란 덩어리 고기를 낮은 온도의 오븐에 밤새 넣어 두는 실수를 한다. 그런데, 다음 날 생각이 나서 허둥지둥 꺼내보니 믿을 수 없을 정도의 부드러운 육질로 익어 있었다는 것이다. 이 방법은 오늘 날에도 많은 셰프들이 애용한다. 바로 한 채의 고기를 실로 묶어 여덟 시간 이상씩 낮은 불의 오븐에서 굽는 것이다. 또 한 예는 톰프슨 경이 어느 날 요리사가 갖다준 걸쭉한 수프를 깜박 잊고 테이블에 한동안 놓아 두었는데 식었으리라 생각하고 한 스푼 푹 떠 먹다가 그만 입천장을 데고 말았다. 여기서 톰프슨 경은 열이 에너지의 형태라는 것을 발견한다. 맑은 수프는 같은 시간만큼 놓아 두던 완전히 식어버리는데 그 이유는 대류현상으로 에너지가 방출되었기 때문이고, 걸쭉한 수프는 이 현상이 일어나지 않아 공기와 접촉하는 윗부분만 식고 아래 부분에는 에너지가 그대로 남아 있는 것이다. 이는 열역학의 기원이 되었다. 이로써 톰프슨 경은 분자요리의 창시자가 되었고 현대 분자요리의 수장인 에르베 디스 교수도 강의할 때면 이 이름을 자주 들먹인다.

문화의 맛 197

19세기쯤부터 과학자들은 음식의 저장법에 대한 연구를 시작으로 조리 과학이라는 분야에 뛰어들기 시작했다. 특히 프랑스 과학자들의 활약은 눈부셨다. 지금 전 세계를 제패하고 있는 패스트푸드를 최초로 가능하게 해준 과학자들 중 많은 이들이 슬로 푸드를 주장하는 프랑스인들이라는 사실은 참으로 아니러니하다.

19세기 초 프랑스의 샹파뉴 지방 출신인 니콜라 아페르는 음식물을 가열하여 용기에 저장하는 통조림법을 발명하였다. 미생물을 제거해 음식을 더 오래 보존하게 하는 고온살균법appertization의 시작이었다. 루이 파스퇴르Louis Pasteur는 음식물의 부패와 발효가 미생물의 작용이라는 것을 발견했다. 이는 저온 살균법을 통해 발효식품, 와인, 맥주 산업이 현대적인 생산 체제로 방향을 전환할 수 있는 길을 열었다. 페르디낭 까레Ferdinand Carré가 발명한 냉동기는 한여름에도 얼음을 먹을 수 있을 뿐 아니라 음식물 유통에도 혁신을 이루게 된다. 게다가 대량으로 아이스크림을 만드는 것도 가능해졌다. 이후의 연구는 냉동식품, 식품 보존제, 화학조미료에 화학 색소, 이제는 유전자 변형까지 그칠 줄 모른다. 미국의 NASA까지 나서서 7년 정도는 그냥 놔두어도 끄떡없는 샌드위치를 개발 중이라고 하는데 우주공학에서 쓰던 기술을 인간 식생활에 적용한 것이란다. 게다가 대형 식품 업체인 크라프트사는 나노테크놀로지를 식품에 도입했다. 이제 과학과 요리의 합작은 당연한 일이 되어버렸다.

사실 분자요리에 대한 반론도 만만치 않다. 35년 전 앙리 골트와 크리스티앙 미요가 누벨 퀴진을 이야기했을 때 이에 대한 반론이

거셌던 것과 마찬가지 이유다. 기존에 우리가 먹던 요리와는 뭔가 달라 심란한 것이다('심란하다'는 표현이 딱 맞는다). 게다가 중고등학교 시절 괴로워했던 물리, 화학의 이미지가 요리에 실려 식욕이 떨어지는 것도 사실이다.

그러나 어느 분야건 새로운 시도를 두려워하지 않는 아방가르드한 부류는 있기 마련이다. 전통적인 식재료에 새로운 테크닉을 적용하고 싶어 하는 사람들은 인간이 그동안 관습적으로 해왔던 방식으로 조리하는 것만이 요리는 아니라고 본다. 꼭 전설적인 스타 셰프인 카렘이나 에스코피에가 정의해 놓은 레시피만이 전통은 아니라는 것이다. 누벨 퀴진이 그랬듯이 새로 세워 오래 지속되면 그게 전통이 된다. 그냥 반짝하는 유행으로 끝난다면 우리 기억에서 사라져버리겠지만 말이다. 현재 에르베 디스는 피에르 가니에르 같은 아방가르드하며 비즈니스 감각이 탁월한 CEO 셰프들과 궁합이 척척 맞고 있다. 반면에 알랭 뒤카스 처럼 떼루아를 중요시하는 셰프들, 그리고 미슐랭 스타 셰프가 되어도 언제나 자신의 좁은 주방에서 오래된 프라이팬을 흔들며 직접 요리하는 셰프들은 고개를 갸우뚱거린다.

35년 전에 누벨 퀴진이냐, 전통이냐로 시끌벅적하던 프랑스가 이제 분자요리가 미친 짓인지, 창의적인지로 시끌벅적한 것이다. 이는 관광청이나 대중매체가 나서서 한창 분자요리를 부추기던 스페인에서도 마찬가지다. 많은 셰프들이 분자요리가 실험실용 젤라틴과 에멀전으로 요리를 뒤덮는다고 공격한다. 이제 분자요리 그 자체에 대한 열광은 조금 잠잠해졌지만 그래도 현대 요리의 키워드에서 이를 뺄 수는 없다. 현대는 크로스오버의 문화이므로 모든 요리에 우리가 알게 모르게 분자요리의 요소들이 접목되어 있다고 볼 수 있다. 이제 '진짜Authenticity'라는 의미가 모호한 시대에 살고 있는 것이다. 짝퉁이 진품을 대신해도 그 이미지가 좋으면 그건 진짜로 인정받는다. 아무리 진품이라 해도 결과물이 좋지 않으면 그건 금방 짝퉁으로 전락해버린다. 성형을 해도 아름다우면 진짜고 실패하면 가짜로 전락하는 것과도 같다.

Tout devient noble au restaurant

레스토랑에선
누구나 귀족이 된다

궁중 귀부인들과 기사들 간의 꾸며진 예법, 화술, 말장난과 재치는 베르사이유 궁 전체가 하나의 연극 무대라 해도 좋을 정도였다. 루이 14세하의 궁정인들은 먹는 기쁨에 말하는 기쁨을 가미해 그들만의 독특한 문화를 유행시켰다. 그러다 보니 뒤떨어지지 않기 위해서 테이블에서의 화술을 연마하는 것이 필수였다. 가식과 말장난으로 넘쳐나던 베르사이유 궁정은 이후 프랑스 문화에 많은 흔적을 남겼다. 특히 프랑스인들의 식탁 문화는 베르사이유 궁정의 '저렴한 축소판'이라고 볼 수 있다. 별것 아닌 주저로 서너 시간씩 끊임없이 대화를 이어가며 먹고 즐기는 이들을 보면 취하지도 않고 저렇게 오랜 시간 한자리에 앉아 말장난으로 시간을 보낼 수 있다는 데에 새삼 놀라게 된다. 베르사이유 시대부터 넘쳐나던 그 말장난과 재치들이 그대로 유전되었음이 느껴지는 것이다.

그래서 파리는 전 세계 요리의 거대한 쇼핑센터다. 레스토랑도 등급과 요리의 종류, 가격 등이 수없이 다양하게 전문화되어 있어 미식가들의 끝없는 욕구를 맞추어준다. 마치 베르사이유 궁전의 살롱 같은 초일류 레스토랑에서부터 마루 바닥이 삐걱거리는 오래된 가게, 천정에는 빨간 조화가 가득 달려 있는 서민적인 비스트로나 브라스리에 이르기까지 다양하기가 그지없다. 이 안에서 전 세계에서 온 사람들이 요리를 쇼핑한다.

레스토랑

파리에서 먼저 유행된 것은 카페였다. 루이 16세 시절인 1674년에 이미 '르 프로코프 Le Procope'라는 카페가 생제르맹 거리에 최초로 생기고, 1721년경에는 300여 개로 늘어 커피와 코코아, 제과류를 팔았다고 하니 그 역사는 참으로 오래되었다. 이 당시에도 오베르주 Auberge라 하여, 우리나라로 치면 주막 같은 곳이 있어서 여행객들에게 숙소와 식사를 제공했는데 레스토랑의 의미와는 조금 달랐다. 매일 정해진 시간에만 요리가 제공되었고 길게 놓인 식탁 위에 투숙객들이나 손님들이 줄지어 앉아 공동으로 식사를 했다. 메뉴도 따로 없고 그날 준비된 '오늘의 요리 Plat du jour'를 먹는 것이다. 일종의 단체 급식이라 할 수 있겠다.

1765년에 카페 운영자이던 불랑제라는 사람이 카페에 오베르주를 응용하여 개인 식탁들을 설치하고 수프나 스튜 종류, 과일, 치즈

르 프로코프 입구

등을 수시로 팔기 시작했다. 그러면서 '레스토랑'이라는 단어를 사용하기 시작했다. 그 이전까지 레스토랑이라는 말은 고기를 많이 넣어 몸을 보신하는 일종의 탕을 뜻했다. 이런 탕을 파는 장소라는 의미였다. 그런데 불랑제가 음식을 팔자 그동안 이 업종을 독점하던 주막집들이 가만히 있을 리 없었다. 이들이 힘을 합쳐 소송을 제기했으나 결국 불랑제가 이김으로써 레스토랑업은 합법이 되었다. 그러나 우리가 지금 알고 있는 스타일의 진정한 레스토랑이 생긴 것은 과거 왕족이나 귀족들이 고용하고 있던 요리 시종장 동업조합이 1776년에 폐지된 후였다.

1782년에 앙투안 보빌리에Antoine Beauvilliers가 자신의 이름을 걸고 '그랑드 따베른 드 롱드르Grande Taverne de Londres'를 열어 진정한 레

문화의 맛 203

스토랑 선구자가 되었다. 앙투안 보빌리에는 프랑스 왕가의 직계인 꽁데 왕자와 루이 16세의 동생이던 프로방스 백작의 요리장을 지낸 인물이었다. 이슈가 되기에 충분했다. 그는 이곳에 불랑제가 했던 스타일대로 테이블보가 덮인 작은 테이블에 손님을 앉히고 마치 귀족을 모시듯이 요리와 와인을 서빙했다. 이에 수많은 부르주아들, 지식인들이 열광하기 시작했다. 말로만 듣던 전설의 베르사이유를 경험하며, 자신들이 귀족이 된 듯한 기분에 젖어볼 수 있게 된 것이다. 1786년에는 '프레르 프로방소 Frères Provencaux'가 생겨 프로방스의 전통요리를 팔기 시작한다. 뒤를 잇는 1789년의 프랑스 대혁명은 정치 체제만을 변화시킨 것이 아니었다. 경제와 문화에도 돌연변이를 일으켰다. 농업에도 혁명이 왔고 기계화는 산업을 발전시켰으며 신흥계급인 부르주아가 탄생됐다. 이때부터 요리와 테이블의 예술은 거대한 사회 기반을 이루게 되었다.

구체제가 무너지고 대부분의 귀족들이 몰락하자, 그동안 가신으로 일하던 요리사들은 주인과 망명길에 동행하기 싫으면 남아서 스스로 생계를 꾸려가야 할 처지에 이르게 된 것이다. 이제 구중궁궐에 숨어 있던 신화적인 오트 퀴진은 길바닥으로 나온 것이다. 돈만 있으면 누구나 귀족들만 누리던 호사를 맛볼 수 있게 되었다. 이는 프랑스 요리가 발전하는 계기가 되었다. 살아남기 위해 요리사들은 최선을 다해야 했고 또한 월급을 받으며 남을 위해 봉사하는 것이 아닌, 자신의 이름과 명예를 걸고 하는 요리에는 생명력이 있기 때문이었다.

1, 2 오트 퀴진의 대명사 알캥 뒤카스 레스토랑
3, 4 일반 레스토랑의 실내

파리에는 수없이 많은 레스토랑들이 있지만 이 안에도 엄연한 서열이 존재한다. 호텔 안의 레스토랑도 마찬가지다. 우리는 호텔이라면 흔히 하얏트나 힐튼, 워커힐 등의 다국적 특급 체인 호텔을 연상하지만 파리에서의 특급이란 그 의미가 다르다. 미국식의 5성 호텔 개념이 없는 대신, 오랜 역사와 전통을 자랑하는 파리 시내의 리츠나 크리용, 조르주 V 등의 특급 호텔은 규모는 작아도 그 내부는 진정한 궁전이다. 대부분 유서 깊은 건물을 개조해 만들었고 이곳에서 일하는 종업원들은 메트르 도텔Maître d'hôtel이란 명칭에서도 보듯이 17~18세기 왕정시대 시종장들의 맥을 잇고 있다. 그들이 지닌 자태와 위엄은 드나드는 손님들보다 더 귀족스럽고 위엄이 있어 주눅들 정도다. 옷이라도 허접하게 입고 들어갔다가는 경호원들에게 제지당하기 십상이다. 특급 호텔의 레스토랑들은 미슐랭 가이드 쓰리 스타를 향해 경쟁한다. 스타 셰프 영입도 치열하며 섬세하고 아름다운 최고급 실버 커트러리와 포슬린, 시내의 작은 레스토랑들에서는 꿈도 못 꾸는 오래된 고급 와인과 디켄팅 서비스는 기본이다.

특급 호텔에 속하지는 않지만 시내의 최고급 미슐랭 쓰리 스타 레스토랑 역시 특급 호텔 레스토랑과 동급이다. 모두 예약은 필수고 드레스 업dress-up해야 한다. 영화에서나 보던 연미복과 드레스를 차려 입은 우아한 사람들이 아름다운 식탁에 둘러 앉은 모습을 보면 마치 19세기로 되돌아 온 것 같다.

반면에 시내에 흔히 있는 작은 호텔이나 외곽의 비즈니스호텔에 딸린 레스토랑들은 일반 레스토랑들보다 못한 곳이 대부분이다. 이런 곳은 잠을 자기 위해 묵는 곳이지 미식을 즐기기 위한 장소가 아니다. 오히려 짐을 풀고 시내의 맛깔난 오너 셰프의 음식을 찾아다니며 먹는 것이 훨씬 좋다. 레스토랑은 프랑스인들의 일상생활의 일부분이다. 프랑스인들은 집에서 식사를 많이 하고 서로 초대도 하지만 때때로 레스토랑에서의 외식에서 삶의 활력을 찾는다. 레스토랑 등급에 따라 다소 차이는 있겠지만 외출 시에는 편안한 복장을 벗어던지고 구두까지 제대로 갖추어 '변신'하는 것이다.

비스트로

비스트로Bistro는 원래 허름한 주점을 지칭했는데, 현대에는 주로 옛날식 전통 가정 요리를 맛볼 수 있는 저렴한 레스토랑을 말한다. 그래서 오트 퀴진 같은 섬세하고 스타일링이 돋보이는 미식 요리보다는 투박한 그릇에 그냥 주걱으로 푹 떠서 닥아내는 탐스러운 요리들이 많다. 오래 익힌 스튜라든가 큼직한 돼지 등심, 통째로 구운 작은 새나 생선 요리, 오리 기름에 튀긴 감자튀김 등⋯⋯. 식욕을 한없이 자극하면서 기름기에 대한 절제를 도무지 하지 않는 음식들이니, 웰빙이나 저칼르리 식단을 생각한다면 비스트로는 가지 않는 것이 좋다. 비스트로라고는 하지만 음식에 치중해 가격도 꽤 비싸고 고급스런 분위기인 곳도 있다. 이런 곳은 이름만 비스트로지 레스토랑급이 많고 전통 요리를 추구하는 맛집일 경우가 많다. 프랑스인들은 비스트로를 속어로 트로케Troquet라고도 하는데, 선술집 같은 비스트로의 인테리어는 대부분 소박하며 시골스런 냄새를 풍긴다. 전통적인 빨간 체크무늬 테이블보에, 서빙하는 갸르송들도 친근하다. 유명한 비스트로는 언제나 사람들이 많으므로 미리 예약을 해야 한다. 복장은 별로 신경 쓸 필요가 없다. 아침에 입고 나온 그대로 출출할 때 친구와 함께 가서 실컷 먹고 마시는 데 제격이다.

비스트로라는 말이 서민적 레스토랑이란 의미로 쓰이게 된 유래는 여러 가지가 있는데 비스트로는 원래 러시아어로 '빨리'라는 뜻이다. 1814년부터 1818년까지 러시아군이 파리를 점령했을 때, 군인들은 시내에서의 음주가 금지되어 있었다. 몇몇 군인들이 이를 어기고 파리 시내에서 술을 마시는데 하사관 하나가 멀리서 오자, 병사들이 "비스트로, 비스트로!"라고 하는 데서 유래가 되었다고 한다.

하지만 금방 이 단어가 쓰이지는 않았다. 거의 한 세기 동안 사장되어 있다가 20세기가 되면서 리옹에서 고급 레스토랑의 저렴한 버전으로 운영하는 자매 레스토랑을 비스트로라고 부르기 시작하며 유행하게 된다. 유명 셰프들이 오트 퀴진을 하는 미식 요리라는 의미인 '가스트로Gastro'와 대조적인 의미로 '비스트로Bistro'라 한 것이다.

비스트로 중에 와인에 치중을 하면 바르아뱅Bar à vin이라 하여 우리말로는 와인바 정도인데 은은한 불빛 아래 한 잔하는 한국의 바bar와는 그 분위기가 매우 다르다. 오히려 제대로 된 테이블에 밝은 불빛, 요리가 주종목인 비스트로식 레스토랑에 가깝기 때문이다. 어둠침침하고 술을 위주로 하는 선술집을 원하면 타베른taverne이나 영국식의 펍Pub 간판을 찾는 것이 맞다.

또한 파리의 음식점들 중에서도 브르타뉴산 특산품인 크레이프만 전문적으로 팔면 크레프리, 이탈리아식 피자만 팔면 피즈리아 Pizzeria라고 한다. 이곳에는 다른 종류의 음식은 거의 없으므로 우리나라처럼 메뉴가 다양할 것이라고 생각하면 오산이다. 이외에 오베르주나 를레 Relais 등도 음식을 파는 레스토랑을 지칭하는 말이다. 를레는 특별한 전문 레스토랑이기보다 고속도로나 시골 국도의 휴게소나 호텔 등에 붙은 대중음식점으로 저렴한 한 끼 음식을 취급한다. 하지만 이런 분류가 어떤 법적인 규정이 있는 것은 아님을 기억할 것.

브라스리

브라스리 brasserie는 카페와 비스트로의 중간 정도로 요리와 음료의 비중이 반반 정도를 차지한다. 비스트로가 와인의 비중이 크다면 브라스리는 맥주의 비중 또한 크다고 볼 수 있다. 호프집과 와인바, 카페, 대중음식점이 모두 섞여 있는 동네의 쉼터 정도로 보면 되겠다. 요리는 가격도 싸고 어디서나 볼 수 있는 아주 대중적인 것들이다. 홍합찜이나 간 쇠고기를 떡갈비처럼 구운 스테이크 아셰 steak haché, 그라탕, 소세지 종류 등이 어마어마한 양의 감자튀김과 함께 나오는 거다. 와인보다는 왠지 맥주가 먹고 싶어지는 음식들이다.

브라스리에서는 와인도 병보다는 하우스 와인을 잔으로 시키는 것이 좋다. 와인 셀렉션이라고 해봤자 중저가 와인만 있기 때문이다. 레스토랑은 점심 식사 후 저녁 식사 준비를 위한 클로즈타임 close

1 브라스리
2, 3 아주 브라스리적인 요리들
4 비스트로

time이 있지만 브라스리는 보통 하루 종일 음식을 서비스하는 곳이 많다. 즉 술집의 경향이 더 커서 브라스리에서는 간단한 안주를 놓고 맥주나 와인 한 잔을 느긋하게 즐길 수가 있다. 경우에 따라서는 요리를 먹는 구역과 술이나 커피만 마시는 구역이 나뉘어 있기도 하다. 사실 비스트로와 레스토랑, 비스트로와 브라스리의 경계가 모호한 만큼이나 브라스리와 카페의 경계 역시 모호하다. 물론 각 분야를 대표하는 아주 전형적인 스타일은 있지만 많은 곳들이 경계에서 왔다갔다 하기 때문이다.

카페

카페$_{café}$는 말 그대로 커피를 파는 곳이지만 어떤 곳은 가벼운 식사도 제공하며 구석에 담배와 전화 카드 등을 파는 숍인숍$_{shop\ in\ shop}$이 함께 있는 곳도 많다. 카페는 프랑스 대혁명 시대부터 20세기 중반까지 수많은 지성들의 산실로 많은 사회적 역할을 해왔다. 전성기는 지났다지만 그래도 파리는 카페로 넘친다. 사람들은 가벼운 음식과 맥주 또는 에스프레소 한 잔을 앞에 놓고 책을 읽거나 글을 쓰며, 때로는 옆 사람과 담소하며 한가한 시간을 보낸다.

프랑스에 처음 카페 비슷한 것이 시작된 것은 17세기 말 루이 14세 시대에 파리에 커피가 들어오면서부터였다. 커피는 근동 지방에서 수입이 되었는데, 파리에 있던 터키의 한 외교관이 자신을 방문한 귀족들에게 일본 도자기에 커피를 따라 대접하면서 소개되었다고 한다.

문화의 맛 211

파리에서 처음으로 상업적인 카페를 연 것은 아르메니아에서 온 동양인들이었다. 이는 카페라기보다는 남자들끼리 질 낮은 술을 마시며 물담배나 파이프 등을 피워 대는 곳이었는데 지금도 파리의 뒷골목에는 이런 이국적인 아랍식 카페들을 볼 수 있다. 이런 카페에서는 설탕을 듬뿍 넣어 끓인 걸쭉한 터키식 커피나 민트를 잔뜩 넣은 끈적끈적한 차를 마시며, 남자들끼리만 모여 물담배를 피우는 이국적인 마호메트의 후예들을 만날 수 있다. 하지만 파리에 이런 오리엔트식 카페가 생겼을 때는 어둡고 지저분해서 사회적인 지위가 있는 사람들은 드나들지 않았다. 그런데 1686년에 프란체스코 프로코피오 Francesco Procopio dei Coltelli라는 시칠리아 출신의 이탈리아인이 1702년에 이 카페를 인수하게 된다. 그는 이 카페 이름을 자기 이름을 따 '르 프로코프 le Procope'로 고치고 호화로운 인테리어로 꾸미며 샤베트, 케이크, 음료 등을 메뉴로 내놓았다. 카페가 서유럽의 감성을 입자 이곳은 금방 명소가 되었고 당시의 내로라하는 사회 지도층 인사들이 드나들기 시작한다. 예나 지금이나 상점이란 시류를 읽는 콘셉트의 문제였던 게다.

파리의 카페는 전설 속에 커갔다. 수많은 지식인들이 만약 파리에 카페가 없었다면 프랑스 대혁명이나 20세기의 그 수많은 사조도 탄생할 수 없었을 거라고 생각한다. 인터넷은커녕 전화도 없던 그 시절에 뜻이 맞는 사람들이 모여 의견을 교환하고 토론을 벌이며 여론을 만들어 가던 장소가 바로 카페였다. 또한 문학가, 예술가들이 진부한 구시대의 예술 사조들에 반해 새로운 창조력을 실험하

1, 2 파리의 까페들
3 카페 오 레

던 장소도 카페였다. 카페에서 인상주의가 태어났고 피카소가 큐비즘이라는 현대미술의 분수령을 일궈냈다. 문인들이 프로이트의 정신분석학을 논했고 무의식으로의 여행을 시작하며 초현실주의나 누보로망이 탄생한 곳도 이곳이었다. 1, 2차 세계대전 이후 카뮈, 사르트르, 시몬 드 보부아르 등이 실존주의를 만들어낸 곳도 카페였고 파리에 머물던 헤밍웨이나 헨리 밀러 등의 외국 문인들이 수많은 작품을 완성한 곳도 카페였다.

그래서인지 같은 품목을 파는 장소인데도 카페Café라는 프랑스어는 아련한 여운을 남긴다. 커피숍Coffee Shop이나 카페테리아Cafeteria, 커피하우스Coffeehous, 동일한 발음이 나는 이탈리아식 카페Caffè나 독일식 카페Kaffe, 이제는 추억이 된 한국의 다방도 대신할 수 없는 묘한 울림이 있다. 불어의 '카페'라는 발음과 함께 'Café'라는 단어가 그림처럼 인식되는 것이다.

이렇듯 카페는 파리의 영혼을 담고 있다. 그래서 파리지앵들은 하루의 많은 시간을 카페에서 보낸다. 꼭 누군가를 만나기 위해 이곳을 찾는 것이 아니고 혼자 앉아 신문을 본다거나 개나 고양이를 데리고 산책하다 들러 앉아 쉬기도 한다. 간단한 점심을 먹기도 하고 1.5유로짜리 에스프레스 한 잔을 주문하고는 하루 종일을 소일하기도 한다. 요즘은 실내에서 담배를 금지하곤 하지만 아직도 테라스에서는 줄담배는 피워 대는 사람들도 많다. 어깨와 가슴골을 훤히 드러낸 여성들이 긴 손가락으로 담배를 피우는 모습은 같은 여자인 내가 보아도 아주 매혹적이다. 이미지에 어울리기만 한다면 나도 한번 해보련만! 게다가 카페는 여행객들에게 편안한 공중화장실의 역할도 톡톡히 하는 곳이다. 말만 하면 그냥 갈 수도 있지만 껄끄럽다면 간단히 커피 한 잔 시키고 느긋하게 다녀오면 된다. 일을 못 끝냈어도 밖에서 누군가가 동전을 다시 넣어주지 않으면 6분 만에 대로변에서 문이 활짝 열려버리는 무시무시한 자동 공중화장실보다는 훨씬 안도감이 느껴진다.

카페에서는 아무리 오래 앉아 있어도 아무도 개의치 않는다. 아마도 스타벅스가 미장에서 몇 시간을 앉아 있든, 커피를 마시든 말든 무관심 마케팅 전략의 아이디어를 얻은 것이 파리의 카페일 것이다. 한국도 지금 커피 전쟁이라 할 정도로 수많은 커피숍이 생겨나고 있지만 하나같이 획일화된 인테리어에 기계적인 체인점들이다 보니, 그곳의 커피는 문화나 영혼이 없다. 주인의 눈총 받지 않는 스타벅스나 커피빈류의 매장은 노트북과 아이폰으로 무장한 신세대들에게 점령당한지 오래되었고 조금 구식의 커피숍은 오래 앉아 있거나 넓은 테이블을 혼자 차지하고 있으면 곧바로 종업원의 견제가 들어오니 말이다.

살롱 드 테

살롱 드 테 Salon de Thé 는 19세기 빅토리안풍의 의상을 걸친 여성들이 엉덩이를 한껏 부풀린 긴 치마를 입고 커다란 모자를 쓰고 앉아 수다를 떠는 오후의 나른함이 느껴지는 공간이다. 이곳의 메뉴는 주로 간단한 디저트나 케이크, 과자류 등에 다양한 홍차나 커피다. 카페나 브라스리가 남성적이고 어수선하다면 이곳은 여성적이고 클래식한 느낌이면서 훨씬 부르주아적이고 우아한 것이 특징이랄까?

살롱 드 테에서 모자까지 챙겨 쓰고 담소하는 나이 지긋한 아주머니들을 바라보고 있으면 참 즐겁다. 프랑스 아줌마들은 애써 명품으로 도배하지는 않아도 우아하고 예쁘다. 도대체 이 나라 엄마들은 왜 나보다 더 우아한가를 한참 생각한 적이 있다. 결론은 집에서도 신발을 신고 생활하는 이들의 특성상 양복이 몸에 배어 있다는 거였다. 우리처럼 신발, 양말 다 벗어놓고 추리닝 입고 뒹굴다가 (나만 그런가?) 애써 찍어 바르고 외출하는 것이 아니라 일상에서 자연스럽게 피트되는 옷을 입고 산다는 말이다. 게다가 가슴은 여성의 자존심이라는 전통에 따라 한껏 부풀리며 드러내 놓고 다녀도 개의치 않는 문화적 차이도 한몫한 것 같다. 물론 젊은 학생들은 까치 둥지 머리에 헐렁한 티만 걸치고 파리 시내를 활보하기도 하지만 기본적으로 부르주아적인 중산층 아줌마들은 긴장하고 사는 삶이 몸에 배어 있다. 목걸이에 귀걸이까지 하고 살롱 드 테에서 나른한 오후의 잡담을 즐기는 것이다. 영국풍의 티타임을 생각하면 되겠다. 부르주아의 역사가 길고, 오랜 시간 중산층이 형성되어 온 나라에서 느껴지는 여유로움이다.

L'art dans l'assiette, les sauces

접시 위의 예술, 소스를 말하다

"요리에서 소스는 언어에서의 문법이고 음악에서의 멜로디와 같다."

– 마리 앙투안 카렘

 나는 요즘도 가끔, 밤에 주방에서 소스 끓이는 꿈을 꾼다. 내가 요리사도 아니고 직접 소스를 뽑아야 했던 것도 아니지만 레스토랑업을 접기 이삼 년간은 밤에 남아 소스 뽑는 데 참여했던 기억이 무의식에 남아서일 것이다. 소스 끓이는 작업은 탕약 달이듯이 끊임없이 위에 뜨는 거품을 걷어내며 이삼 일간 애지중지 신경을 많이 써야 하기 때문이다. 거의 17년이란 세월 동안 레스토랑업을 몸에 꼭 맞는 옷처럼 즐겁게 했다고 생각했는데 알게 모르게 압박감도 있었나 보다.

오랜 기간 동안의 직업의식이 몸에 배었는지 아직도 레스토랑에 가면 소스에 무척 예민해진다. 너무 무겁거나 흥건해서 요리가 그 속에서 헤엄치고 있는 듯하면 일단 재료가 의심되고 과일을 사용한 경우를 제외하고 메인 소스가 달면 식욕이 떨어지기도 한다(아, 은근히 화가 난다!). 그러다 보니 파리의 쓰리 스타 레스토랑에 간 것도 아니면서 까다롭게 굴어 진상 취급을 받은 것이 한두 번이 아니다. 정말 재료가 조금 안 좋았을 경우에는 셰프의 자존심을 건드리는 문제기 때문이다. 그들이 좋은 재료 쓰기 싫어 안 썼겠냐는 말이다. 내가 내는 돈만큼의 재료인 것을…….

나는 아직도 프랑스 고급 요리의 진수는 소스라고 생각한다. 물론 탕수육이나 양장피에 흠뻑 붓는 국물도 소스고 콩나물 무침이나 불고기의 양념장도 소스의 일종이다. 그러나 한국 요리에서의 소스는 독립된 위치를 가지기보다 두루두루 들어가는 양념들의 혼합이라는 의미가 더 강하다. 그러나 프랑스 요리에서 소스의 위치는 전혀 다르다.

현대의 누벨 퀴진에서는 그 의미가 조금 약해졌지만 전통 프랑스 요리에서 소스의 위치는 대체할 수 없다. 재료의 품위를 가리지 않을 정도로 은은하면서도 마지막 한 점까지 빵으로 닦아 먹을 정도의 맛과 향을 지녀야 하는 막중한 자리인 것이다. 게다가 같은 식재료라도 여기에 쓸 수 있는 소스는 무궁무진하게 분화되어 새로운 요리로 탄생한다. 이 때문에 프랑스의 오트 퀴진은 가정에서 흉내 내기가 힘들다. 가정에서는 고기 굽고 난 팬에 남은 고기 국물을 사용해 소스를 간단히 만든다. 그러나 오트 퀴진에 쓰는 전통 소스들은 비용과 시간, 손이 많이 가는 데다 일단 모체 소스를 뽑아 놓고 이를 바탕으로 셰프들마다 새로운 창작품을 만들어낸다. 그러니 그 집에 가지 않으면 같은 요리를 먹을 수 없는 것이다. 프랑스 요리를 예술이라고 말하는 데는 그 스타일링뿐 아니라 소스에도 이유가 있다.

소스의 어원은 라틴어로 소금을 의미하는 'Sal'에서 유래했다. 소금을 뜻하는 프랑스어의 셀sel, 영어의 솔트salt도 같은 어원을 갖는다. 소스는 로마시대의 식탁에서도 그 흔적을 볼 수 있었지만 사실 그 시대의 조리법에 대해서는 어렴풋이 상상할 뿐이다. 아피시우스Apicius● 같은 이가 남긴 고작 몇 권의 책이나 폼페이의 유적 정도로 그 거대한 제국의 식생활을 파악하기란 불가능하다. 기록에 의하면 아피시우스가 생선에 야채와 향신료, 올리브유, 와인 등을 가미해 도기에 넣은 후 아주 오래도록 발효시켜 사용한 것을 '아피시우스 소스'라고 하는데 실제 오늘날과 같은 소스의 개념으로 보는 데는 조금 무리가 있다. 일종의 양념장 같은 것이 아니었을까 생각된다. 마치 동남아에서 쓰는 새우 페스토인 블라찬Belacan이나 한국의 새

● **아피시우스(Marcus Gavius Apicius)** 제2대 로마 황제인 티베리우스의 친구로 엄청난 부자였다고 한다. 삶이 파티의 연속으로 사람들을 집에 초대해 각종 진귀한 요리로 향연을 벌여 칭송을 받는 것이 낙이었다. 굉장한 미식가로 자기가 즐기던 특별한 요리법을 정리하여 만든 책인 《요리에 관하여(De re coquinaria)》가 로마의 유일한 식문화 자료이자 지금껏 전해지는 인류 최초의 서양 요리책으로 남아 있다.

우젓처럼 말이다. 게다가 스튜 형식의 요리가 많았는데 여기에 꿀이나 향신료를 많이 쓰고 귀하게 여기던 후추를 듬뿍 넣는 일종의 잡탕찌개Ragoût였다. 이런 조리법은 중세까지 이어졌고 점점 더 무식할 정도로 많은 향신료를 사용하게 되었다. 이 시대에는 향신료가 동방에서 수입되는 귀한 물품이다 보니 이것을 많이 쓰는 요리가 고급이었다. 집안의 식탁에 후추 한 통을 올려놓으면 그 집안의 부는 이미 증명된 것이었다니 말이다. 요리는 단맛, 짠맛, 신맛 모든 것이 한꺼번에 뒤범벅되어 원래의 식재료가 무엇이었는지도 모를 정도였다. 그러다가 지금의 소스와 비스무리하게 농축된 액체가 나타난 것은 14세기 말 정도다.

   프랑스에 이탈리아 요리가 도입되어 자리를 잡기 시작하는 17세기가 되자, 훈련된 미식가와 요리사들이 나오기 시작한다. 이때부터 하나의 요리에 하나의 소스를 사용하고 짠맛과 단맛은 서로 분리해서 사용하는 등, '혼합하지 않는다'는 현대 프랑스 정통 요리의 기반을 닦은 개념들이 생기기 시작했다. 이때부터 요리사들은 소스의 완성도를 높이는 일을 최고의 예술로 여기게 된다.

   유럽 문화의 중심이 이탈리아에서 프랑스로 넘어오는 18세기가 되자 차차 모체 소스Mother sauce라는 개념이 잡히기 시작하는데, 모체 소스란 수백 가지의 소스가 파생되어 나오는 근원이 되는 소스를 말한다. 19세기에 위대한 셰프 앙투안 카렘이 처음으로 모체 소스와 여기서 파생되는 다양한 소스들을 구분하여 정리했고, 20세기에 들어 에스코피에가 이를 더욱 체계화시킨 것으로 아직까지도 서양 요리를 하는 모든 셰프들에게 이 책은 법전과도 같이 여겨진다. 에스코피에는 이 모체소스를 마요네즈 베이스의 에뮐시옹Émulsion과, 생크림 베이스의 베샤멜 소스Sauce Béchamel, 고기육수 베이스의 에스파뇰 소스Sauce Espagnol, 블루테Velouté, 토마트 소스Sauce Tomate의 다섯 가지로 나눈다.

　카렘이나 에스코피에가 집대성한 모체 소스를 만들기 위해서는 먼저 그 기초가 되는 육수를 뽑아야 한다. 이 육수를 불어로 퐁Fond이라고 하는데 '기초, 바닥'이라는 의미로 한국 요리에도 쓰이는 다양한 육수라 생각하면 된다. 즉 쇠고기 육수인 퐁 드 보Fond de Veau, 주로 닭을 쓰는 퐁 드 볼라이Fond de Volaille, 생선 우린 육수인 피메 드 포아송Fumet de Poisson 등을 뽑아 저장해 놓고 이것으로 수프나 스튜에 넣거나 소스를 만드는 데 두루두루 쓰는 거다. 그래서 영어로는 퐁을 스톡stock이라고 한다. 저장해 놓고 쓴다는 말이다.

　닭이나 생선은 그다지 복잡하지 않은데 쇠고기 육수는 그야말로 정성과 시간이 들어가야 제대로 나온다. 먼저 육수를 끓이기 위해서는 소뼈와 고기 덩어리, 야채 미르푸아Mirepoix, 부케 가르니 등이 필요하다. 프랑스 레스토랑 주방에서 셰프가 "미르푸아 준비해!"라 하면 그냥 당근, 양파, 샐러리를 깍두기보다 조금 크게 썰어 놓은 모듬 야채를 말한다. 이름에 비해 별 거 아닌데 중세 귀족의 요리사가 최초로 이 방식으로 야채를 썰면서 자기 주인 이름을 붙였다고 한다. 부케 가르니라는 예쁜 이름의 재료도 육수에 허브들이 흐트러져서 둥둥 떠다니지 않도록 파슬리 줄기와 타임, 후추 등을 널찍한 재료로 싸서 실로 묶어 놓은 허브 다발을 말한다. 부케Bouquet 는 신부가 받는 꽃다발을 말하고 가르니garni 는 '장식되었다'는 뜻인데 들을수록 프랑스 말은 참 맛이 있다. 대파 등으로 말기도 하고 면포에 싸기도 하는데, 우리 멸치 육수 낼 때 망에 싸서 넣는 것과도 비슷하다. 얘들이 다 준비 되었으면 우선 소뼈를 팬에 노릿하게 익힌 후 쿠킹 팬에 담아 오븐에서 굽는다. 소뼈가 어느 정도 익었을 때 여기에 양지 등의 고기 덩이도 넣어 함께 굽는다. 거의 다 익어 갈 무렵 꺼내서 생토마토와 페이스트를 위에 바른 후 다시 약 15분간 익히는데 페이스트를 너무 많이 넣으면 시어지므로 주의한다. 다 익으면 꺼내서 커다란 소스 통에 만들어 놓은 미르푸아와 부케 가르니를 넣고 낮은 불에 오랜 시간 푹 고는 것이다. 사골 국물 내듯이 끓이고 또 끓인다. 소뼈에 든 콜라겐이 모두 빠져 나올 때까지.

 이에 비하면 닭 육수는 아주 쉽다. 그냥 닭 서너 마리를 꽁지 잘라 내고 속을 잘 닦은 후 물에 한 번 살짝 삶아낸 다음 미르푸아 야채와 부케 가르니를 넣어 한 40분 끓인 후 내용물 걷어내면 끝이다. 맛을 모두 추출해 버린 닭이라 밋밋하지만 삼계탕이거니 생각하며 살을 발라 먹어도 된다. 생선 스톡은 더 빨리 끓여내도 된다. 생선살을 발라내고 난 뼈와 머리 등을 사용해서 후르르 끓여내는 것이다.

 이렇게 만든 육수는 요리의 재료에 따라 달리 사용한다. 스튜 요리 등에 퍼 넣어도 되고 좀 더 농축시켜 보관해 놓고 소스 만들 때마다 조금씩 떠 쓰는 거다. 즉 육수에 농도를 조절하는 루Roux와 리

1 홀란데즈 소스의 넙치요리 2 퐁 드 보를 사용한 와인 소스의 양 갈비

에종Liaison이 더해지면 소스가 된다. 루는 밀가루와 버터를 1:1로 볶아 두었다가 소스를 만들 때마다 육수의 농도를 조절하는 것으로 프랑스식 소스의 높은 칼로리의 주범이다 루는 캐러멜향이 날 때까지 갈색이 나게 볶으면 갈색 루, 흰색으로 낮은 불에 살살 볶으면 흰색 루가 되어 소스의 색이나 맛에 따라 달리 사용된다. 요즘은 루 외에 좀 더 가벼운 식재료로 소스의 농도를 맞추려는 셰프들이 많다.

리에종은 말 자체가 '결합, 관계'라는 뜻으로 달걀 노른자나 크림 등을 더하여 소스를 쫀득하게 만드는 것을 말한다. 그래서 결국 소스는 퐁에 루와 리어종의 세 박자가 합쳐 만들어지는 것이다. 이렇게 만든 것 중 가장 기본이 되는 것이 바로 다섯 가지의 모체 소스다. 즉 다른 것들은 모두 이 중 하나에 재료를 첨가하여 변형시킨 파생 소스라는 말이다.

그러다 보니 셰프의 아이디어가 번쩍 떠올라 뭔가 하나를 첨가해 변형시킬 때마다 자기 이름을 붙이기도 하고 지역 이름을 붙이기도 해서 분화된 소스가 수백 가지가 넘게 된 것이다. 단순한 요리에는 요리 시간이 길며 영양이 풍부한 소스를 곁들이고 영양이 풍부한 요리의 경우에는 외관을 우아하게 하기 위하여 색의 조화를 이룰 수 있는 소스를 곁들이는 것이다. 소스의 색이 좋지 않은 요리에는 화려한 소스를, 심심한 요리에는 강한 소스를, 퍽퍽한 요리에는 부드러운 소스 등으로 강약을 준다.

 이 중 육류에 많이 쓰는 쇠고기 육수인 퐁 드 보를 졸여서 만드는 것이 바로 소스 중의 소스라 할 수 있다. 먼저 퐁 드 보의 내용물을 모두 걸러내어 다른 통에 담아 약한 불에 반쯤 졸여주면 이것이 모체 소스인 에스파뇰이다. 에스파뇰 소스는 가장 활용도가 무궁무진한 모체 소스인데 이를 또 졸이고 졸여 굴소스마냥 진한 갈색에 걸쭉하게 만든 것이 드미글라스Demi-glace다. 드미는 영어의 하프half, 즉 반으로 졸였다는 의미인데 반이라기보다는 몇 배는 졸인 것이다. 값비싼 여러 재료로 국물을 내서 그걸 몇 배로 졸여 젤라틴 상태로 만든 것이니 고전 프랑스 요리에서 드미글라스 소스는 소스 중의 여왕이라고 했다. 이 자체만을 소스로 다 써버릴 수도 있지만 보통은 이를 냉장고에 고이 모시고 조금씩 떠서 여기에 루나 다양한 재료를 넣어 리에종시켜 소스를 만든다. 예를 들어, 에스파뇰이나 드미글라세에 와인과 루를 넣어 소스를 만들기도 하고 포트와인이나 마데이라 같은 강한 술을 넣기도 한다. 쉽게 말해 버섯을 송송 썰어넣으면 버섯소스, 마늘을 편으로 넣어 졸이면 마늘소스가 되는 거다.

블루테는 활용도가 가장 높은 소스로 닭고기나 생선, 쇠고기 육수에 흰색 루를 넣은 후 달걀노른자와 생크림 등을 넣어 만든다. 블루테는 영어의 벨벳이란 뜻으로 그만큼 부드럽고 순한 맛이라는 의미다.

베샤멜 소스도 재료는 비슷하지만 육수보다는 생크림과 우유의 비중이 크다. 그래서 채소나 생선, 닭고기나 칠면조 등의 요리에 많이 쓰고, 생선이나 해산물, 감자, 스파게티 등의 위에 덮어 오븐에 노릇하게 굽는 그라탕이나 고로케 등을 만들 때 사용하기도 한다.

에멀시옹은 영어로 에멀전, 즉 매끈하다는 의미다. 달걀노른자에 버터와 식초 등을 넣어 계속 저어가며 중탕해 만드는 홀란데즈 소스나 역시 계란 노른자 베이스인 마요네즈 소스, 프렌치 비네그레트 드레싱 등 서로 녹거나 섞이지 않는 두 액체가 함께 섞여 있는 상태의 소스다. 채소나 생선에 주로 쓴다.

토마토 소스는 콜럼버스가 1492년 서인도 제도를 발견한 이후로 남아메리카로부터 들어온 토마토가 이탈리아에서 식탁 위에 오르면서 시작된다. 처음에는 잘 먹지 않다가 18세기가 되어서야 이탈리아인들이 소스로 만들어 피자나 파스타에 사용하기 시작했고 곧이어 프랑스에서도 모체 소스로 활용하기 시작했다.

직업병 때문에 가끔은 집에서 퐁 드 보를 만들어보고 싶은 생각이 불쑥불쑥 들곤 한다. 하지만 집에서 그런 대작업을 하기엔 식구들의 토종 한국산 식생활과 너무 동떨어져 있다 보니 작업실에서 며칠 동안 소스를 뽑고 메뉴를 정해 친구들을 초대한 적이 있다. 즐거운 파티였지만 다시 한 번 생각한 것이, 드미글라스 같은 소스는 집에서 만들어 쓰기가 참으로 거시기하다는 거다. 소뼈에 양지, 각종 허브와 야채로 육수를 뽑아 이걸 거의 4분의 1이 되도록 며칠에 걸쳐 졸이니 그 가스비와 노력까지 합치면 영 할 일이 못된다. 시간과 돈에 노동력까지 더해지니 요리사 두고 사는 귀족 가문이 아닌 이상 일반 가정에서 소스 만들 엄두가 나겠느냐는 말이다. 그래서 소스는 프랑스 오트 퀴진의 대명사다.

장인이 한 땀 한 땀 정성들여 부채질해가며 만든 소스 한 접시에 그토록 많은 돈을 지불하는 이유가 다 있다. 여기에 진귀한 식재료가 합쳐지면 미슐랭 별을 은근히 바라보게 되는 거다. 한국에서 프랑스 레스토랑이 자리를 못 잡는 이유가 여기에 있다. 원가가 많이 들고 그보다 이렇게 만들어 놓은 소스와 식재료의 진가를 알아줄 고객층이 아직 너무 얇은 탓이다. 귀와 신발까지 온몸을 구찌로 무장하신 사모님께서 "저, A1 소스는 없나요?" "토마토케첩 좀 주세요!" 이건 애교다. "아, 사이다 한 잔 마셔야지" 할 때는 어우, 난 감하다.

이렇듯 오트 퀴진적인 소스가 가정에서는 사치다 보니, 한국에도 다양한 양념장들이 시판되듯 프랑스에서도 간단하게 맛을 내는 방법들이 발달해 있다. 바로 동결 건조법으로 만든 부이용이다. 우리나라의 다시다나 일본의 혼다시 같이 손쉽게 가정에서도 쇠고기나 닭고기의 육수 맛을 내기 위한 것이다. 독일의 화학자인 유스투스 폰리비히Justus von Liebig 남작이 19세기에 창안한 것인데 초기에는 의

학적 처방으로 사용했다는 것이 의아하지만 알아보면 이해도 간다. 18~19세기의 의사들은 기력이 약한 환자들에게 쇠고기 국물 졸인 것으로 몸을 보하도록 처방하곤 했다. 하지만 처방해봤자 쇠고기가 워낙 귀하고 비싸서 서민들에게는 그림의 떡이었다. 그래서 학자들은 이들을 도와주고자 연구를 거듭하여 쇠고기 국물을 손쉽게 낼 수 있도록 지금의 주사위 모양의 고형물을 생산하게 된 것이다. 대부분의 프랑스 가정에서 주부들은 직접 육수를 뽑지 않고 크노르Knorr나 마기Maggi 같은 부이용을 사다 쓰는데 신기한 것은 한국에서 요리 강습을 받거나 레시피 책을 보면 다시다나 미원을 넣으라는 말은 금기로 되어 있는데 비해 유럽 요리책에는 대놓고 부이용을 사용하라는 레시피들이 많다는 것이다. 그만큼 육수 뽑는 과정이 복잡해 고형물을 쓰는 것이 일반화되어 있고, 또 산업적으로 생산된 식품을 믿고 쓴다는 의미일 것이다.

Le vin, sommet de la gastronomie

프랑스 미식의 정점, 와인

프랑스 미식을 완성시키는 것은 바로 와인이 아닐까? 인간의 손끝에서 만들어지는 최고의 섬세한 작품이 와인인지 요리인지에 관해 이야기하다 보면 식탁 위의 예술은 끝을 모르고 호사스러워진다. 이렇듯 와인과 요리에 관심을 두면서 인생이 풍부해졌다는 것을 느낀다. 멋진 저녁 식탁을 만들 수 있다는 데서 오는 행복감도 있다.

와인과 요리 중 어떤 것이 중요한지는 관점에 따라 달라지는데 위대한 소믈리에들은 와인이 요리라는 무대 위에서 때로는 바이올린과 같은 소프라노를, 때로는 첼로와 같은 테너의 음색을 낸다고 한다. 반대로 위대한 셰프들은 요리가 배우라면 와인은 뒤에 깔리는 배경음악과도 같다고 한다. 어쨌든 중요한 것은 공연이라는 종합예술에서 조명이든 오케스트라든 연주자든 서로 조화되지 않으면 불협화음이 난다는 사실이다. 어떤 경우에는 요리가 정말 좋은 와인 한 병의 존재감을 따라가기 어려울 때도 있고 어떤 경우는 요리라는 예술품을 와인이 받쳐주지 못하는 경우도 많다.

와인과 요리라는 주제로 오래도록 강의를 해왔지만 실제로 나는 잡곡밥에 된장찌개가 있는 소박한 밥상을 제일 좋아하는 '오리지날 된장녀(?)'다. 하지만 예술적 감성을 자극하는 와인과 요리의 조합을 만날 때면 이런 일상은 다 잊어버리고 황홀감에 그만 넋을 잃는다. 프랑스어로 '한 눈에 사랑에 빠지다'란 표현을 '엥 꾸 드 푸드르 Un coup de foudre' 즉 번개 한 방을 맞은 것 같다고 하는데 바로 이런 느낌인 것이다. 크리스탈Crystal●과 캐비아 또는 푸아그라와 샤토 디켐Château d'Yquem●● 뭐, 이런 전설적인 호사를 누릴 때다.

깨끗한 드라이 중의 드라이, 크리스탈이 지닌 탄산과 함께 머금은 캐비아가 입속에서 어우러지며 터지는 느낌은 마치 노트르담 사원 위에서 콰지모도가 수천 개의 종을 울리는 것 같다. 아니 믿지

● **크리스탈(Crystal)** 프랑스 루이 뢰데레(Louis Roederer)의 프리미엄 샴페인으로 1876년 샴페인 애호가였던 러시아 황제 알렉상드르 2세(Alexander Ⅱ)가 특별 주문하여 '황제의 샴페인'이라는 애칭이 붙었다. 다른 샴페인들과는 달리 병 밑바닥이 평평하고 병에 색이 없어 투명하기 때문에 크리스탈이라는 이름이 붙었다. 이유는 황제가 내부가 안 보이는 샴페인 병에 불쾌감을 나타냈기 때문이다. 때문에 내부에 무엇을 숨기지 않았는지 훤히 볼 수 있도록 보헤미아의 유리 공장에 특별 주문하여 병 주위에 러시아 황제의 문양을 두른 병이 탄생한 것이다.

●● **샤토 디켐(Château d'Yquem)** 프랑스 보르도의 소테른 지방 최고의 명품 스위트 와인을 생산하는 포도원이다. 포도나무 한 그루에서 와인 반 병이 나올 정도로 수분이 증발하고 곰팡이가 핀 포도로 와인을 만든다.

않겠지만 나는 정말 종소리를 들었다! 이때는 너무나 표현이 과장되고 시적이어서 읽다가 포기해버린 만화《신의 물방울》이 이해가 되는 것이다. 만일 캐비아를 맥주나 막걸리에 먹었다면 그저 비린내 나는 생선알에 지나지 않았을지도 모른다. 차라리 명란젓과 먹을 걸 그랬다고 후회했을 수도 있다. 그러면 푸아그라와 샤토 디켐은? 동물 간의 뭉클함과 그 특유의 향을 그리 좋아하지 않는 나도, 샤토 디켐의 산뜻한 당도와 함께 입속으로 밀려 들어와 혀에 감기는 그 느낌에는 두 손 두 발 다 들고 말았다. 남의 간을 빼 먹는 기분이 이런 거였구나! 평소에 소테른 와인과 푸아그라는 서로 너무 미끌미끌해서 별로라고 생각했던 것이 죄송할 정도였다.

또 있다. 어느 날 미디엄 레어로 잘 구워진 좋은 스테이크 한 점에 1998년산 비욘디 산티 브뤼넬로 디 몬탈치노● 리세르바 한 모금을 입에 넣었을 때였다. 소스에 담가 먹는 걸 별로 안 좋아해 접시 한편에 흩뿌린 굵은 암염과 함께한 부드러운 안심이었다. 순간 앞에 있던 친구랑 눈이 마주쳤는데 이건 뭐 말이 필요 없었다. 이심전심, '퍼펙트!' 딱 이 표정이었다. 오래도록 프랑스 요리 레스토

● **비욘디 산티 브뤼넬로 디 몬탈치노(Biondi Santi Brunello di Montalcino)** 비욘디 산티의 브루넬로 디 몬탈치노는 아직도 이탈리아의 전통적인 와인 제조법을 고수하고 있으며 세계에서 가장 오래 숙성시킬 수 있는 와인이다. 좋은 빈티지는 100년이 지나도 그 맛을 유지한다고 한다. 미국의 권위 있는 와인 잡지 〈와인 스펙테이터〉가 선정한 열두 개의 세기의 와인 중에 1937년산 로마네 콩티, 1900년산 샤토 마고, 1961년산 샤토 페트뤼스 등 최고의 프랑스 와인이 들어갔는데 이탈리아 와인으로는 유일하게 1955년산 비욘디 산티가 들어가 어깨를 나란히 했다. 브뤼넬로 디 몬탈치노 중에서도 리세르바는 25년 이상 된 포도나무에서 좋은 해에만 수확해서 만드는 명품이다.

랑을 해온 내가 스테이크와 레드 와인을 좀 많이 먹었겠냐마는, 샤또 라뚜르나 페트뤼스와 스테이크도 이렇지는 않았다. 이처럼 말랑한 남의 살의 느낌이 입안의 세포 하나하나를 감싸는 황홀한 느낌은 처음이었다. 맛의 오르가즘, 꼭 전설적인 단남이 아니더라도 우리가 일상에서 쉽게 만날 수 있는 먹거리들의 만남이 남녀의 관능적인 화학작용과 얼마나 비슷한가를 진정 가슴으로 느끼는 경우가 종종 있다.

프랑스 사람들이 미각에 훈련될 수 있었던 것은 17세기 설탕이 유럽에 널리 보급되면서였다. 그동안 구분 없이 마구 섞던 짠맛과 단맛을 차별화하여 애피타이저와 메인 요리는 소금으로만 간을 맞추고 설탕을 듬뿍 넣은 디저트는 식후에 따로 먹도록 해서 각각의 맛을 훨씬 섬세하게 느끼도록 했다. 지금도 프랑스 현지에서 먹는 요리는 훨씬 짜게 느껴진다. 17세기 이후로 좋통 프랑스 요리는 소금만으로 간을 맞추기 때문이다. 한식처럼 설탕과 소금이 함께 어우러지면 단맛이 짠맛을 가려 실제로 들어간 소금의 양이 훨씬 많아도 덜 짜게 느껴지는 거다.

이런 요리의 진화는 전국에 흩어져 있는 프도산지에서 그 지역마다 특색이 도드라지는 와인을 생산하고 있던 것도 한몫했다. 맛의 제국을 이끌고 있던 파리의 귀족들은 다양한 와인을 공급 받았고 이 맛들의 상호 조화에 관한 미각적 훈련이 되고 있었던 것이다. 산도가 높고 드라이한 와인과 단맛은 전혀 어울리지 않는다는 것을 알게 되었고 단맛의 와인은 소금단으로 간을 한 메인 요리들의 식감을 줄인다는 것도 알게 되었을 것이다. 게다가 그 밑에서 일하며 미각이 바늘 끝보다도 섬세하게 훈련된 위대한 셰프들과 요리를 담당하던 가신들은 상류 사회에서 보고 듣고 맛본 모든 것을 동원해 요리와 와인을 조화시켜가는 신화를 창조하기 시작한다. 프랑스의 오트 퀴진은 이 모든 것이 시너지 효과를 창출하며 식문화의 기초를 다진 결과물이다.

와인과 요리라는 실탄을 장착한 프랑스의 미식 문화는 세월이 갈수록 전략적으로, 더욱 강한 힘을 발휘해왔다. 영국도 독일도 프랑스에서 가장 탐낸 것이 그 비옥한 포도원들이었다. 영국과의 그 지루했던 백년전쟁도 결국은 프랑스 제일의 와인 산지인 보르도를 둘러싼 싸움이었고, 독일은 파리를 점령할 때마다 가장 먼저 찾아다닌 것이 지하에 저장된 포도주였다. 하지만 프랑스인들이 가장 먼저 숨긴 것도 지하 창고서 숙성시켜오던 와인이었으니 끝없는 숨바꼭질이었다. 그래서 독일은 절대로 이 도시를 파괴하지 않았다. 아름다운 시가지와 지하의 와인들, 미식과 문화, 모든 것을 통째로 소유하고 싶어 했을 것이다.

미국의 제3대 대통령 토마스 제퍼슨Thomas Jefferson은 외교관으로 파리에 왔다가 와인과 프랑스 요리에 매료되었고 귀국한 뒤에는 자신의 소유지가 있는 몬티첼로Monticello에 포도나무를 심었다. 제1차, 2차 세계대전을 치르며 프랑스 땅을 밟았던 미군들도 이곳의 식문화에 심취했고 프랑스 여인들만큼이나 와인과 요리의 추종자가 되어 귀국했다. 이후 뉴욕이나 샌프란시스코, LA 등의 대도시에는 최고급 프랑스 레스토랑들이 생기기 시작했다. 와인에 빠져 살았던 헤밍웨이가 많은 시간을 보내고 피츠제럴드가 《위대한 개츠비》를 쓴 것도 파리에서였다. 이들은 남프랑스 지중해의 해변을 사랑했고 프로방스의 자연과 요리, 와인에 매료되었다. 피카소는 아예 프로방스에 작은 성을 구입하고 그곳에 눌러 앉았다.

예술가들이 사랑에 빠질 만큼 자연에 있어 프랑스는 정녕 축복받은 나라임에 틀림없다. 이는 와인 생산에도 마찬가지다. 서늘한 지역에서 청포도가 잘 자라고 따뜻한 지역에서는 흑포도가 잘 자라는데 프랑스는 바로 그 중간선에 위치해 있어 좋은 레드 와인과 화이트 와인이 모두 생산되는 것이다. 게다가 일조량도 적당히 오락가락해서 포도가 너무 농익지 않아 와인의 질이 좋아지는 특성도 지녔다. 날씨가 너무 좋아도 또 땅이 너무 비옥해도 고급 와인에는 마이너스 요인이 된다. 아픈 만큼 성숙해진다고 포도가 적당히 괴로워해야 와인의 품질이 좋아지는 것이다.

각 지역마다 와인의 특징이 다르고, 개성 넘치는 수많은 포도원들이 있으니 프랑스의 고급 레스토랑들은 좋은 와인들을 리스트에 올리기 위해 많은 공을 들인다. 레스토랑마다 잘 구비된 셀러가 있어 아주 오래된 와인들, 희귀한 와인들을 수집해 두는데 섬세한 요리만큼이나 와인 셀렉션은 그 집의 명성을 가늠하며 고객을 끌어들이는 관건이 된다. 레스토랑에서 와인을 관리하고 수집하는 직업에 소믈리에Sommelier라는 이름을 붙인 것도 프랑스인들이다. 그래서 아주 최고급 레스토랑들은 와인 업계의 큰손이기도 하다. 영향력

있는 소믈리에들은 프랑스의 와인 산지 등에서 열리는 시음회나 앙 프리뫼르•등에 참가하며 자기 레스토랑만의 특별한 와인 셀렉션에 힘쓴다. 이렇게 레스토랑들이 와인 셀렉션에 힘쓰는 이유는 와인은 요리와 함께 마셔야 제 힘을 발휘하는 술이기 때문이다.

그런데 프랑스에 있는 정통 프랑스 레스토랑의 와인 리스트에 외국 와인들이 오르는 경우는 드물다. 있더라도 아주 셀렉션이 초라하다. 이는 그들이 너무 자부심에 넘치거나 아니면 국수주의적이어서 그런 것은 아니고 몇백 년간 살아온 식습관일 뿐이다. 대단한 철학보다는 자기 동네의 와인만 마시며 살아왔고 타 지역의 와인에는 관심을 둘 이유도 없었고 맛도 생소하기 때문인 거다. 우리나라도 경상도 사람은 경상도 김치가 가장 입에 맞고 나같이 함경도 자손인 사람은 할머니 때부터 해오던 심심한 김치가 가장 시원하고 맛있다는 거다. 굳이 집 김치 놔두고 다른 지역의 김치를 사다 먹을 이유가 없는 거다. 요리와 와인도 마찬가지다. 김치전에는 막걸리가, 매운탕에는 소주가 가장 잘 맞는 것과도 같다.

그러다 보니 아주 유명한 와인 산지에 가면 그 지역의 와인밖에 없다. 즉 보르도에 가서 부르고뉴 와인 찾기란 힘들고 부르고뉴 가서 보르도 와인 찾기가 힘들다. 각 지역의 오랜 식습관이다 보니 향토 요리와 다른 지역 와인들은 입에 맞지 않는 것이다. 개중에는

● **앙 프리뫼르(en primeur)** 해마다 와인 명산지에서는 와인이 출시되기 전, 오크통에서 숙성되고 있는 와인을 선물거래하는 시장이 열린다. 될성부른 나무에 미리 돈을 투자하는 것이다.

마트에 즐비한 와인들

익숙하지 않은 품종으로 만든 와인을 마시면 머리가 아프다는 사람도 있다. 학계에 그 이유가 보고된 논문을 읽은 적은 없지만 물을 바꾸어 마시면 예민한 사람들이 탈이 나듯이 익숙하지 않은 와인에 특정 체질의 사람들이 반응을 일으킬 수 있는 여지는 충분히 있다. 와인이란 전통주처럼 그 지역의 다양한 미생물이 발효에 관여하는 자연 양조주이며 지역마다의 포도 품종은 나름대로의 성분 비율이 다르기 때문이다. 이는 지역에 따라 좋고 나쁨이 아니라 차이점이라 보면 되겠다.

　최고급의 프랑스 와인이라고 해서 우리의 식생활과 꼭 맞는 것은 아니다. 유럽 와인은 그 역사가 몇천 년이 된 만큼 그들의 경험과 문화의 축적물이다. 즉 자기들 몸에 꼭 맞는 일상의 전통과 손맛인 것이다. 그러므로 유럽인들의 와인은 자신들의 음식과 입맛에 최적화되어 있다는 말이다. 라벨에도 외국인은 의식하지 않고 그냥 자신들의 언어로 휘갈겨 써 놓았다. 아주 불친절한 와인이다. 라벨 체계도 간단하고 수출을 의식해서 맛이 디자인된 대중적인 신대륙의 와인들과는 대조적이다. 하지만 미각이란 개발하며 즐기면 그만큼 세상은 넓어진다. 자기 것만 좋다고 들여다보면 답답하고 발전이 없다. 가끔은 고개를 들어 하늘을 보면 내가 알고 있었던 것이 얼마나 하찮은 것인지가 비로소 보이게 된다. 그것이 어디든지 한 민족이 수천 년간 끊어지지 않고 보존하며 해왔던 작업에는 반드시 무언가가 있다. 아는 만큼 보이고 또 그만큼 인생이 풍부해진다. 와인에 빠져 거의 20년을 살았는데 요즘은 마음을 비우고 보니 오히려 와인이라는 술이 더 확실하게 보인다. 친구들과 마시는 한 잔의 와인도 더 감미롭다.

Equation entre vins et mets

와인과 요리의 방정식을 풀다

프랑스의 테이블에서 와인은 단순한 반주의 역할을 넘어서 요리와 동등한 의미를 지닌다. 그래서 프랑스어로 와인과 요리의 조합을 결혼이라는 의미의 마리아주Mariage라고 한다. 이 둘의 만남이 사람이 인생의 동반자를 선택하는 것만큼 극적이진 않겠지만 적어도 입속에서 서로를 밀쳐내서는 안 된다는 의미일 것이다.

이 세상에 포도만큼 자기가 자란 토양과 기후대의 성격을 고스란히 담고 있는 과일은 없다. 포도 알갱이 속에 축적된 그 지역만의 토양과 햇빛, 바람, 미생물의 작용 등이 와인 속에서 개성으로 꽃피는 것이다. 그럴 수밖에 없는 것이 이 세상의 대부분의 술은 물이나 누룩, 설탕 등 다른 부재료들이 들어가지만 와인은 100% 포도만으로 빚는다. 물론 극소량의 산화 방지제인 SO_2가 들어가긴 하지만, 이는 주재료나 투재료라고는 말할 수 없다. 게다가 1년에 딱 한 번, 추수하는 바로 그 순간에만 담을 수 있다. 여기에 인간의 기술이 개입할 수 있는 여지는 그리 많지 않다. 즉 전 세계 양조장마다 와인의 맛이 다르고 같은 브랜드라도 포도가 열린 해의 기후에 따라 다른 맛을 지니게 되니, 이 세상에는 셀 수 없는 수만큼의 와인이 존재한다.

결국 와인과 요리의 조합은 백사장의 모래알 두 개를 짝 지우는 것처럼 무궁무진해지는 거다. 그래서 각 와인마다 한 접시의 요리와 만났을 때 그 내용물끼리의 반응은 마치 인간의 만남과도 같은 결과를 이끌어낸다. 내가 A라는 사람과 함께 있을 때는 커다란 장점인 성격이, B라는 사람과 있을 때는 단점이 되는 경우는 얼마든지 있다. 이는 내가 틀린 것이 아니고 B와는 맞지 않는 것뿐이다. 와인에서도 다찬가지다. 적당한 요리와 함께 하던 100%가 되고, 정말 잘 어울리는 요리와 만나면 200%의 시너지 효과를 발휘한다. 만일 이 궁합이 잘못되면 혼자일 때 가졌던 그 50%마저 잃어버리고 마이너스의 상태가 되는 것이 와인과 요리의 만남이니 정말 결혼과도 같다!

음식 문화는 그 민족의 가장 저변의 문화를 반영한다는 것을 새삼 느끼게 되는 것이, 남과 여가 내면에 지닌 다양한 음색이 서로 화음을 맞추어 가는 중에 시도 때도 없이 끼어드는 수많은 소리들이 존재하는 결혼과 밥상은 놀랄 만큼 닮아 있다는 거다. 이런 의미에서 서양 요리와 와인의 결합은 그나마 1:1로 화음이 맞으면 되지만 한국의 밥상은 이를 맞추기가 더욱 어렵다. 메인이 되는 불고기나 갈비 등의 요리와 와인만 짝을 맞춘다고 될 일이 아니다. 이 사이에 끼어드는 수많은 반찬들, 김치, 찌개, 나물, 초고추장…… 이 모든 것이 복병이다. 하지만 장점도 있다. 서양 요리는 한 번 맞지 않으면 돌이키기 어렵지만 한국 밥상은 옆에서 보조해주는 서브 요리들이 많은 것이 장점이다. 그래서 한국 음식은 하나의 요리에 초점을 맞추기보다 두루두루 편안한 와인이 필요하다. 유럽의 섬세한 고급 와인보다는 성격 좋은 남미나 호주 등 신대륙의 중저가 와인이 훨씬 잘 맞는 이유이다.

우리나라에도 김치찌개 하면 소주, 빈대떡 하면 막걸리가 떠오르듯 프랑스 와인과 요리에도 전통적인 찰떡궁합이 있다. 오랜 시간 사람들이 먹어와 검증된 멋진 커플을 예로 들면 캐비아는 샴페인, 가자미 요리는 부르고뉴산 화이트, 양갈비 요리는 보르도산 고급 레드, 거위간은 소테른, 치즈는 부르고뉴산 레드, 디저트는 소테른, 여기에 샐러드나 수프는 와인과 어울리지 않는 점 등등이 있다. 하지만 이런 교과서 같은 몇몇 예를 제외하면 다른 요리들을 와인과 조합하려면 프랑스인들도 막막하기는 마찬가지다. 게다가 요리란 셰프의 창의성에 따라 레시피가 무궁무진하게 변형할 수 있는 데다가 개인의 취향이라는 요인이 작용하기 때문이다. 그래서 이 분야에 관한 강의도 많고 서점에는 유명한 소믈리에나 셰프들이 펴낸 책들이 셀 수 없이 꽂혀 있다.

전통적으로 레드 와인과 육류, 화이트 와인과 생선이 어울린다는 상식적인 조합이 궁금해서 언젠가 실험을 해보았다. 좋은 고기를 피가 살짝 배어 나오도록 레어로 굽고 상큼한 화이트의 대명사 샤블리 한 병을 땄다. 평소 좋아해 자주 마시는 일반 샤블리는 오크통에서 숙성하기 않아 과일의 산도가 살아 있고 드라이한 와인이다. 스테이크 한 조각을 입에 넣어 음미하며 한 모금의 샤블리를 입에 머금었다. 그런데 웬걸! 이거 평소에 내가 알던 샤블리 맞나 싶었다. 우아하면서도 청아하게 톡 쏘는 샤블리가 엉망으로 망가져 있고 평소에 점잖던 스테이크는 피투성이의 망나니가 되어 있었다. 궁지에 몰리면 쥐도 고양이를 문다고 샤블리가 가시로 찌르기라도 한 것인지, 피속의 헤모글로빈 안에는 철$_{Fe}$이 들어 있다는 과학적 사실까지 검증해주고 있었다. 평소에는 느끼지 못하던 레어의 핏물이 의식되며 내가 마치 뱀파이어가 된 듯 역겨웠다. 까칠하지만 힘 있게 받쳐주던 레드 와인의 탄닌이 이토록 그리웠던 것은 처음이었다.

도미구이와 함께 먹은 레드 와인도 이에 못지않았다. 수없이 마시던 메독 한 잔을 입이 머금었는데, 죽어서 누워 있는 녀석이 생선의 존재감을 드러내면서 눈을 부릅뜨고 있는 게 아닌가? 그 멋지던 메독의 탄닌은 녹슨 깡통이 되어 생선과 싸우고 있었다. 비린내에 비위가 상했다. 여기에 바로 와인과 요리의 조화라는 비밀이 숨어 있는 것이다.

대부분의 사람들이 상식적으로 알고 있는 화이트 와인과 생선, 레드 와인과 육류의 조합은 생각보다 아주 과학적이다. 생선에는

TMA 트리메탈아민, Trimethylamine 라는 염기성의 비린내 유발물질이 있는데 생선이 물속에서 살아 있는 동안에는 산소를 공급받아 산화된다. 하지만 죽은 생선은 산소 공급이 차단되어 TMA가 비린내를 내는 것이다. 그런데 껍질과 씨를 모두 제거하고 만든 화이트 와인 속에는 텁텁한 탄닌 성분이 적고 과일의 산도가 도드라지는데 바로 이 산이 염기성 물질인 트리메탈아민을 만나 중화되면서 비린 맛을 산뜻하게 씻어주는 것이다. 반면에 씨와 껍질을 함께 발효해서 만든 레드 와인에는 탄닌 성분이 많이 들어 있는데 이 탄닌이 생선과 만나면 연약한 생선의 단백질은 콜라겐과 엘라스틴이 부족해 탄닌을 견디지 못하는 것이다. 불쌍한 생선살은 탄닌의 횡포에 비위를 상하게 하는 금속성의 비린내를 내며 찌그러진다. 그러나 이 탄닌이 육류 안의 동물성 지방질이나 단백질과 만나면 이야기가 달라진다. 강력한 동물성 지방은 탄닌의 떫은맛을 감싸 부드럽게 해주고 콜라겐과 엘라스틴으로 쫀쫀한 단백질은 탄닌을 만나 부드러워지는 거다. 게다가 탄닌은 지방을 감싸 맛을 더 고소하게 해주면서 체내 밖으로 배출되므로 비만을 예방하는 효과도 있다. 중국인들이 돼지기름을 많이 쓰는 음식을 먹지만 차를 많이 마셔서 비만이 없는 것도 같은 이유다.

 요리와 와인에 대해 이야기 하자면 한도 끝도 없겠지만 너무 깊이 알면 오히려 사는 게 재미없어진다. 아는 만큼 보이는 것도 사실이고, 너무 알면 병이 되는 것도 사실이다. 기본적인 것을 알고 반 정도만 발을 담그고 즐길 때가 행복 지수는 가장 높은 것 아닐까?

오트 퀴진의 최고급 레스토랑. 와인과 함께 실버 커트러리와 고급 크리스털 잔이 세팅되었다.

중용의 도란 이런 것을 이야기한 것이리라.

과학이 우주의 많은 법칙을 한 줄의 공식으로 요약하는 것처럼 와인과 요리라는 끝없는 조합에도 이런 기본적인 방정식이 있는데 바로 식재료와 와인의 색color, 무게body 그리고 조리법cooking의 공식이다. 공식은 '비슷하거나similar, 전혀 다르거나contrast'인데 가장 무난한 것은 비슷한 향을 고르는 것이다. 물론 개인의 취향이라는 변수를 제외하고 말이다. 이 공식을 이해하면 와인과 요리의 세계가 어렴풋이 보이기 시작한다. 그 다음은 경험을 통해 직관에 맡기면 된다. 와인이 가볍거나 무겁다는 것을 라이트, 미디움, 풀바디로 표현하는데 이 바디감은 와인의 여러 가지 요인에서 온다.

이 중 가장 중요한 것이 알코올 함유량이다. 알코올이 낮을수록 와인이 가벼운 맛으로 느껴지고 높을수록 무겁게 느껴진다. 이외에 탄닌을 비롯한 폴리페놀, 당분 등 다양한 성분들이 바디감에 관여한다. 신기한 것은 식재료와 와인의 색과 무게는 거의 동일한 법칙을 따른다. 색이 진할수록 맛과 향도 진하고 입속에서의 질감도 진할 경우가 많은 것이다. 물론 부르고뉴 고급 와인처럼 놀라운 반전도 있긴 하다.

흰살 생선은 가벼운 화이트 와인과 대부분 어울리며 생선의 색이 진해지면 와인의 색도 진해져 바디감이 있는 와인과 어울린다. 예를 들어 대구나 생태처럼 가볍고 담백한 생선은 가벼운 화이트와 어울리고 조기, 가자미, 우럭 등 점점 살의 느낌이 쫀득하면서 맛이 들어가는 순서에 따라 화이트 와인의 무게도 점점 무거운 쪽이 어울린다는 거다. 그러다가 연어나 참치, 또는 등 푸른 생선인 고등어나 꽁치, 삼치 등이 되면 무거운 화이트 와인 외에 조리법에 따라 가볍고 산도가 높으면서 탄닌이 적은 레드 와인과도 어울린다.

반대로 육류의 경우에도 마찬가지다. 돼지 안심이나 수육, 송아지 고기, 닭고기 같이 흰살의 육류는 가벼운 레드 와인 외에도 무거운 화이트 와인도 아주 잘 어울린다. 조리해 놓아도 색이 붉으면서 마블링이 많고 피가 배어나오도록 먹는 쇠고기나 양고기 등은 탄닌이 많아 텁텁하고 진한 레드 와인과 잘 어우러진다. 소스도 마찬가지이다. 색이 진하면 맛도 진해지고, 와인의 색도 맞추어가면 된다.

식재료 다음에 고려해야 할 것이 조리법이다. 색을 연상하면 쉽게 이해할 수 있다. 같은 식재료라도 어떤 방법으로 조리하느냐에 따라 그 결과물은 다르다. 세부 사항을 모두 알 필요는 없지만 조리법을 고려해야 하는 것은 많은 레드 와인과 약간의 화이트 와인이 오크통에서 숙성되어 특별한 향을 지니게 되기 때문이다.

먼저 식재료를 직화 숯불이나 오븐에 굽게 되면 갈색으로 변하면서 browning 구수한 향이 배게 된다. 이 과정은 두 가지의 화학적인 반응이 관여하는데 먼저 탄수화물에 열을 가하면 탄소가 분해되며 갈색으로 변하는데 이를 캐러멜화●라고 한다. 뻥기나 누룽지의 맛 좋은 향도 모두 캐러멜화의 결과이다. 마찬가지로 단백질과 탄수화물이 함께 작용하며 열을 받으면 마이야르 반응●●을 하여 갈색의 향미가 있는 결과물로 변한다. 스테이크가 익거나 커피콩에서 구수한 향이 나는 것도 모두 이런 반응이다. 보통 이 두 가지 반응이 함께 어우러지는 식재료가 많다.

마찬가지로 오크통은 참나무로 만드는데 나무의 대부분은 거대한 탄수화물 분자인 섬유소 cellulose 로 이루어져 있다. 그런데 이 오크통은 그냥 사용하는 것이 아니라 통의 내부를 불로 그을린다. 즉 캐러멜화시키는 것이다. 그래서 오크에 숙성한 와인들은 삼나무, 바

● 캐러멜화(Caramélisation) 직접적이고 지속적인 방법으로 탄수화물에 열을 가하면 열분해되어 탄소를 형성하며 갈색화(browning)되는 반응.

●● 마이야르 반응(Maillard Reaction) 영어로는 메이라드 반응. 탄수화물과 단백질에 열을 가하면 각각 더 작은 물질인 당(Sucrose)과 아미노산(Amino acid)으로 분해된다. 이렇게 분해된 당과 아미노산이 수분이 없는 상태에서 열에 함께 반응하는 것을 마이야르 반응이라고 하며 멜라노이딘(Melanoidin)이라는 갈색 물질이 생기게 된다. 스테이크나 바비큐할 때 고기에 열을 가하면 갈색으로 그을리면서 구수한 맛이 나는 것을 생각하면 된다.

닐라, 토스트, 코코넛, 훈제향 등이 나게 된다. 그러므로 직화에 구운 갈색화의 조리법은 당연히 오크통에 숙성 시킨 와인과 동질성을 갖는다. 게다가 버터를 써서 팬에 조리하거나 오븐이나 그릴에 구운 요리는 식재료의 바디감이 무거워지면서 오크의 탄닌과 향이 배어 바디감이 높아진 와인과 잘 어울리는 것이다.

반면에 삶거나 찌거나, 데치거나, 끓이거나, 중탕을 하는 물을 매개로한 조리법은 주재료의 물리적인 모습은 바꾸지만 향에는 거의 영향을 주지 않는다. 맑은 물에 조리한 요리는 산뜻한 와인을 필요

와인과 요리 짝짓기

유럽의 와인은 전통적으로 디저트 와인을 제외하고는 대부분 드라이하면서 산도가 높은 타입이다. 식사와 함께 반주로 먹기에는 단맛이 없고, 산뜻해야 요리를 받쳐주기 때문이다. 신세계 와인은 해가 좋다 보니 포도에  당도가 높아 와인에 살짝 단맛이 감돈다. 알코올이 높다는 것은 포도 안에 당분이 많이 함유되어 있다는 말이므로 포도에 당분이 많으려면 당연히 해가 좋아야 한다. 일조량이 많아야 포도가 광합성을 해서 당분을 포도 알갱이 안에 축적시키니 말이다. 당연히 더운 지역의 와인이 당도가 높아 알코올 함유량이 많다고 볼 수 있다. 더운 지역이라도 고도가 높은 곳은 온도가 낮으므로 당도가 낮아진다. 같은 포도 품종이라도 유럽에 비해 캘리포니아나 칠레 중부의 와인이 무거운 이유는 해가 좋아 알코올 함유량이 높기 때문이다. 하지만 일조량이 많다고 무조건 좋은 것은 아니다. 좋은 와인이란 산도가 있어야 받쳐주는 힘이 있는데 날씨가 너무 좋으면 포도가 과숙해서 산도가 떨어진다. 즉 진하고 알코올은 높지만 천박하다는 말이다. 뭐든 적당해야 한다.

로 한다. 그래서 데치고, 찌고, 끓인 요리는 오크에 숙성하지 않은 맑은 와인과 어울리는 것이다. 물론 생굴이나 회, 야채처럼 물에 세척만 해서 먹는 날음식도 마찬가지다.

하지만 기름에 튀긴 요리는 무게감에 있어 대조되는contrast 와인을 고르는 것이 좋다. 튀김은 직화에 구운 갈색화와는 다른 독특한 기름향이 가미되므로 오히려 너무 향이 진한 와인보다는 기름기를 닦아 주는 산뜻한 와인이 어울린다. 훈제한 요리도 마찬가지이다. 훈제향과 오크향이 서로 만나면 너무 진한 향이 대립되므로 차라리 산뜻한 와인이 좋다. 강해도 웬만히 강해야지 너무 강한 것끼리는 부딪치기 때문이다.

식후에 먹는 단맛이 나는 요리는 같은 단맛의 와인과 어울린다. 그래서 단 와인을 디저트 와인이라고도 한다. 프랑스의 소테른이나 헝가리에서 나는 곰팡이 핀 포도로 만든 와인들˙ 독일이나 캐나다 등의 언 포도로 만든 아이스 와인, 늦게 수확해 당도가 높아진 포도로 빚은 와인들, 이탈리아의 말린 포도로 만든 빈산토나 레치오토, 마르살라, 포르투칼의 포트 와인 등이 모두 디저트와 잘 어울리는 와인들이다.

와인과 요리의 궁합에 관해 이론적으로 모두 설명하기란 매우 어

● **귀부 와인(Noble rot)** 특정한 자연환경에서 포도가 습기와 햇빛에 반복해서 노출되며 건조되면 보트리스 시네레아(botrytis cinerea)라는 곰팡이균이 독특한 향을 주게 된다. 당도가 농축된 이 포도를 수확해 와인을 담으면 벌꿀향이 그윽한 디저트 와인이 된다.

렵다. '모든 와인이 모든 요리와 어울리지는 않는다'는 사실만이 분명하게 존재할 뿐이다. 신사는 멋진 수트에 절대로 흰색 양말을 신지 않듯이 말이다.

현대 프랑스인들은 와인 소비량이 줄어들면서 편안한 외식에서는 화이트 와인과 레드를 섞어 마시지 않고 한 병으로 끝내는 사람들도 많으므로 소믈리에들은 와인 리스트에 생선과 육류에 함께 어우러질 수 있는 탄닌이 약한 레드 와인을 보강하고 있다. 어쨌거나 미각은 시각보다 훨씬 개인적이므로 혐오스럽게 진흙이나 쇠못을 씹어 먹지 않는 한, 맛의 취향이라는 주제가 나오면 할 말이 없어진다. 카잘스의 무반주 '바하'를 들으며 파전에 막걸리를 즐기든 '빈대떡 신사'를 들으며 레어 스테이크에 화이트 와인을 즐기든 누가 뭐라 할 수 있겠는가?

Parfums méditerranéens

지중해의 향기

프로방스는 언제나 나를 유혹하는 마력이 있다. 그곳에 가면 이 세상과는 다른 무엇을 만날 것 같은 기대감에 심장이 두근거리는 것이다. 지중해의 햇볕은 뜨겁다 못해 살을 쪼는 듯이 따갑지만 습기가 없어 그저 투명하게 증발될 뿐이다. 이곳도 살아보면 희로애락과 불행 모두 있을 텐데, 왜 밝음만이 존재하는 것 같은 착각을 주는 것일까?

지중해의 야산과 바다는 남성적인 대서양과는 또 다른 아기자기한 정열이 느껴진다. 핑크색의 로제 와인을 앞에 놓고 카페 테라스에 앉아 한가로이 담소하는 사람들, 옷을 반쯤 벗고 다녀도 전혀 민망하지 않은 도시들, 그래서 프로방스를 세 글자로 표현하라면 바로 '바캉스'가 떠오른다. 일상도 휴식처럼 느껴지는 곳 말이다. 아마

아를에서 만난 고흐의 노란 집

자연이 주는 건강함도 한몫하는 것일 게다. 올리브와 허브, 토마토, 파프리카, 가지, 그리고 라벤더⋯⋯. 굳이 나의 만족을 위해 움직이는 생명체를 죽이지 않아도 배가 부른 건전함으로 가득 찬 것이다. 왜 수많은 예술가들이 그토록 프로방스에 매료되어 머물렀는지 이해할 것 같다. 세잔과 고흐, 고갱, 피카소, 알퐁스 도데, 헤밍웨이와 피츠제럴드까지 셀 수도 없는 예술가들이 이곳에 머물렀다. 느리게 어슬렁거리는 것이 가능한 이곳은 끊임없는 영감의 원천이었기 때문이리라.

 손가락으로 단시간에 세상과 소통하는 디지털 세계에서 온 나는, 내 모든 세포가 세상과 소통하는 그 감각에 전율한다. 지구를 정복한 대마왕에 의해 골방에 갇힌 채, 아이폰 속의 세계가 모든 것

자연의 맛 253

이고 그 안에 즐거움이 있다고 세뇌당하며 살아오다가 잊고 있던 진정한 세계를 발견한 것 같은 그런 느낌이랄까? 손가락과 눈만으로 몇 초만에 여는 세상이 아니라 모든 감각을 사용해야 하기 때문에 이곳에서는 시간도 아주 느리게 흐른다.

오랜만에 들른 프로방스는 여전히 포푸리와 허브향으로 가득 차 있었다. 그래서 이곳의 바람에는 라벤더 향이 실려온다. 밤에 바람의 향기에 홀려 행여 들판에라도 나가면 우리가 정말 지구라는 배에 실려 은하수 위에 떠 있다는 사실에 깜짝 놀라게 될 것이다. 그리고는 알퐁스 도데의 《별》을 읽으며 울었던 그 아름다운 첫사랑이 그대로 가슴에 살아나는 것이다. 이 세상에 혼자밖에 남지 않은 듯한 외로움에, 힘겨운 삶을 내려놓고 싶은 영혼들에게 마지막으로 꼭 프로방스에 한번 가보라고 권하고 싶다. 이곳의 아름다운 자연에 자신을 맡겨 보면 생각보다 물질의 세계가 꼭 버려야 할 무거운 짐만은 아니라는 것을 깨달을지도 모른다. 그리고는 우리의 육체도 내려놓고 보면 아주 가벼운 것이었음을 알게 될 것이다.

프랑스어로 라방드Lavande라고 발음하는 라벤더는 꽃이 활짝 피는 6월에서 8월 사이에 추수를 한다. 한여름의 열기로 꽃 향기가 완전히 물오르기 때문이다. 이런 라벤더는 향수의 원료로도 쓰이고 요리에도 사용하며 말려서는 포푸리나 화장품, 비누, 세제 등도 만들고 품질이 떨어지는 것은 증류해서 기름을 만들기도 한다. 어디 한 곳 버릴 데 없이 두루두루 쓰는 라벤더는 별다른 노력 없이도 쑥쑥 잘 자라기 때문에 프로방스의 짭짤한 수입원이다. 라벤더뿐 아니라 각종 허브나 꽃도 잘 자라 이 지역의 그라스Grasse는 세계 굴지의 향수 공장들이 모여 있다. 샤넬이건 디오르건 모두 이곳에서 향수를 만들어가는 것이다.

라벤더는 고도가 좀 높은 해발 500~1700m에서 자라므로 지대가 높은 보클뤼즈 Vaucluse 지역이 가장 유명하다. 늦은 봄이 되면 보라색의 라벤더 물결로 뒤덮이는 이 지역의 야산들은 우리나라의 먼 산에 핀 진달래만큼이나 인상적이다. 이곳에서 사랑하는 이를 떠나려면 진달래가 아닌 라벤더를 즈려 밟아야 하거늘……. 라벤더 벌판 한가운데에 오래된 수도원과 또 그 옆에 경계를 이루며 덩굴을 올리고 있는 포도나무들을 바라보고 있노라면 그 아름다움에 이곳이 아담과 이브가 살았다는 천국이 아닌가 하는 착각이 들 정도다.

라벤더뿐 아니라 프로방스 가정의 작은 정원에는 각종 허브와 야채를 재배하는 것을 쉽게 볼 수 있다. 파슬리와 민트, 로즈마리, 타임을 비롯해 한국에서는 보기 힘든 차이브와 세이지, 처빌, 타라곤, 오레가노, 마조람, 딜 등도 잘 자란다. 게다가 가장 인상 깊은 것은

지중해의 향기가 물씬 풍기는 올리브와 허브 샐러드

주렁주렁 열린 빨간 토마토다.

식사 시간이 되면 주부는 앞마당의 상추와 치커리, 토마토와 각종 허브를 따기 시작한다. 커다란 샐러드 볼에 상추와 대충 썬 토마토, 그리고 계란이나 옥수수를 넣어도 좋고 치즈나 참치를 넣기도 한다. 그 위에 파슬리 잎과 바질을 정말 한 줌 넣는다. 지금도 나는 샐러드에 녹색의 파슬리를 잘게 뜯어 듬뿍 넣어 먹는데 특히나 토마토와의 궁합은 바질과 함께 가히 일품이라 할 수 있다. 오히려 이탈리안 파슬리보다도 그냥 시중에서 쉽게 구하는 파슬리가 더 좋다. 입속에 향긋하게 퍼지는 건강한 느낌은 꼭 프로방스를 그대로 씹어서 먹는 것 같기 때문이다. 아, 이때 샐러드 소스에 마늘을 한두알 정도 빻아서 넣는다면 한층 감칠맛을 더할 수 있다.

파슬리는 줄기에도 향이 많아 줄기는 따로 모아 두었다가 육수나 수프를 끓일 때 넣어 향미를 더한다. 허브는 자르는 것 보다 손으로 잎을 뜯는 것이 좋다. 칼질을 잘못하면 허브의 색이 변하면서 향미가 떨어지기 때문이다. 햇빛이 좋고 물만 잘 주면 기르기가 쉬운데 워낙 섬세한 식물들이라 보관하는 것은 조금 어렵다. 특히 오레가노와 마조람은 따놓으면 금방 색이 검게 변하므로 마지막에 따야 하고 바질은 물에 씻어 보관하면 역시 색이 변한다.

이탈리아에서 포모도로 pomodoro, 즉 '황금 사과'라 부르며 요리에 빼놓을 수 없는 식재료인 토마토는 남프랑스에서도 마찬가지로 중요하다. 한국에서는 설익은 토마토를 주로 유통하며 냉장고에 보관하지만 사실 태양빛에 빨갛게 과숙된 토마토여야 맛과 영양이 좋다.

빨갛게 익으면서 꼭지 부위에 노란 자국이 생기는데 이것이 커질수록 당도가 높다고 한다. 당연히 냉장고가 아닌 실온에 두어 천천히 숙성시켜야 맛있다.

옛날에 우리는 토마토를 과일처럼 썰어서 설탕까지 뿌려 먹었던 기억이 난다. 하지만 요리에 쓸 때는 속의 씨는 신맛이 나므로 빼버리고 과육만을 사용한다. 껍질이 아주 얇기 때문에 칼로 깎기 어려우므로 꽁지에 살짝 칼집을 내고 뜨거운 물에 10~15초 정도 담그면 칼집 낸 곳의 껍질이 감기기 시작하는데, 이때 빼내서 이곳을 중심으로 껍질을 벗기면 마치 마술처럼 옷을 '홀랑' 벗는다. 속의 씨와 국물을 다 빼내고 조각은 약 1cm×1cm 정도로 아주 잘게 썬 것을 프랑스 조리 용어로 토마토 콩까세concasser 라고 하며 토마토를 통째로 삶아 국물과 함께 캔에 넣은 것이 토마토 홀, 완전히 끓여서 고추장처럼 만든 것을 토마토 페이스트라고 하여 지중해 국가들의 요리에서는 생토마토와 함께 뺄 수 없는 식재료들이다. 이외에 토마토를 말려 마치 말린 고추처럼 여러 가지 요리에 넣기도 하고 올리브유에 담가 향을 내기도 한다.

엑상프로방스라면 가장 먼저 생각나는 화가가 세잔이다. 천성이 까칠해서 남과 잘 어울리지 못한데다 시골 부자였던 세잔은, 인상파 친구들과 어울리기 위해 파리에 잠시 살았던 것 외에는 이곳에서 일생을 마쳤다. 2년 전인가 방문했던 그의 생가에서는 피카소와의 기획전을 홍보하고 있었고, 정원에는 아마추어 예술가들의 조각품이 전시되고 있었다. 정원 한쪽의 테이블 위에서 느긋하게 하

세잔의 집에서 만난 고양이 물루

품을 하며 널브러져 있는 고양이 녀석 한 마리를 발견했다. 지중해의 나른함을 지닌 고양이, 물루가 여기에 있었구나!

그가 아틀리에로 쓰며 그림을 그리던 엑상프로방스 외곽의 자 드 부팽Jas de Bouffan 엘 들렀다. 젊은 시절, 왁자지껄한 도심의 카페와 쇼핑에 더 정신이 팔려있던 때는 관심도 없던 정원의 나무들이 눈에 들어온다. 이번에 내가 만난 것은 세잔의 정원에 가득 자라고 있던 올리브 나무였다. 줄기가 흐드러지며 서 있는 모습이 얼마나 인상적이던지, 구레나룻이 가득 자란 까칠한 세잔이 내게 말을 걸 것만 같았다. 당연히 불어를 하시겠지…….

올리브의 최대 산지는 이탈리아나 스페인이지만 북아프리카나 남부 프랑스 역시 올리브오일 없이는 요리가 안 된다. 지중해 주변 국가들에 있어 올리브와 포도는 우리의 벼처럼 이곳에 살던 사람들의 피와도 같았을 것이다. 그래서 성서에서 자주 언급되는 감람나무는 바로 올리브 나무를 말한다. 그러니 올리브 나무를 무슨 앵두나무만한 관목으로 생각하면 오산이다. 어린 것도 있지만 큰 것들은 '진정한 나무'의 위용을 자랑한다. 올리브가 주렁주렁 달린 나무가 버드나무처럼 휘어 늘어진 것이 아주 아름다워 니스나 모나코에 가면 월계수 나무와 함께 도시의 미관을 꾸미는 역할을 담당하기도 한다. 가지에 가득 달린 올리브들은 마치 매실이나 설익은 살구 같은 모습으로 녹색을 띠지만 몇 주가 지나면 검은 색으로 물이 든다. 열매를 사용할 경우는 녹색일 때 따거나 털어내서 가공하고 기름 추출은 농익은 검은 올리브로 쓰게 된다.

올리브유 역시 와인의 소믈리에처럼 전문가들이 있어 다양한 맛과 향, 텍스처를 감별해낸다. 나는 와인을 주로 옆에 끼고 살아오다 보니 와인의 향은 좀 알겠는데 올리브나 커피는 완전 취맹(냄새를 못 맡는 사람)이 아닌가 생각될 정도로 단순한 향밖에는 못 맡는다. 아주 작은 스푼으로 기름을 떠서 입속에 넣고는 그 안에서 다양한 꽃, 과일, 허브, 크림 등의 향을 찍어내는 올리브 전문가들은 마치 마술사 같다. 우리가 이런 향들을 감별할 수는 없지만 적어도 나쁜 향은 조금만 훈련하면 알 수가 있다고 한다.

한국에서는 얼마 전부터 올리브오일에 발사믹 식초를 떨어트려 빵에 찍어 먹는 것이 이탈리아식 유행처럼 되었는데 정작 이탈리아나 프랑스 등에서는 식사 때 빵에 올리브오일이나 버터를 찍어 먹는 모습은 찾아보기 어렵다. 하긴, 지중해 지역에는 모든 테이블에 그냥 올리브오일과 발사믹이 중국집 간장과 식초처럼 올라 있어 식성대로 따라 먹으면 되니 일부러 서빙할 필요가 없어서일 것이다. 게다가 아침 식사 외의 빵은 요리 안의 소스와 함께 먹기 때문에

식품점의 올리브들. 품종도 다양하고 익은 정도에 따라 색도 다르다

굳이 올리브나 버터를 따로 바를 필요가 없으니 서빙이 안 되는 것이 당연하다.

또 지중해의 식물 중에 아티초크를 빼놓을 수 없다. 남프랑스, 이탈리아, 스페인, 그리스 등의 지중해변에서 자라는 식물인데 우리가 먹는 부분은 꽃이 피기 전의 꽃봉오리다. 정확히 말하면 꽃봉오리 밑의 꽃받침을 먹는 것이기 때문에 꽃이 피기 전에 꽉 닫혀 있어야 맛이 있다. 그 밑의 성분이 꽃으로 다 올라가 버리면 먹을 이유가 없어지는 것이다. 아주 오래 전부터 북아프리카나 이집트, 에티오피아에서는 약용으로 재배했다는 아티초크가 프랑스에 들어온 것도 역시 르네상스 시대의 카트린 드 메디치가 프랑스로 시집오면서였다. 아티초크의 밑동을 좋아했던 그녀는 곧 이를 프랑스 궁정에 유행시켰고, 이후의 왕들이 아주 즐기는 요리가 되었다. 특히 루이 14세가 아주 좋아했다고 한다. 큼직한 꽃봉오리 위에 기대하지 않았던 실국화 같은 꽃이 피기 때문에 이국적인 꽃꽂이에도 많이 사용한다. 강남 고속터미널 3층의 꽃시장에 가면 수입꽃을 파는 집에서 가끔 이 아티초크를 만날 수 있다. 나무와 꽃의 중간 같은 것이. 얼핏 보면 연꽃이나 킹 프로테아King Protea 같기도 하고 솔방울을 뻥튀기해 놓은 것 같기도 하다. 아기 주먹처럼 작은 것도 있고 머리통만큼 큰 것도 있다.

처음에 프랑스의 학생 식당에서 아티초크를 보았을 때 애들이 접시에 웬 연꽃을 올려놓고 먹나 싶었다. 삐쭉삐쭉 커다란 솔방울 같아 깎을 수도 없고 도무지 먹을 수 없게 생긴 것을 한 접시씩 가져오는 거다. 정면으로 쳐다보면 무식해보일 것 같아 옆눈으로 힐끗힐끗 보니 꽃잎을 한 개씩 뽑아 마요네즈나 버터에 찍어서 끝부분만 쪽쪽 빨아먹는 것이었다. 아티초크를 통째로 찐 것이었다. 이렇게 통으로 찌면 잎 부분을 하나씩 벗겨가면서 먹는 재미가 쏠쏠하지만 홍합 먹을 때처럼 쓰레기가 한 바가지 나오므로 그리 우아해 보이지는 않는다. 섬세한 요리를 하기 위해 다 자라 커다란 아티초크를 손질하는 것은 중노동이다. 단단한 꽃잎을 떼어내는 것도 힘들지만 꽃 밑에는 엉겅퀴과 식물답게 수북하니 털까지 들어 있다. 이 잔털은 꼭 잘라내야 하는데, 실수로 먹다가 숨으로 들이 마시기라도 하면 끊임없는 기침에 식사를 망치고 말 것이다. 지중해 국가들에서는 수확이 끝난 후 긴 줄기들을 모아 술을 담기도 한다는데 아직 마셔보지는 못했다.

아티초크의 맛은 뭐랄까, 아스파라거스의 신선함에 전분질의 고소함이 섞여 있는 듯하달까? 그래서 와인과는 잘 어울리지 않는 아스파라거스나 다른 야채들에 비해 와인과도 잘 맞는다. 요즘 우리나라의 백화점 식품 코너에서도 가끔 아티초크를 볼 수 있는데 아직 사다가 요리할 엄두는 내지 못하고 있지만 한 번쯤 도전해 보고 싶다. 제일 쉽게는 쪄 먹으면 되는데 과연 식구들이 먹어줄지가 의문이다.

Fou de fromage

치즈에 미치다

> 나는 그 누구와도 비길 수 없는 디킨스Dickens가 자살을 방지해 처방한 약을 매일 먹는다. 바로 와인 한 잔, 빵 한 조각과 치즈 그리고 파이프 담배다.
> — 빈센트 반 고흐

2009년에 108세로 세상을 뜬 문화인류학자인 레비스트로스는 세계의 모든 문화와 인간을 언어의 구조 안에서 파악할 수 있다고 보았다. 철학, 문학, 수학, 물리학, 역사와 예술까지. 이 세상의 모든 학문은 언어 외의 그 아무것도 아니기 때문이다. 현상은 인간의 인식 범위에서 언어로 표현되는 것이므로 한 문화권의 언어 구조를 보면 문화가 보인다는 것이다. 레비스트로스는 다양한 문화의 양상 중에서도 요리에 관심이 많았다. 요리는 인간의 가장 기본적 욕구와 연결된 것으로 자연과의 경계선 상에 위치한다고 보았기 때문이다. 즉 어떻게 먹느냐에 따라 원시와 문화의 문턱을 넘는다는 것이다.

레비스트로스는 이 요리라는 행위를 통해 문화의 구조를 파악하기 위해 '요리 삼각형'을 만들었다. 삼각형의 세 꼭짓점에 '날것', '익힌 것', '삭힌 것'을 놓았고 인간의 모든 문화는 삼각형의 이행 단계 어딘가에 있다고 보았다. 문화의 가장 발전된 단계인 발효를 레비스트로는 삭힌 것 le pouri 이라 표현했는데 이는 불어로 부패한 것이라는 의미도 된다.

구석기 시대에는 동물과 똑같이 날것을 먹었을 것이다. 어느 날 산불이 났는지 프로메테우스가 불을 가져다주었는지 어쨌든 우연히 불을 발견한 인간은, 최초의 익힌 요리를 맛보게 되었을 것이다. 생고기와는 그 맛과 향이 확연히 다른 먹거리 때문에 항상 불을 얻기 위해 생각이란 것도 해야 했을 것이다. 한번 꺼지면 번개가 떨어져 산불이 날 때까지 기다려야 익힌 음식을 먹을 수 있으니 이거 도무지 못할 일이었을 것이다. 결국 부싯돌로 불을 내고 불씨를 보존하는 방법도 고안해내게 되면서 정착생활의 단계로 이행했던 것이다. 동물을 사냥해 그 자리에서 날것으로 먹고 떠나던 때와는 달리, 익히기 위해서는 기다림의 시간도 필요했고 모두가 모여 협력도 해야 했다. 언어도 많이 생겨야 했을 거다. '불', '부싯돌', '나무', '빨리 해', '기다려', '다 익었다', '먹어라' 뭐 이런 것들.

불은 공기를 태워 익히는 조리법이다. 맨불에 익히던 것을 위에

시장의 치즈 상인들

석쇠를 얹어 구우면 훨씬 덜 태우면서 식재료의 소실이 적다는 것도 알게 되었다. 그래서 직화에 그냥 구운 것보다 그릴을 하는 것은 좀 더 발전된 단계의 조리법이다. 이러면서 만들어 낸 것이 그릇이다. 그릇의 사용은 엄청 더 문화적인데 자연적인 직화의 조리법보다 물을 담아 끓이고 삶는 다양한 조리법을 사용하게 되었다는 의미기 때문이다. 이렇게 하면 식재료가 전혀 소실되지 않는다는 것도 알게 되었다. 세계사나 국사에서 배우던 민무늬토기나 줄무늬토기의 중요성이 실감되는 것이다.

채집이나 수렵이외의 조리법을 알게 되자 정기적인 식재료를 얻으려는 노력은 농경생활과 가축을 길들이는 단계로 이행하고 여기에서 분업이 시작되고 집단의 통제와 관리를 위해서는 사회조직도

자연의 맛

생겨나게 되었다. 그 이후 만 년간 인간문명의 발달 단계는 수억만 년의 세월동안 지구가 변한 것보다 더 빨리 변화해왔다는 것을 우리는 역사에서 귀가 따갑게 들어 알고 있다.

익힌다는 행위는 인간문명의 첫 단계로 이행하는 최초의 문화혁명이었던 것이다. 음식물은 시간이 지나면 썩어버리므로 농사를 짓거나 사냥을 할 수 없는 긴긴 겨울에는 배곯을 수밖에 없었다. 그러던 어느 날 잊고 방치해 둔 음식물이 꼬리꼬리하지만 이상한 매력이 있는 또 다른 요리로 변해 있는 것을 발견한다. 예를 들어 우유나 포도 같은 과일 말이다. 좀 찝찝하지만 배가 고파 먹어보았더니 이상하게 맛이 좋았고 기분도 좋아졌다. 어쩌면 술에 취해 처음 웃었을지도 모른다. 아, 어떻게 하면 이런 요리를 항상 먹을 수 있을까? 대충 돌을 주어다 쪼아서 연장으로 쓰던 인간 뇌의 회로가 먹을 것 앞에서 빨리 움직이기 시작한다. 항상 그 꼬리꼬리하면서도 기분 좋은 음식을 먹기 위해 환경을 조성해보는 것이다. 이처럼 발효 식품은 인간이 꽤 머리를 써야 얻을 수 있는 문화의 가장 발전된 단계의 음식이라 볼 수 있다.

발효는 부패와 거의 같은 수순을 밟는다. 똑같이 미생물의 활동이기 때문이다. 지구상에서 부패하여 썩는 것은 공기 중의 효모나 박테리아 등의 미생물들 때문이다. 다만, 환경에 따라 그 진행 방향이 인간이 먹을 수 있는 쪽으로 가면 발효가 되는 것이고 먹을 수 없는 쪽으로 가면 부패가 되는 것뿐이다. 종이 한 장 차이라는 말이다. 이 진행 방향을 틀 수 있는 환경은 우연히 생기지만 이 우연을 항상 원하는 대로 얻기 위해서는 인간이 그만큼 진보의 단계에 와 있어야 하는 것이다. 삭히는 단계가 발효로 가지 않으면 부패로 진행되어 결국 자연의 상태로 돌아가는 것이니, 날것을 삭히지 못하고 그냥 썩히기만 하는 문화는 발전이 덜 된 문화 단계라 볼 수 있다. 콩을 삭혀 발효시킨 것이 된장이며 우유를 삭혀 발효시키면 치즈가 된다. 홍어도 삭히고 생소세지에도 미생물이 관여한다. 와인도 막걸리도 사케도 발효 과정의 산물이다. 이 과정은 너무도 섬세해서 진행 과정이 조금만 어긋나면 그냥 썩어버리는 자연의 단계로 넘어가버린다.

각 발효에는 그 지역만의 환경과 식재료가 중요한 요소이므로 각 문화권은 독특한 발효 식품을 발전시켜 왔다. 즉 인류가 대충 모두 공유하는 날것이나 익힌 것에 비해, 발효 식품은 그 문화 특유의 심층 구조를 반영하고 있는 것이다. 그러므로 그 맛에 길들여지지 않으면 절대로 받아들이기 어려운 보수적인 영역이기도 하다. 학습되지 않은 발효의 맛은 쓴 음식과 동일하다. 오만상이 찌푸려지며 좋은 맛을 느끼기 어려울 것이다. 한국의 김치나 된장, 고추장을 처음 접한 외국인들이 고개를 흔들고 프랑스의 퀴퀴한 치즈를 처음 먹은 한국인이 구역질을 하는 것도 이런 이유다. 하지만 요리의 최종 단계인 발효식품은 그 나라의 문화를 이해하기 위해서는 반드시 넘어야 하는 '받아들임'의 경계선에 위치한다.

우리나라에는 아직 유럽산 치즈가 아직 많이 들어오지 못하고 있다. 내내 아쉬운 점은 서울에서 일부를 제외하고 시중에 유통되

다양한 종류의 치즈들

는 대부분의 치즈가 공장에서 대량생산 된 덴마크나 호주 등의 저온살균 통조림 치즈가 많다는 것이다. 그래서 진정한 치즈의 참맛을 접할 기회가 없다는 거다. 유럽에 김치가 일반화되지 못하는 만큼 받아들이기 어려운 맛이기 때문이다. 이 발효 맛의 경계점은 생각보다 심각하다.

언젠가 프랑스 친구들이 본국에 갔다가 꼬리꼬리한 치즈들을 세관에 걸리지 않고 통과해 아주 기고만장해 있었다. 그래서 '가장 지독한 치즈'와 '가장 지독한 홍어회' 중에 누가 이기나 내기하기로 했다. 독한 치즈의 모든 종류를 두고 실험할 수는 없었지만 그런대로 로크포르, 리바로, 산양 치즈 등 본토 맛을 그래도 꽤 지닌 녀석들이 모였다. 테이블에 김치, 볶음 된장, 홍어 대 로크포르, 리바로, 산양 치즈를 늘어놓고 각각 떠 먹어서 솔직하게 다시 먹을 수 있는지를 말하는 게임이었다. 뭐, 내가 프랑스 문화에 익숙하다고는 하지만 프랑스 친구들이 한국에 살았던 시간도 만만치 않다. 맛에 익숙하지 않다면 그건 그 사람이 게을러서 자기가 선택해서 살고 있는 문화에 대한 공부를 덜 했다는 거다. 어쨌든 결과는 맥주나 와인에 껍질을 씻어 홍어 썩은 냄새가 나는 치즈 녀석도 홍어의 그 독한 암모니아 냄새를 따라오지 못했다는 것이다. 그러니 한국의 발효 식품에 대해서는 자부심을 가져도 좋다. 하지만 프랑스 애들도 잘 못 먹는다는 그 불레트 다베느*는 아직 나도 맛을 못 보아서 실험할 기회가 없었다. 다음 기회에 다시 한 번 꼭 해보고 싶은 실험이다. 내 개인적인 취향으로는 홍어회보다 홍어찜이 훨씬 독하다고 생각되므로 서울에서 가장 홍어찜 잘 한다는 종로의 S집에 가서 불레트 다베느와 대결해봐야겠다.

 치즈는 와인만큼이나 그 기원이 오래되었다. 신석기 시대에 정착 생활을 하게 된 인간이 처음 접하게 된 발효 음식 중에 하나일 것이라고 추측하고 있다. 메소포타미아의 수메르인들이 짐승의 위장으로 만든 가죽 부대에 우유를 넣어 낙타에 매달고 뜨거운 사막을 건너다가 가죽 부대 안의 우유가 발효되어 처음 먹게 되었을 것이라고 가정한다. 이 시대에는 치즈를 쫄깃하게 응고시켜주는 효소인 레닛**이 없었기 때문에 젖산균이 생산한 젖산이나 유기산***에 의해 단백질이 변성되고 분리된 수분은 가죽 부대의 조직을 통해 증발되면서 응고된 우유가 굳어져 치즈처럼 되었을 가능성이 크

● **불레트 다베느(Boulette d'Avesnes)** 북프랑스 상파뉴 위쪽의 피카르디 지방의 치즈
●● **레닛(rennet)** 되새김질을 하는 반추동물의 위장 속에 있는 효소로 우유의 단백질인 카제인을 뭉치게 한다.
●●● **유기산** 프로피온산이 나 부티르산

다. 이때 젖산균이나 기타 다른 세균이 생산하는 단백질 분해효소가 우유의 조직을 뭉글뭉글 뭉치면서 감칠맛을 주었을 것이다. 하지만 레닛이 들어가지 않고 산$_{acid}$만으로 뭉쳐진 치즈는 지금의 치즈와는 달리 시큼한 맛이 있었을 것이다. 아무튼 사막의 유목민들이 먼저 먹기 시작한 치즈는 그리스와 로마 시대가 되면서 빵과 올리브, 와인에 물을 섞은 음료 등과 함께 농민들이 매일 먹는 양식이 되어갔다. 레닛은 BC 3~4세기경부터 사용하기 시작해 로마인들은 거의 지금 우리가 먹는 치즈의 형태를 완성했다고 한다.

생치즈를 발효시켜 꼬리꼬리한 곰팡이가 낄 정도로 숙성시켜 먹은 것은 프랑스의 시조인 골족으로 전해진다. 그래서 아직도 프랑스가 가장 자랑하는 것이 바로 푸른곰팡이 치즈인 로크포르• 치즈다. AD 5세기 말에 로마가 멸망한 후 암흑의 중세 1000년을 지내면서도 이 발효 식품에 관한 열정은 그칠 줄 몰랐다.

프랑스 지역은 특히 생치즈에 곰팡이를 이용해 숙성시키는 연질 치즈를 발달시켰다. 이에 커다란 역할을 한 것이 수도원이었다. 중세의 성직자들은 지식인 집단이었고 기도 외의 남은 시간은 모두 노동과 학문에 매달렸다. 남자들끼리만 모여 긴긴 밤에 별로 할 일도 없었을 것이다. 포도원을 비롯해 수도원에 소속된 토지가 어마어마했으므로 이 땅에서 생산하는 포도나 밀, 가축 등을 관리하며 실험하고 연구했다. 국가의 농축산 연구소의 역할을 하고 있었던 거다.

• 로크포르(Roquefort) 남프랑스 오베르뉴 지방의 블루 치즈

우리가 마시는 와인과 맥주, 치즈 이런 발효 식품들은 모두 이들에게 빚지고 있다 해도 과언이 아니다. 치즈 라벨에 수도사 그림이나 이름이 있는 것은 모두 중세의 흔적이다. 예를 들어 치즈 이름 중 퐁레베크•의 'Evêque'는 '주교'라는 의미이고 테트드모안••은 '수도사의 머리'라는 의미다. 수도원의 치즈 생산이 많아지자 9세기에 샤를르마뉴 대제는 에스파냐로 가는 길에 오베르뉴의 수도원에 들렀다 로크포르의 맛을 보고는 한 해에 두 짝씩 자기에게 보내라고 했다. 스페인 국경에 있던 나바르 공국의 블랑슈 백작 부인도 해마다 프랑스 국왕에게 치즈를 200개씩 보냈다고 한다. 이렇게 중세 내내 수도사들을 중심으로 발전해온 발효 식품은 르네상스와 함께 식문화가 발전하면서 활짝 개화하게 된다.

18세기 《미식의 심리학》을 집대성한 식도락가인 브리아 사바랭 Brillat Savarin 은 '치즈가 없는 식사는 한쪽 눈이 없는 미녀와 같다'라고 말했다. 우리식으로 하면 '앙꼬 없는 찐빵과 같다'는 말이다. 푸아그라나 달팽이는 안 먹어도 살 수 있지만 치즈를 못 먹으면 금단현상 비스름한 것이 오기 때문이다. 발효식품은 일종의 중독현상이 있어서 한국인도 불고기나 고등어 찜 없이는 살아도 김치는 며칠 안 먹으면 속이 메스껍듯이 말이다. 프랑스를 이끈 강력한 민족주의 대통령 샤를 드골이 영국의 수상 처칠을 만났을 때, 이렇게 푸념

• 퐁데베크(Pont l'Evêque) 바스 노르망디산 치즈
•• 테트드 모안(Tête de Moine) 스위스와 프랑스의 알프스 산악지역에서 나는 치즈

프랑스의 치즈들은 각양각색이다

을 했다고 한다. "1년 365일 만큼 다양한 치즈가 있는 나라의 국민들을 어떻게 통치할 수 있겠소?" 이 말을 들은 처칠은 안 그래도 드골이 썩 맘에 들지 않았는데 속으로는 은근 짜증났을 것이다. 듣고 보면 자기네 치즈 종류 많다고 자랑하고 있으니 말이다. 얄밉지만 정치 9단인 처칠은, "그렇게 다양한 종류의 치즈를 식탁에 올릴 수 있는 나라가 절대 망할 리는 없지요"라고 받아쳤다.

이처럼 치즈는 각 지역마다 제조 방법이 다르고 맛도 다르다. 레비스트로스가 말했듯이 문화의 심층구조가 다른 것이고 각양각색의 지방색을 지니고 있다는 말이다. 손바닥만한 한국에서도 지방색 때문에 시끄러운데 수백 개의 지방색이라니 절로 끔찍한 생각이 든다. 그래서 프랑스 사람들도 자기 나라에서 생산되는 치즈 400여

가지를 모두 헤아리고 있는 사람은 드물다.

치즈는 동물의 젖으로 만드는데, 보통 서유럽에서는 소, 염소, 양, 그리고 물소의 젖을 쓴다. 물론 아라키아의 낙타나 남미의 라마 등 우리에게 친숙하지 않은 문화권의 젖도 있다. 언젠가 의문이 생겨 교수님께 사람의 젖으로도 치즈를 만들 수 있느냐는 엉뚱한 질문을 했다. 교수님께서 웃으시며 하신 대답은 만들 수는 있는데 일반 젖은 묽어서 안되고 초유면 된다는 거다. 초유라니! 아기도 먹기 힘든 초유인데……. 결국 못 만든다는 말이렷다.

치즈의 생산은 아주 복잡하고 정교한 과정을 거치는데 일단 우유를 순두부처럼 엉키게 하는 과정이 그 첫 단계다. 동물의 젖에 응유효소인 레닛을 넣으면 곧 단백질이 엉기며 수분과 분리된다. 응고된 부분을 유장 curd, 액체를 유청 whey이라 한다. 바로 이 유장을 모아 형태를 만들어 곰팡이균이나 젖산균을 통해 다양하게 숙성시키는 것이 치즈다.

뭉쳐진 유장 덩어리를 숙성시키지 않고 그대로 먹는 것이 생치즈로 곰팡이균이나 젖산균이 작용하지 않았기 때문에 꼬리꼬리한 냄새가 없다. 프레시 모짜렐라, 페타, 마스카포네, 또한 마트에서 팔고 있는 미국식 가공 치즈들, 슬라이스, 또는 유럽식 조각 치즈들도 모두 이 분류에 속한다.

형태를 잡아 눌러서 압착한 다음 숙성시키는 것이 경성 치즈인데 압착 과정에서 수분기가 빠지므로 오래 보존하며 먹을 수 있다. 보통 산악 지역이나 북쪽의 덴마크, 스위스에서 이 방식을 쓰는데 내부의 단백질이 젖산균에 의해 숙성된다. 우리가 잘 아는 덴마크의 에담이나 고다, 스위스의 라클렛, 만화 영화 〈톰과 제리〉에 나오는 에멘탈, 그뤼예르 등 알프스 산악 지역의 치즈나 이탈리아 파마산 치즈가 속하며, 조직이 치밀하고 윤기가 난다.

  연성 치즈는 압착하거나 익히는 과정을 거치지 않고 그냥 말랑한 채로 숙성시킨 것이다. 그래서 부드럽고 실온에 놓아 두면 녹아서 흐른다. 연성 치즈는 표면에 흰색의 페니실린 곰팡이가 뒤덮인 것을 그대로 먹는 것과 소금물이나 술 등에 껍질을 씻어낸 것으로 나뉜다. 곰팡이가 뒤덮인 것은 숙성을 오래하지 않아 껍질의 곰팡이가 얇아 그냥 먹는다. 바로 우리에게 잘 알려진 카망베르, 브리 등이다. 미지근한 소금물이나 맥주 등에 연성 치즈의 표면을 반복해 닦아내면서 숙성시키면 껍질이 부드럽고 두꺼워지면서 윤기 나는 노란색을 띠게 되는데, 나중에 껍질 부분은 잘라내고 먹는다. 이 종류의 치즈는 곰팡이균이 아니라 박테리아에 의해 숙성되며 시간이 지날수록 맛이 더욱 강해지고 특별한 향이 가미된다. 치즈들 중에는 맛을 더욱 깊게 하기 위해 붕대나 짚으로 싸는 경우도 있다.

  또 하나의 카테고리가 블루 치즈로 유장 덩어리에 작은 구멍을 뚫어 푸른 곰팡이균과 젖산균을 주사하여 발효시킨 것이다. 발효가 되면 푸른곰팡이의 균사가 내부에 번식하면서 강한 암모니아향이 나며 아름다운 대리석 무늬가 생긴다. 프랑스의 로크포르, 이탈리아의 고르곤졸라, 영국의 스틸톤을 세계 3대 블루 치즈라고 하는데 염소젖이나 소젖으로 만든 고르곤졸라와 스틸톤과 달리 양젖을 사용한 프랑스의 로크포르는 향이 진해 상대적으로 친해지기 힘들다.

  프랑스에서 최고로 인정하는 치즈들은 살균 처리를 하지 않은 생우유를 사용해서 만든다. 살균을 하게 되면 제품을 표준화하여 안정적으로 생산할 수 있지만 발효에 더해져서 감칠맛을 주는 생우유의 다양한 성분들이 사라지기 때문이다. 이는 와인과도 비슷하다. 아직도 전통을 고집하는 프랑스의 많은 포도원들은 와인을 가라앉히거나 자연적인 처리 외의 무균 여과지 등을 사용하여 맑게 하는 것을 반대한다. 여과하지 않은 와인 속에 들어 있는 다양한 성분이 시간이 지날수록 숙성한 향으로 발전한다고 믿기 때문이다. 마찬가지로 공장에서 산업적으로 만드는 치즈들은 장기 저장을 위해 저온살균 처리한 우유로 만들기 때문에 유통기간은 길지만 생명력은 없는 치즈라고 할 수 있다.

  치즈를 만드는 젖의 맛이 최고조에 달하는 시기는 젖소가 파랗게 자란 풀을 뜯는 시기다. 당연히 이 시기에 짠 우유로 만든 치즈는 맛이 좋을 수밖에 없다. 각 원산지별로 정해진 숙성기간을 가늠해서, 봄과 여름에 짠 우유로 만든 치즈가 색이 더 노르스름하며 맛이 좋다는 말이다. 이는 버터도 마찬가지다. 겨울의 마른 사료에는 없는, 풀 안의 황적색 색소인 베타카로테인과 엽록소 때문이다. 또 치즈에는 지방의 함량이 아주 중요해서 아주 영세한 작은 농가의 치즈를 제외하고 모든 라벨에는 고형물의 양, 지방함유량, 치즈를 만든 젖의 종류 등이 명기되어 있다. 생치즈는 수분이 풍부해서 70~82%가 수분이다. 지방의 양을 보면 지방성 치즈 fromage gras는 50~60%, 보통 치즈는 30~50%, 가벼운 치즈fromage allégé는 20~30%, 기름기 없는 치즈fromage maigre는 20% 이하의 지방을 함유한다.

오늘날 프랑스는 유럽 최대의 치즈 생산국이다. 젖소의 위생 상태부터 젖 짜기, 우유 수집, 치즈로 변형되는 모든 과정을 국가에서 철저하게 감독·관리한다. 각 지역별로 사용하는 소의 품종부터 풀의 종류까지 규정하고 있다. 비옥한 알프스의 초지가 있는 사브와, 구릉에 둘러싸인 목초지가 있는 노르망디, 습한 북부지방, 태양이 작열하는 언덕의 프로방스 등 지방의 환경에 따라 자라는 풀의 종류가 다르니 그것을 먹고 자라는 동물의 종류도 다르고 가공 방법도 다를 수밖에 없다. 게다가 이런 천혜의 자연 조건으로 인해 농산물이 풍부해서 외부와의 교역이 필요 없어 그 지역의 치즈는 그 지역에서만 소비됐다. 그러므로 그 지방만의 특유한 제조법이 현재까지 전승되어 이를 정부 차원에서 법적으로 보호하기에 이른 것이다.

치즈도 와인과 마찬가지로 원산지 통제호칭이 적용되어 AOC 등급을 받은 치즈만 32종이나 된다. 이 원산지 시스템은 치즈 생산지가 어느 지방인지 구분할 수 있게 해줄 뿐 아니라, 전통적인 제조법을 보존하는 데도 크게 기여한다. 예를 들어 우리가 잘 아는 까망베르 치즈는 프랑스 북서부의 노르망디 지방의 특산품이다. 그런데 까망베르라는 치즈가 아주 유명하다 보니 덴마크나 일본 등에서도 만들고 있다. 그래서 프랑스 노르망디산 제품은 AOC라는 제도로 보호 받아 특별히 까망베르란 이름 뒤에 '노르망디'라는 단어를 붙인다. 즉 'AOC 까망베르 드 노르망디Camenbert de Normandie'로 꼭 집

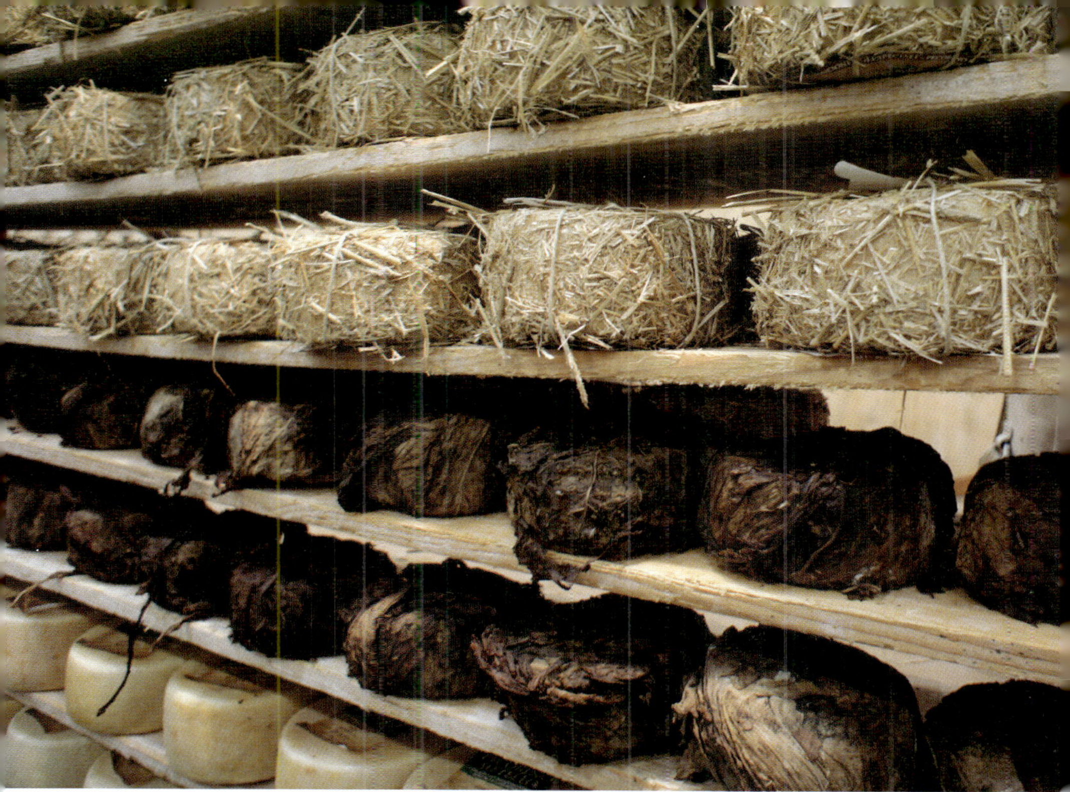

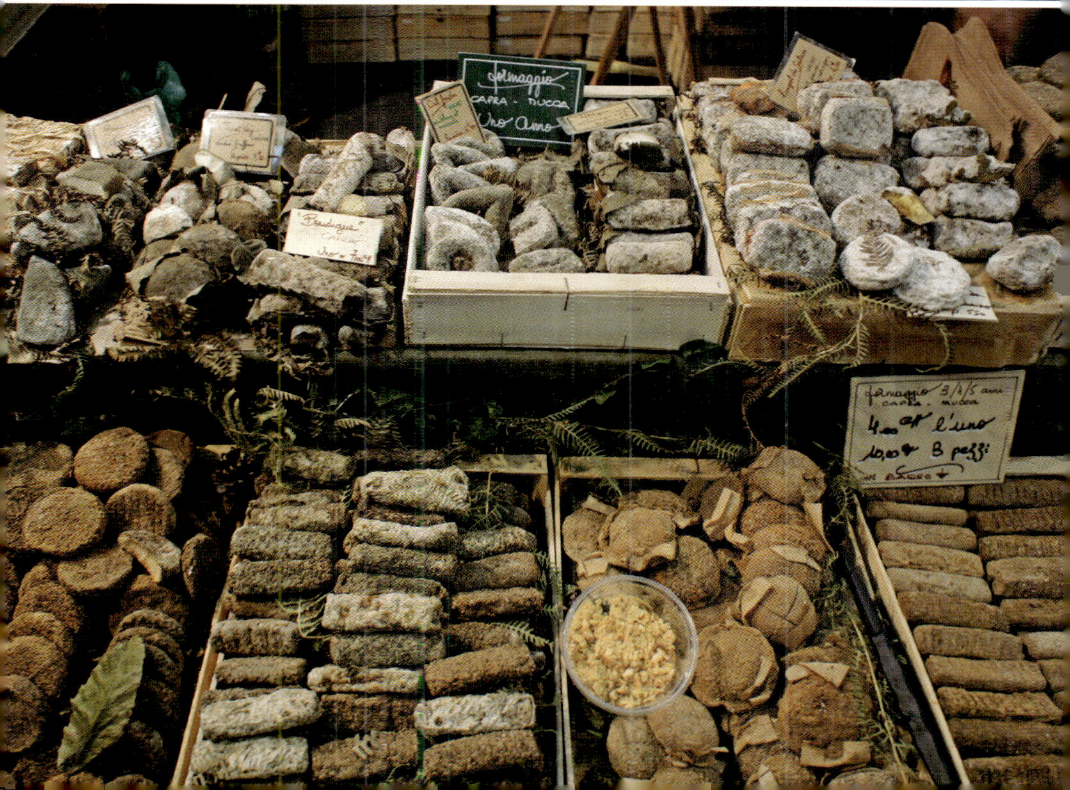
formaggio
CAPRA - MUCCA
Uno Anno
4,00 l'uno
10,00 3 pezzi

어 명시하는 것이다. 그것은 노르망디 안에서 자란 젖소의 생우유만을 사용하며 젖소는 당연히 노르망디 지역의 토종 젖소여야 하고 이 지방에서 생산되는 풀을 먹고 자라야 한다는 규정을 준수했다는 의미다. 여기에 흰 곰팡이로 발효시키는 연성 치즈며 숙성 기간은 얼마여야 하고 생산량은 어느 정도여야 하는 등등의 규정까지 말이다. 이렇게 하면 농장마다 역사나 인지도는 조금씩 다르더라도 모든 생산자가 까망베르라는 동질성을 가진 치즈를 생산할 수 있는 조건이 정해진다. 당연히 과다 생산으로 인한 품질 저하 등도 미연에 방지할 수가 있다. 같은 지역 안에서 자란 젖소의 우유로 치즈를 만들어도 이 규정을 온전히 준수하지 못하면 노르망디라는 명칭을 못 붙이는 것이다.

치즈만으로 만든 요리라면 제일 먼저 알프스 산악 지역에서 시작된 퐁듀Fondue가 생각난다. 스위스의 전통 요리지만 프랑스의 알프스 지역에서도 많이 먹는다. 스위스에서 유명한 라클렛Raclette은 소 젖으로 만든 경성 치즈인데 화로를 앞에 놓고 덩어리째 표면을 녹여 녹은 부분을 칼로 긁어가며 먹는다. 프랑스에서도 이 종류의 치즈를 생산하므로 추운 겨울 친구들과 옹기종기 둘러앉아 커다란 치즈 덩어리를 녹여가며 긁어 먹는 재미가 쏠쏠하다. 자기 몫이 흘러내리기를 얼마나 조급하게 기다리는지! 요즘은 위에 열선이 있어 커다란 덩어리를 걸면 위에서부터 녹여내는 기계가 나와 있고, 각각 조그마한 자기 프라이팬에 치즈 조각을 잘라 열선에 올려 녹이기도 한다. 노골노골 꼬리꼬리하게 녹아나온 치즈를 감자나 샐러드와 함께 입속에 넣을 때의 그 만족감이란 형용할 길이 없다.

한국에서도 얼마 전 갑자기 퐁듀가 유행한 적이 있었다. 퐁듀란 '녹이다'란 뜻의 프랑스어의 'fondre'에서 온 말로 딱딱한 빵을 꼬챙이에 끼워 녹인 치즈에 찍어 먹은 음식이다. 지금은 유명해져 가격도 비싸지만 원래는 스위스와 프랑스의 알프스의 산악 지역에서 추운 겨울에 먹던 투박한 전통 요리다. 알프스 고지대의 겨울은 춥고 길었다. 식재료가 끊어질 수도 있어 아무리 치즈나 빵이 딱딱하게 굳어도 절대 버리지 않고 커다란 바구니에 모아 두는 거다. 폭설이라도 내려 교통이와 두절되면 언제 길이 뚫릴지도 몰랐다. 이때 요긴하게 쓴 것이 바구니에 모아 두었던 딱딱한 치즈와 굳은 빵조각들이다. 밑이 두꺼운 냄비에 꾸들꾸들 굳은 치즈 쪼가리들을 넣고 와인을 부어 천천히 녹인 다음 여기에 딱딱한 빵을 찍어 먹는 거였다. 이렇게 탄생한 것이 바로 퐁듀다. 준비하기 쉬운 데 비해 테이블 위에서 직접 요리하는 재미가 있어 친구들과의 홈파티에는 그만이다. 램프와 냄비, 길게 만든 꼬챙이 등의 기구도 즐거운 분위기를 연출해서 어색한 사람들도 금방 친해진다. 프랑스나 스위스에서는 꼬치에 끼운 빵이나 고기 조각을 냄비에 빠트리면 남성은 와인을 한 병을 내고 여성은 무조건 오른쪽 남성에게 키스를 해야 하는 전통이 있다. 자기가 맘에 드는 남자의 왼쪽에 앉아 빵을 일부러 퐁당 빠트리는 재미를 만끽해보길!

La truffe, une odeur de Phéromone

페로몬에 취한 송로

학생 때는 가난해서 못 해보고 지금은 시간이 없어서 못 해보는 일 중 하나가 프랑스나 이탈리아의 송로버섯 산지에서의 미식 체험이다. 송로버섯 철이 되면 부르고뉴나 페리고르 지역의 산지에서는 재배자들의 게스트 하우스에서 하루 이틀 묵으며 그 지방의 토속 요리를 배우고 맛보면서 버섯 채집을 하는 프로그램들이 있다. 물론 이탈리아의 피에몬테 지방도 유명하다. 약간의 교육을 받은 후, 특별한 종의 개를 이용하여 땅속에서 자라는 송로를 직접 찾아보는 것이다. 직접 캐서 가져오기도 하고 트러플 정기 시장에 들러 흥정하며 사는 재미도 있다. 프로그램에 참가해본 친구에게 이야기만 들었는데 언젠가는 시간을 내서 아이들을 데리고 꼭 가고 싶다. 1인당 하루 300유로(45만원정도) 이상이니 좀 비싸긴 하지만 파리의 쓰리 스타 미슐랭 레스토랑에서 한 끼를 먹어도 그 값은 되니 따지고 보면 해볼 만한 일이다. 패키지 체험이 비싸다고 생각하면 15유로쯤 입장료만 내고 트러플 농장에서 주최하는 반나절 정도의 견학과 테이스팅 프로그램도 있다. 가이드가 개를 데리고 트러플 찾아 다니는 것을 관람하는 것이다.

지금도 언제나 이슈가 되고 있는 이 송로버섯을 프랑스 근대 미식의 종결자 브리아 사바랭은 '검은 다이아몬드'라 했다. 거위간, 캐비아와 함께 삼대 진미 안에 확고한 자리를 잡은 것이다. 영어로는 트러플Truffle, 불어로는 트뤼프Truffe, 우리는 송로松露 즉 '소나무의 정기가 어우러진 이슬'이라는 겁나게(?) 운치 있는 이름을 지닌 버섯이다. 그러나 사실 소나무와는 별 인연이 없고 주로 참나무과 식물들의 뿌리에 기생하며 산다. 모양은 좀 못생겼다고 할지, 막 생겼다고 할지, 아무튼 흙덩이 대충 빚어 놓은 형상이다(그래서 '덩이버섯'이라고도 한다). 발렌타인데이에 많이 만드는 그 카카오 가루에 굴린 말랑한 초콜릿 덩이도 트러플이라고 하는데 그나마 이 애들은 예쁜 편이다.

송로버섯은 고대어서부터 미식가들에게 애용되어 온 것으로 여겨지는데 유통되는 몇 개의 종류 중에 미식가들의 구미에 맞는 것은 흑송로(블랙 트러플)와 백송로(화이트 트러플)이다. 비전문가가 보면 얼핏 비슷해 보이지만 맛과 향이 덜한 것은 가치가 떨어진다. 가끔 사기꾼들이 중국산 송로버섯에 색을 입혀 유통시키기도 하는데 이는 히말라야가 원산지인 다른 종으로 값이 싸기 때문에 공식적으로 수입해서 뷔페나 케터링 등의 장식용으로 쓰는 것이다.

　송로는 버섯과의 식물이긴 하지만 생물학적으로는 우리가 알고 있는 일반 버섯과는 조금 다른 종이다. 우리가 보통 요리에 쓰는 느타리나 표고 등과는 개와 늑대 사이만큼이나 다른 것이다. 귀하다고 해서 가을에 강원도 미각 여행 떠나 큰 맘 먹고 구워 먹고 오는 송이와 비슷한 건 '송'자밖에 없다. 이런 애들은 알버섯이라 하여 담자균류에 속하지만 송로버섯은 전혀 다른 자낭균류에 속하기 때문이다. 담자균이란 버섯갓의 주름 속에 호리병 같이 생긴 포자주머니가 수없이 붙어 삿갓 모양을 만드는 버섯들이다. 현미경으로 보면 그 삿갓 속에 담자균이 든 호리병이 가득 들어 있다. 반면에 자낭균은 피어오르는 곰팡이 주머니 속에 포자낭을 만들며 이 균사 조직이 커져서 덩어리로 뭉치면서 버섯이 되는 것이다. 즉 자낭균류인 송로버섯은 땅위의 버섯보다도 빵이나 포도주를 만드는 효모에 더 가깝다. 그래서 담자균류인 버섯들은 쫄깃한 맛이 있는 데 비해 자낭균류인 송로는 퍼석하면서 고소한 맛이 난다.

　아무튼 송로버섯은 괴이하게도 땅속에 균사를 퍼뜨려 성장을 하므로 지상에서는 안 보여서 뿌리라고 생각하기 쉽지만 의외로 열매다. 땅속에서만 자라다보니 식물이면서도 엽록체가 없어 스스로는 광합성을 할 수 없기 때문에 특정한 나무의 뿌리에 기생한다. 주로 오크, 즉 참나무과의 나무 밑동에 거머리 같이 찰싹 붙어 살기 때문에 야생 송로를 캐는 전문가들은 참나무 주변에 풀이 자라지 않으면 일단 그 나무 밑동을 의심한다. 흙 밑에 송로가 자라고 있을 가능성이 크기 때문이다.

    포도나무처럼 송로버섯도 물의 배수가 좋은 석회질 토양에서 많이 자라는데 Ph가 7 이상인 알칼리성 토양을 좋아한다. 게다가 여름에 기온이 높으면서 겨울은 그다지 춥지 않은 지중해성 기후에서 자라므로 우리나라에서는 볼 수가 없다. 송로버섯은 어쩌면 양조용 포도보다도 더 민감한 식물이다. 포도는 그나마 눈에 보이니 가지도 쳐주고 솎아도 줄라주고 하면서 인간이 어떻게 해볼 도리가 있지만 송로버섯은 기후와 토양뿐 아니라 숙주가 되는 나무까지 건강해야만 생산이 된다. 자연을 향해 기도하는 수밖에 없는 거다. 기후상 트러플이 나는 산지는 와인 산지와 많이 겹치는데 얘들 성격이 반대다. 버섯은 축축한 곳을 좋아하다 보니 여름에 비가 많이 내려야 풍작인데 포도는 꽃 피는 여름에 비가 내리면 흉작이 된다. 그래서 포도가 흉년이 드는 해에는 트러플이 풍년이 든다는 말이 있다. 천하의 좋은 땅에 복 받은 프랑스지만 두 가지를 한꺼번에 갖지는 못하나 보다.

    송로버섯에서 나는 그 매캐한 향이 무엇일까 생각해보았다. 무스크향 같기도 하고, 약간은 알데하이드 계열의 향수 냄새와도 비슷한데 이 향이 바로 성性 유인물질인 페로몬 pheromone의 향과 비슷한 분자 구조라고 한다. 이런 물질에 흙과 나무뿌리에서 축적한 성분 등이 어우러져 독특한 향을 내는 황 화합물을 이룬 것이다. 과학이 발달하지 않아 화학적 분석도 할 수 없었던 시대에 송로버섯에 최음 효과가 있다는 것을 어찌 알았는지 호색가들이 아주 즐기던 식재료였다. 야심한 밤에 거사를 앞둔 남녀가 한 접시씩 뚝딱 비우고 향에 취한다. 그리고는…… 상상에 맡기겠다. 그러니 이 세상에 남녀 둘 중 어느 한편이 멸종하지 않는 한 송로버섯의 값은 비싸질 수밖에 없었을 거다. 역대의 왕들과 정부들도 송로버섯을 애용했고 여성 편력을 위해서인지 아니면 권력을 향한 에너지를 위해서인지 나폴레옹과 처칠은 이 버섯에 거의 광적이었다. 시인 바이런은 이 버섯이 창의력을 높여준다고도 했다. 뭐, 송로를 미화시킨 말일 테지. 아무튼 미식 종결자인 브리야 사바랭이 "트러플 없이는 미식도 없다"라고 했으니 트러플 없는 프랑스 요리는 앙꼬 없는 찐빵이라 해도 과언이 아니다.

지구상에는 70여 종의 트러플이 존재하는데 프랑스에서는 아홉 가지 종만이 생으로 유통된다. 이 중에서도 여섯 종류가 시장에 주로 나온다. 학명으로 덩이를 이루는 줄기를 투베르Tuber라 하는데 그 뒤에 종의 이름이 라틴어로 길게 붙어 있어 처음에는 여간 머리 아픈 것이 아니다.

투베르 멜라노스포룸Tuber Melanosporum, 투베르 운시나툼Tuber Uncinatum, 투베르 브뤼말Tuber Brumale, 투베르 아에스티붐Tuber Aestivum, 투베르 인디쿰Tuber Indicum, 투베르 메장테리쿰Tuber Mesentericum. 이 중 투베르 멜라노스포룸이라는 어려운 이름을 가진 아이가 송로 중의 여왕이다. 페리고르 송로라는 이름으로 더 잘 알려져 있는데 색은 갈색 또는 검은 색으로 살과 껍질이 반들반들하다. 그리고 또 하나 더욱 최상으로 여기는 것은 이탈리아 북부의 와인 명산지인 피에몬테Piemonte 지방의 화이트 트러플로, 트베르 마그나툼Tuber Magnatum이라 하는데 그 생산량이 아주 적어 검은 송로보다 값도 더 비싸다. 그러나 생으로 쓸 때만 향이 있으므로 활용도는 낮다. 프랑스에는 흰 송로가 나지 않아 요리에 두루 사용하는 것은 검은 송로들이다.

이렇듯 송로가 귀하고 비싼 이유는 상업적으로 대량 재배하기가 어렵기 때문이다. 그래도 과학이 많이 발달하여 현재는 프랑스에 유통되는 80%가 참나무를 심어 재배한 것이다. 하지만 아주 넓은 땅에 참나무를 심어 놓고 환경을 조성해주면서 10년 정도는 기다려야 균사를 뻗어 열매가 맺으므로 아주 오래도록 투자해야 하는 사업이다. 기다리다 균사 안 뻗으면 늙어 죽을지도 모른다. 송로버섯은 비닐하우스나 상자에 재배할 수 있는 버섯이 아니다. 그러다 보니 산에서 발견한 자연산 송로는 거의 '심봤다' 수준이다 그러나 송로를 심는 표면적은 늘어났지만 실제로는 지구온난화와 엘니뇨 현상 등으로 인한 토양의 악화나 과다 채집, 또 그 외의 원인 불명 등으로 점점 송로 채집이 줄어들고 있다고 하니 씁쓸하다.

블랙 트러플은 12월부터 다음해 3월, 이탈리아의 화이트 트러플은 10월부터 이듬해 1월까지 주로 채집한다. 트러플의 가격은 품종에 따라 또 그해의 수확량에 따라 차이가 있다. 기후 조건이 좋은 해와 좋기 않은 해가 다섯 배 정도까지 차이가 나기 때문에 가격변동도 심하다. 트러플 수집꾼Caveur들은 심마니들처럼 각자 자기만의 보물 찾는 방법이 있어 특급 비밀로 여긴다. 땅속에 숨어 있는 송로

1 송로버섯을 찾는 개 2 송로버섯 축제의 모습

　버섯을 찾아낸다는 것은 산에서 바늘 찾는 것과도 같아서 전통적으로는 후각이 발달된 돼지를 이용해 찾아왔다. 냄새에 민감한 종의 돼지를 새끼 때부터 트러플 찌꺼기를 먹여 길러 트러플에 극도로 예민한 후각을 갖도록 만들어내는 거다. 아주 옛날에는 트러플의 향에 민감한 노랑파리를 사용해 찾기도 했다. 송로버섯이 잘 익으면 노랑파리가 그 위에 알을 까기 때문이다.

　하지만 요즘은 주로 트러플 향으로 훈련시킨 개를 이용한다. 돼지는 개처럼 통제가 안되어 다루기가 어렵기 때문이다. 한밤중에 참나무 숲에 돼지나 개를 풀어놓으면 어둠 속에 후각이 더욱 민감해진 동물들은 킁킁대며 익숙한 향을 찾아 나서는 것이다. 동물들이 멈추어 킁킁대며 앞발로 파헤치는 곳에 송로가 있으면 카바두 cavadou라 하는 날렵한 곡괭이로 조심스레 주변을 파내려가는 것이다. 있다는 확신이 들면 반드시 주변의 흙과 함께 떠올려 손상되지 않도록 헝겊에 고이 감싼다. 향을 가두기 위해서다. 보통 지표 30cm 밑에서 자라지만 그 전 해에 딴 부분에 다시 열매가 재구성되었을 수도 있기 때문에 밑의 층까지 세세하게 파내려 간다. 프랑스와 이탈리아 장인이 한 땀, 한 땀(?) 찾아낸 진귀한 버섯이라는 것이 이해가 가는 거다. 이렇게 수집된 트러플은 12월에서 이듬해 3월까지 서는 전문 시장에서 중개상, 통조림업자, 레스토랑 업자, 수집가 등에게 팔려나가지 된다.

하지만 거위 간이나 캐비아와 마찬가지로 세계 3대 진미 요리의 조리법에 큰 기대를 가지면 실망한다. 왜냐면 진미일수록 그 자체로 먹는 것이 가장 그 맛과 향을 즐길 수 있기 때문이다. 다시 말해 별다른 조리법이 없다. '뭐, 이렇게 간소하게 먹어?' 싶을 정도로 심플하다. 그냥 몇 그램 정도만 잘라 오믈렛 등 심플한 맛과 향을 가진 음식에 얇게 슬라이스해서 올리거나 소스에 잘게 다져서 넣는 정도로만 조리한다. 그래야 트러플의 향도 죽지 않고 요리도 살아나기 때문이다. 프랑스의 블랙 트러플은 물에 끓여 보관해도 향기를 잃지 않으나 이탈리아 화이트 트러플은 날것으로만 즐길 수 있기 때문에 샐러드를 만들거나 아주 얇게 갈아 요리 위에 뿌려 먹는다. 뭐, 세계 최고의 셰프도 필요 없겠다 싶지만 모든 식재료는 그 신선도와 스타일링, 분위기, 손맛이다. 같은 트러플이라도 내가 집에서 한 오믈렛에 들어간 것과 피에르 가니에르가 포슬렌에 살포시 얹어준 것은 그 맛이 다를 것이다.

프랑스에서 블랙 트러플을 이용한 전통적인 음식은 진미끼리 만난 거위간 파테로 거위간 안에 송로버섯을 잘게 썰어 넣은 것이다. 거위간 파테 안에 한 줄로 길게 검은 송로버섯을 넣어 자르면 가운

데에 검은색이 선명하게 나타나는 제품도 있다. 또한 수프나 쇠고기 스테이크의 소스에 넣기도 하고 바닷가재, 송아지 고기 위에 슬라이스를 얹기도 한다. 누벨 퀴진의 첫 세대인 미셸 게라르 Michel Guérard 는 푸아그라로 간단한 비네거 소스의 샐러드를 만들었고, 프랑스의 전설적인 셰프 폴 보퀴즈는 가장 단순한 육수에 트러플과 거위간을 얇게 슬라이스해서 넣어 수프를 만들었다. 훌륭한 식재료 앞에 서는 거장들도 한없이 겸손해지는 것이다.

냉동하지 않은 생송로버섯은 2주 정도 보관이 가능하며 쌀이나 달걀 등과 함께 보관하면 특유의 향이 오래 지속된다고 한다. 프랑스산 블랙 트러플은 일반적으로 100℃에서 3시간, 108℃에서 2시간 반 동안 살균하여 보관한다. 살균을 하면 송로버섯은 15~20%로 무게가 줄어들며 즙이 빠지는데 이것 역시 요리나 소스에 사용한다. 식품 코너에 가면 콩알만한 병에 즙만 따로 파는 것을 볼 수 있다. 송로도 다른 모든 식품들처럼 냉동시킬 수도 있겠지만 향과 질감을 잃게 되므로 별 의미가 없다. 그러다 보니 유통 과정상 한국에서는 송로를 산 채로 구경하기 힘들다. 더구나 따서 20일 이내에 생으로 먹어야 하는 화이트 송로버섯 같은 것은 신속한 운송이 생명이니, 상위 1% 초상류층이 아니고는 한국에 앉아서 생으로 맛보기는 힘든 식재료다. 프랑스 친구들이 병조림으로 몇 알갱이 가져오는 것을 썰어서 스테이크에 올려 먹어보지만 영 그 향미가 살아나지 않는다. 송이만 해도 현지 시장에서 직접 구입해 먹는 맛은 다르지 않은가 말이다.

Un trésor naturel, Sel de guérande

자연이 만들어낸 보석, 게랑드 소금

소금은 요리에 가장 중요한 역할을 하는 양념으로 맛을 내기도 하고 잡맛을 없애기도 한다. 게다가 우리 몸의 70%를 이루고 있는 물의 농도를 조절하는 역할을 하는 것도 소금이다. 그래서 고대에는 소금 때문에 전쟁이 일어나기도 했고 소금이 화폐를 대신하기도 했던 거다. 이렇듯 모든 사람들에게 필수품이다 보니 근세의 왕들은 소금에 비싼 세금을 매겨 농민들로부터 착취를 일삼았다. 프랑스 혁명이 일어난 데는 많은 요인들이 있지만 결국 어떤 대단한 이데올로기보다도 소금이나 빵, 와인 등과 같은 먹거리 때문이었다.

소금이라고 모두 똑같은 짠맛만을 가지고 있다고 생각하면 오산이다. 여러 가지 소금을 비교 시음 해보면 그 맛이 얼마나 다양한지를 알고 깜짝 놀라게 된다. 요즘은 한국 소금도 다양하고 품질도 좋아졌고, 비싸지단 수입 소금도 구할 수 있다. 하지만 얼마 전까지는 굵은 소금과 꽃소금, 맛소금 등이 전부였기 때문에 내가 레스토랑을 16년이나 경영하며 가장 골머리를 썩은 것이 바로 소금이었다. 모든 요리에 필수적인 소금은 식재료의 신선도만큼이나 중요하기 때문이다. 다른 식재료는 얼추 대체해서 쓰겠는데 소금은 아무리 노력해도 '정갈하면서 잡맛이 없는' 그 맛을 찾을 길이 없었다. 그래서 파리에 갈 일만 있으면 여행 가방을 소금으로 가득 채워 다니는 버릇이 생겼다. 무게도 많이 나가 오버차지overcharge를 낸 적도 있었고 항공사 카운터에서 가방을 해치당해 공항 우체국에서 소포로 부친 적도 있었다. 배보다 배꼽이 큰 것은 말할 것도 없다. 도착해서 세관을 지날 때면 마약을 숨겨오는 것도 아닌데 가슴이 두근두근한다. 트렁크를 열게 되면 귀찮아지기 때문이다. 마약 밀수자로 오해 받아 끔찍하게도 소금 봉지를 다 열어 헤칠지도 모르는 일이다.

재미있는 추억이지만 인천공항이 생기기 아주 오래 전, 한번은 김포공항에서 총기 수입자로 걸려 짐가방에 빨간 딱지가 붙어 나온 적이 있었다. 일 때문에 스페인의 바르셀로나에 갔는데 상그라다 파밀리아 근처의 도형 총기 상점에서 옛날 삼총사나 돈키호테 같은 기사들이 쓰던 너무 멋진 장식용 장총들을 팔고 있는 거였다. 남편이 비비탄 총에서부터 경찰에 허가 내는 공기총까지 각종 장난감 총을 수집하는 취미가 있는지라(영화나 드라마에 총이 등장하면 멀리서 보아도 모델을 기가 막히게 맞추는 재주가 있다) 그만 장식용 장총이랑 소형 권총 하나를 덜컥 사버린 것이다. 파리로 돌아와 버릇처럼 소금을 잔뜩 사서 별 생각 없이 가방에 총과 함께 넣어 부친 후, 김포에 도착해 가방을 기다리는데 아무리 기다려도 나오질 않는 것이다. 모든 사람들이 다 떠나고 나 혼자만 짐 찾는 곳에서 어쩔 줄 몰라 하고 있는데 저쪽에서 워키토키를 든 공항직원 두 명이 다가와 "당신이 민혜련씨냐?"고 물었다. 내가 귀빈도 아닌데 이름을 어떻게 알까 생각하며 맞다고 하니, 잠깐 세관실에 가야 한다는 거다. 따라가보니 빨간 딱지가 크게 붙은 내 트렁크가 보였다. 짐 속에서 총기가 발견되었다는 거다. 장식용 총이 그만 세관의 엑스레이에 걸린 것이다. 세관에서도 설마 진짜 총이라고 생각하지는 않았겠지만 어쨌든 가방안의 모양새가 무기였으니 짐을 모두 풀어 헤쳐야 했다. 무기 밀매업자와는 거리가 먼 생김새의 여자 가방에서 총과 소금만 가득 나왔으니 그 사람들이 날 이상하게 보는 게 당연했다. 게다가 괴로운 속옷들…….소금 봉지 하나씩 들면서 자세히 들여다보던 세관원들 얼굴을 생각하면 지금도 웃음이 나온다. 이때 서류까지 작성했으니 세관 기록에는 아마 다 남아 있을 거다.

 프랑스는 요리의 왕국이기도 하지만 아르헨티나와 함께 세계에서 가장 좋은 소금을 생산하는 나라다. 주로 산업적 공정을 거쳐 생산되는 지중해 쪽 갯벌 염전과 암염 등이 주종을 이루며 수작업으로 하는 천일염 생산은 대서양 쪽에서 주도하고 있다. 천일염 중에서도 갯벌로 된 염전에 바닷물을 가둬 햇볕과 바람으로 건조시켜 만드는 천일염을 최고로 치는데 그 넓은 염전을 맨발로 일일이 긁어 수확해야 하므로 여간 힘든 일이 아니다. 게다가 소금 수확기인 6~10월 이

외의 기간에도 갯벌을 유지하기 위해 끊임없이 돌봐야 하므로 생산하지 않을 때도 노동력이 지속적으로 필요한 작업이라는 데 어려움이 있다. 그래서 우리나라는 새마을 운동이 한창이던 1970년대에 이런 재래 방식이 수지타산에 맞지 않는다고 염전 바닥에 비닐이니 장판들을 깔아버렸다. 생산원가를

게랑드의 염전에서 소금을 걷는 일꾼

줄이고 쉽게 생산하기 위해 바다에 장판을 깔다니 참으로 대단하신 양반들이다. 그 결고 현재 국내에는 갯벌 천일염을 찾아보기가 거의 힘들어 졌다.

프랑스의 갯벌 천일염은 두 종류인데 회색빛이 감도는 굵은 소금과 하얗고 결정이 작은 '소금꽃 fleur du sel'이다(우리나라 꽃소금과 혼동하지 말길). 바닷물을 염전에 가둬놓으면 먼저 물 표면에 얇은 소금막이 형성된 뒤 조금씩 커지면서 소금 결정結晶이 만들어진다. 이렇게 소금 결정이 되어 가라앉기 전에 물 위로 거품처럼 떠오른 흰 막을 걷어내서 말리면 그 이름도 예쁜 소금꽃이 된다.

소금꽃은 오후의 더운 시간에 형성된다. 미풍이 부드럽게 물 표면을 스치고 가면 사우나 같은 더운 공기가 가벼운 레이스처럼 염전

게랑드와 카마르그의 소금들

을 뒤덮는다. 그래서 이 꽃은 더운 기후와 가벼운 바람이 조합되어야 하므로 형성되기가 어렵다. 게다가 염전의 물 높이래봤자 몇 센티밖에 안 되므로 바다의 흙이 딸려 오지 않도록 잘 거르는 작업이 여간 까다로운 것이 아니다. 시간이 가면서 결정이 점점 커져 무거워지면 아래로 가라앉고 여기에 소금 결정이 더 달라붙어 바다의 갯벌에 쌓이게 되는데 이것을 긁어낸 것이 '굵은 소금'이다. 이렇게 만들어진 소금의 결정은 잘게 부서진 투명한 조약돌처럼 똘망똘망한 것이 특징이다. 일반적으로 천일염의 95%는 굵은 소금이고, 5%만 소금꽃이기 때문에 가격이 더 비싸다. 이렇게 생산된 천일염은 금방 시판되는 것이 아니라 지정 창고나 벌판에 2~3년 정도 보관하면서 정제시킨다.

현재 프랑스의 다섯 개 연안에서 갯벌 천일염을 생산하는데 이 중 전 세계 셰프들의 로망이 바로 대서양변 브르타뉴에서 나는 게랑드Guérande 소금이다. 이 소금은 루이 14세의 식탁에 올랐다 하여 '황제의 소금', 전 세계 미식가들이 애용해 '소금의 캐비아' 등 갖가지 별명이 따라다닌다. 게랑드는 파리에서 450Km, 대서양변의 도시 낭트에서는 80Km 정도의 거리에 있는 마을로 2천 헥타르의 염전이 펼쳐져 있다. 이 지역은 남프랑스와 달리 대서양의 온난한 기후에 풍부한 일조량, 건조한 날씨, 적당한 바람, 점토질의 갯벌 등이 어우러져 천일염 생산에 천혜의 기후 조건을 구비하고 있다.

이곳 염전 역사는 로마시대부터라니 2000년은 족히

천혜의 자연이 만들거낸 염전의 모습

되는데 그 동안 소금을 걸러내는 연장만 변했을 뿐, 바닷물에서 소금을 수확하는 방법은 천 년 전이나 지금이나 똑같다. 할아버지의 아버지, 그 아버지의 아버지 때부터 대대로 전해져오는 장인 정신이 어우러져 게랑드 소금은 그야말로 독특한 데루아의 색채를 갖게 되었다. 오로지 태양열과 바람으로만 건조시켜 해수의 염분 농도를 농축해서 생산된 게랑드의 소금은 바다와 바람, 물과 햇빛 그리고 인간의 열정이 어우러진 합작품인 것이다. 그래서 프랑스 정부는 이 지역 전체를 생태 보호 구역으로 하여 공업지역이나 고속도로, 국도, 축산 지역, 양어장 등에서 격리시켜 오염에서 보호하고 있다.

게랑드 소금에 특징을 더하는 것이 또 하나 있는데, 이름도 긴 두날리엘라 살리나 Duraliella salina라는 호염성 미생물의 작용이다. 호염성이란 염도가 높은 환경을 좋아한다는 말인데, 우리 눈에는 보이지 않는 미시의 세계에는 정말 이상한 환경을 좋아하는 생물들도 있다. 얼마 전 화성에서 온 미생물이 발견되었다는 기사가 떠서 낚인 적이 있는데 독극물인 비소를 대사하는 미생물 이야기였다. 이

자연의 맛 295

것이 지구상에 있는 미생물은 불가능한 대사를 하기 때문에 화성에서 왔다는 기자의 결론에 실소를 금치 못했다. 인간은 지구상에 살고 있는 미생물의 1%도 규명하지 못했다는 것을 기자는 몰랐나 보다. 인간이면 살 수 없는 화산대의 뜨거운 물속에 사는 생물도 있고 바다 수천 미터 아래의 수압을 견디며 살고 있는 생물도 있다. 두날리엘라 살리나는 일반적인 생물은 삼투압 때문에 살 수 없는 농도의 염분 속에서 너끈히 살아가는 일종의 해조류인데 핑크색이 살짝 감돌아 염전을 핑크빛으로 물들이며 죽어서도 몸에서 미네랄을 배출한다고 한다. 이 미생물의 작용으로 게랑드 소금은 핑크빛을 머금은 흰색에 제비꽃 향기가 살짝 스치며 잡맛이 없는 특징을 갖게 된다.

한 번은 프랑스에서 가져온 게랑드 소금, 카마르그 소금, 그리고 한국의 굵은 소금, 꽃소금 등과 비교 시음을 해본 적이 있다. 집에서 쭉 늘어놓고 식구들에게 블라인드 테이스팅해본 것이다. 한국 소금이라면 이미 통달한 백전노장의 주부 9단이신 시어머니, 입맛 까다롭기로는 서울에서 둘째가라면 서러울 남편과 그를 닮아 역시 얄미운 딸이 맛을 봤는데 결론은 한국의 굵은 소금은 짜다는 느낌과 함께 쓴 맛과 그 이외의 복합적인 잡맛이 느껴진다는 것이었다. 이에 반해 게랑드 소금은 정갈한 짠맛만이 느껴져 오히려 부드러웠다. 게다가 짠 맛 위에 약간의 단맛이 여운으로 남는데 올리고당이 소금 안에 들어 있어서 그렇다고 한다.

나는 스테이크 먹을 때 프랑스 천일염의 '소금꽃'보다는 '굵은 소금'을 사랑한다. 얼핏 보면 우리나라 정제 안 된 굵은 소금처럼 결정체가 크지만 결정이 깔끔하고 균일하며 색이 투명한 것이 특징이다. 스테이크 접시 한쪽에 뿌려 놓고, 구운 고기 조각을 찍어 먹으면 소스 없이 그 자체로 충분하다. 구수한 짠맛이 혀에 녹아들어 부드럽게 스테이크 조각을 감싸면, "역시 남의 살이 맛있어!"를 연발하게 되는 것이다.

카마르그 염전

알프스에서 발원해 지중해로 흐르는 큰 강인 론(Rhône)강은 고흐와 고갱이 살았던 아를(Arles)에서 갈라져 큰 론(Grand Rhône)과 작은 론(Petit Rhône)으로 나뉘는데 이 두개의 지류 사이에 만들어진 삼각주가 바로 카마르그(Camargue)다. 프랑스 최고의 야생마와 검은 황소가 자라며, 유명한 붉은 쌀이 생산되는 늪지이다. 이곳의 남서쪽 끝이 에그모르트(Aigues-mortes)로 지금은 충적토가 쌓여 육지에 붙어버렸지만 중세에는 십자군이 출정하던 항구였다.

이 도시의 남쪽에 프랑스에서 가장 광활한 염전지대인 살렝 뒤 미디(Salins du Midi)가 있다. 소금더미 산들이 마치 피라미드처럼 쌓여 있는 것이 장관이다. 카마르그의 남동쪽 끝이 또 하나의 광활한 염전이 있는데 살렝 드 지로(Salin-de-Giraud)로 이곳 역시 소금산들이 끝없이 펼쳐져 있다. 이곳은 파손되기가 쉬워 기계화가 불가능했던 게랑드(Guérande)와는 달리 일찍부터 산업화된 시설로 소금이 대량생산되는 곳이다. 한국에도 수입되어 익숙한 발렌(Baleine)이라는 브랜드를 가진 그룹 살렝(SALINS)이나 페키네(Pechiney)그룹의 소금도 이곳에서 태어났다.

Bon appétit!

프랑스 최고의 맛을 찾아서

● **Bon appétit!** 프랑스 최고의 맛을 찾아서

최고의 파티스리

피에르 에르메 | Pierre Hermé
주소 1 72 rue Bonaparte 75006 Paris
　　 2 4 rud Cambon 75001 Paris
홈페이지 www.pierreherme.fr

프랑스에는 훌륭한 제과점이 많이 있지만 절대 빼놓을 수 없는 곳이 바로 피에르 에르메(PH, Pierre Hermé)다. 피에르 에르메는 파리보다 도쿄에 먼저 오트쿠튀르 숍을 열었지만 파리에도 잘 알려져 있다. 항상 새로운 향과 조형을 연구하는 그의 이스파한(Ispahan)을 맛보길.

파티스리 스토레 | Pâtisserie Stohrer
주소 51 rue Montorgueil 75002 Paris
홈페이지 www.stohrer.fr

루이 15세와 결혼한 폴란드의 마리 레진스키 공주가 프랑스에 시집올 때 폴란드 왕 스타니슬라스는 자신의 파티시에인 스토레(Stohrer)를 함께 보냈다. 바로 이 집의 창업자인 니콜라·스토레(Nicolas Stohrer)는 1725년에 이 가게의 문을 열었다. 그가 창작한 바바(Baba) 시리즈와 를리지외(religieux)를 맛보자. 영국 엘리자베스 2세 여왕이 들렀을 정도로 유서 깊은 곳.

라 뒤레 | La Durée
주소 1 16 rue Royale 75008 Paris
　　 2 Bar Ladurée 75 avenue des Champs Elysées 75008 Paris
　　 3 21 rue Bonaparte 75006 Paris
홈페이지 www.laduree.fr

1862년 라 뒤레 가문이 마들렌느 성당과 콩코르드 광장을 잇는 로얄가(rue Royal)에 빵집을 연 것에서 시작된 이 상점은 불이 난 후에 리모델링하여 제과점으로 거듭난다. 전통적인 머랭 쿠키인 마카롱을 현재 우리가 먹고 있는 샌드 쿠키 형태로 만든 선구적인 제과점이다. 현재 홀더(Holder) 가문이 인수한 후 파리뿐만 아니라 프랭땅 백화점, 런던, 모나코, 스위스, 도쿄 등 세계적인 고감도 제과점으로 사업 영역을 넓히고 있으며, 2008년 9월에는 샹젤리제 점에 '바 라뒤레'도 오픈했다. 피레르 에르메가 이 집의 수석 파티시에였다.

아 라 프티트 마르키즈 | A la Petite Marquise

주소 3 Place Victor Hugo 75016 Paris

미셸 페네(Michel Fenet)가 경영하는 이 제과점은 전통적으로 파리의 부르주아들이 거주하는 16구의 빅토르 위고 광장에 위치하고 있다. 파리의 전형적인 제과점 모습을 볼 수 있다.

파티스리 말리투른 | Pâtisserie Malitourne

주소 30 Rue de Chaillot 75016 Paris

프랑스 최고 파티시에이자 바르셀로나 세계대회 최고상, 프랑크푸르트 올림피아드 일등상에 빛나는 티에리 뮐로(Thierry Mulhaupt)가 젊은 시절 트레이닝 했던 제과점이다. 그는 장식미술 대학(Art Déco)를 다니며 이곳과 뚜르 다르장(Tours d'Argent), 달로와요(Dalloyau) 등에서도 일했고 지금은 스트라스부르그에 자신의 제과점을 하고 있다.

파티스리 스퇴켈 | Pâtisserie stoeckel

주소 56 Avenue Kleber 75016 Paris

2008년 프랑스 최고 파티시에인 세바스티앙 스토켈(Sébastien Stoeckel)이 운영하는 숍이다.

아르노 델몽텔 | Arnaud Delmontel

주소 1 39 rue des Martyrs 75009 Paris
　　 2 57 rue Damrémont 75018 Paris
　　 3 25 rue de Levis 75017 Paris
홈페이지 www.arnaud-delmontel.com

2007년에 바게트 최고상을 수상한 아르노 델몽텔(Arnaud Delmontel)이 운영한다.

● Bon appétit! 프랑스 최고의 맛을 찾아서

최고의 초콜릿 숍

장 폴 에벵 | Jean-Paul Hévin
주소 23 bis avenue de la Motte Picquet 75007 Paris
홈페이지 www.jphevin.com

세계적으로 유명한 쇼콜라티에로 일본에서 먼저 유명해져 파리에 입성했다. 홍콩에도 지점이 있다.

피에르 마르콜리니 | Pierre Marcolini
주소 89 Rue de Seine 75006 Paris
홈페이지 www.marcolini.be

1995년에 리옹의 세계 제빵사 대회에서 그랑프리를 수상한 마르콜리니는 파리의 피에르 에르메 브뤼셀의 폴 비타메르(Paul Wittamer)에서 직업 연수를 했다. 프랑스, 일본 미국, 중동에까지 세계적으로 유명한 쇼콜라티에다.

크리스티앙 콩스탕 | Christian Constant
주소 37 rue d'Assas
　　 18 rue de Fleurus 75006 Paris
홈페이지 www.christianconstant.fr

여러 해 동안 르노트르에서 잔뼈가 굵은 크리스티앙 콩스탕이 문을 연 예술적인 쇼콜라숍이다. 도쿄에도 있다.

라 메종 뒤 쇼콜라 | La Maison du Chocolat
주소 1 99 Rue Rivoli 75001 Paris
　　 2 225 Rue Fbg St Honoré 75008 Paris
　　 3 19 Rue Sèvres 75006 Paris
홈페이지 www.lamaisonduchocolat.fr

프랑스 최초의 쇼콜라 전문점이 생긴 바스크지방 출신의 로베르 랭스(Robert Linxe)가 설립한 곳으로 일본에서 경쟁자이던 르노트르와 파트너십으로 숍을 운영하기도 했다. 1977년 파리에 자신의 첫 번째 숍을 연 이후 프랑스 초콜릿의 맛을 한 단계 업그레이드시켜 판도를 바꾸어 놓았다.

파트릭 로제 | Patrick Roger
주소 1 91 rue de Rennes 75006 Paris
　　 2 108 Bld. Saint-Germain 75006 Paris
　　 3 45 Av. Victor Hugo 75016 Paris
홈페이지 www.patrickroger.com

프랑스 최고 장인상에 빛나는 파트릭 로제(Patrick Roger)는 거의 예술적인 경지로 쇼콜라 작업을 끌어올렸다.

Table de Paris

〈미슐랭 가이드〉의 쓰리 스타 레스토랑(2011년)

쓰리 스타 프랑스 정통 레스토랑의 반 정도는 파리에 있고 나머지는 프랑스 각지에 흩어져 있다. 이 레스토랑에 가려면 적어도 며칠 전에 예약을 하는 것이 좋으며, 이 중 특히 명성 있는 곳들은 1년 전에 예약이 끝난 곳들도 있다.

기 사보아 | Guy Savoy
주소 18 rue Troyon 75017 Paris

랑브로아지 | L'Ambroisie
주소 9 place des Vosges 75004 Paris

라르페르쥬 | L'Arpege
주소 84 rue de Varenne 75007 Paris

라스트랑스 | L'Astrance
주소 4 rue Beethoven 75016 Paris

르 브리스톨 | Le Bristol
주소 112 rue du Faubourg Saint-Honore 75008 Paris

르 뫼리스 | Le Meurice
주소 228 rue de Rivoli 75001 Paris

르 프라 카틀랑 | Le Pre Catelan
주소 Route de Suresnes Bois de Boulogne 75016 Paris

파비용 르두아엥 | Pavillon Ledoyen
주소 Avenue Dutuit 75008 Paris

피에르 가니에르 | Pierre Gagnaire
주소 6 rue Balzac 75008 Paris

플라자 아테네 호텔 알렝 뒤카스 레스토랑
Alain Ducasse au Plaza Athénée
주소 25 avenue Montagne 75008 Paris

● Bon appétit! 프랑스 최고의 맛을 찾아서

파리의 전설적인 명소들

르 프로코프 | Le Procope
주소 13 rue de l'Ancienne-Comédie 75006 Paris
전화 01 40 46 79 00
지하철 Odéon

1686년에 오픈한 파리에서 가장 오래된 카페로 현재는 투박한 요리를 내는 브라스리로 바뀌었다.

막심 | Maxim's
주소 3 de la rue Royale 75008 Paris
전화 01 42 65 27 94
지하철 Concorde

1893년에 문을 연 막심은 20세기 초반, 시크한 파리지앵들은 한번씩 거쳐가야 하는 사교적인 장소였다. 20세기 초 잘나가던 상류층 작가인 프로스트나 미스텡게트, 샤넬이나 입생 로랑 같은 디자이너, 카트린 드뇌브나 이브 몽땅 같은 영화배우, 오페라 가수인 마리아 칼라스, 또한 유럽의 왕족 등도 드나들었다. 아직도 아르누보(Art Nouveau)적인 그 시대의 인테리어 그대로이며 현재는 피에르 가르뎅이 인수하여 아르누보 박물관도 겸하고 있다.

드루앙 | Drouant
주소 16-18 place Gaillon 75002 Paris
전화 01 42 65 15 16
지하철 Opéra, Quatre-Septembre

오페라 근처에 있는 레스토랑으로 1880년에 알자스 한 상인이 문을 열었다. 이곳이 더욱 유명해진 것은 1903년에 프랑스의 문학상인 콩쿠르(Goncourt)상을 결정하는 심사 위원회가 이곳에서 결성되었기 때문이다. 이후로 콩쿠르상의 회의는 이곳에서 열리며 위원회는 작품들에 대해 오래도록 토론과 논쟁을 하고 식사를 마친 뒤 수상자를 결정한다.

레 되마고 | Les Deux Magots
주소 6 place Saint-Germain-des-Prés 75006 Paris
전화 01 45 48 55 25
지하철 Saint-Germain-des-Prés

학생들의 거리인 라탱 지역의 생제르맹 데 프레 거리에 위치한 이곳은 수많은 문인들의 추억을 간직한 곳이다. 랭보와 베를렌느, 보들레르 등 19세기 말의 세기말적 음울한 문학가들이 모여 담론했고, 50년 후에는 장 폴 사르트르와 시몬느 드 보부아르가 실존철학을 논하던 낭만적인 장소다.

Table de Paris

카페 드 플로르 | Le café de Flore
주소 172 boulevard Saint-Germain
　　　 75006 Paris
전화 01 45 48 55 26
지하철 Saint-Germain-des-Prés, Odéon

생제르맹 구역에 위치한 이곳 또한 레 되마고와 쌍벽을 이루며 한 시대를 풍미한 문학가들의 아지트였다.

클로즈리 데 리라 | La Closerie des Lilas
전화 01 40 51 34 50
지하철 Vavin Montparnsse-bien-venu

19세기 중반 보들레르, 베를렌느 앙드레 지드 등이 이곳에서 문학과 삶을 논했고, 20세기가 되면서 알랭푸르니, 아폴리네르, 메테르링크 등 수많은 문인들이 화요모임을 가졌던 장소이다. 1920년대에는 헤밍웨이, 피츠제럴드 등이 이 카페에 앉아 글을 썼고 후에는 헨리 밀러도 단골이 되었다.

르 푸케 | Le Fouquet's
주소 99 av Champs Elysées 75008 Paris
전화 01 40 69 60 50
지하철 George V, Charles de Gaulle

샹젤리제의 개선문 바로 아래에서 오랜 역사를 간직한 곳으로 섬세한 레스토랑보다는 길 모퉁이에 있는 고급스런 브라스리와 같은 느낌이 드는 곳이다. 라마르크가 자신의 소설 《개선문》에 언급했을 정도로 20세기 초에 수많은 인사들이 드나들던 곳이며 현재도 정치인, 영화 배우, 전 세계 부호들의 발길이 끊이지 않는다. 사르코지가 대통령에 당선된 후 지인들과 축하 파티를 한 곳이다.

브라스리 리프 | Brasserie Lipp
주소 151 boulevard Saint-Germain
　　　 75006 Paris
전화 01 45 48 53 91
지하철 Saint-Germain-des-Prés

알자스 태생인 레오나르 리프가 자신의 부인과 함께 연 브라스리로 1935년에 문학상인 카즈상(Prix Cazes)을 창시하여 현재까지 수여하고 있다.

● **Bon appétit!** 프랑스 최고의 맛을 찾아서

브라스리 라 구폴 | Brasserie La Coupole

주소 102 boulevard montparnasse
　　　75014 Paris
전화 01 43 20 14 20
지하철 Vavin

1927년에 문을 열었지만 샴페인 파티로 성대한 파티를 개최해 단시간에 몽파르나스의 안방으로 자리잡은 곳이다. 샤갈, 피카소, 먼레이 등 예술가들과 자크 플레베르, 헤밍웨이, 장 콕도 등의 문인뿐 아니라 2차 세계대전 후엔 에바 가드너 등의 여배우들도 다녀간 명소다.

라 페루즈 | La Pérouse

주소 51 quai des Grands Augustins
　　　75006 Paris
전화 01 56 79 24 31
지하철 Saint Michel

1766년에 파리의 시테섬 맞은편 센강변에 있던 대저택을 개조해 문을 연 곳으로 당시의 모습을 그대로 간직하고 있다. 뻥 뚫린 공간에 테이블들이 놓인 파리에서 드물게 독립된 공간들을 마련하고 있어 오붓하게 식사할 수 있는 곳이기도 하다. 와인 저장고에서는 정기적으로 와인 시음회도 연다.

카페 드라페 | Cafe de la Paix

주소 5 place de l'Opéra 75009 Paris
전화 01 40 07 36 36
지하철 Georges Opéra, Chaussée d'Antin
　　　La Fayette

유학생들에게는 일명 '평화다방'이라고 알려진 유서 깊은 카페로 오페라 가르니에를 정면으로 바로 왼쪽에 있다. 가르니에가 설계한 이 건물의 내부는 웅장한 아름다움을 자랑한다. 테라스 쪽은 카페, 내부는 레스토랑으로 운영된다.

르 프레 카틀랑 | Le Pré Catelan

주소 Routede Suresnes - Bois de Boulogne
　　　75016 PARIS
전화 01 44 14 41 14
지하철 Argentine

제과와 초콜릿의 명장 르노트르사가 운영하는 곳으로 레스토랑, 연회, 사적인 파티 외에 결혼식, 컨퍼런스까지 할 수 있는 종합 단지다. 샹젤리제에서 멀지 않은 불로뉴 숲에 위치해 시크한 야외 파티 장소로 인기가 높다.

파리의 수프 전문점

파리에 수프만 전문으로 하는 가벼운 전문점이 몇 개 있다. 우리나라에 죽집이 있듯이 말이다. 간단한 샌드위치나 샐러드와 함께 수프를 팔고 디저트도 있다. 지친 여행길에 가끔씩 들러 느긋하게 몸을 녹이기에 안성맞춤이다.

바르 아 수프 | Bar à Soupe

주소 33 Rue de Charonne 750 1 Paris
전화 08 99 23 05 20
지하철 Ledru-Rollin (8번선) & B stille (1번, 5번선)
* 월요일 – 토요일 12h - 15h, 18h30 - 23
  일요일과 공휴일은 휴무

작은 동네 분식집 같은 분위기의 이 집은 매일 여섯 가지 메뉴로 손님을 맞이한다. 10유로에 수프와 샐러드 또는 디저트, 커피 또는 와인 한 잔을 세트로 즐길 수 있다.

조에 부이용 | Zoe Bouillon

주소 66 Rue Rébéval 75019 Paris
전화 08 99 23 04 97
지하철 Belleville (2번선) & Pyrénées (11번선)
* 점심에만 연다. 월 - 토요일 11h30 - 15h30

유행하는 인테리어나 섬세한 요리와는 거리가 멀지만 가족적이고 소박한 비스트로의 색채를 띠면서 아주 독창적인 메뉴도 선보인다. 이집 토산 핑크색 렌틸콩이라든지, 코코넛 밀크 당근 수프 등. 게다가 케이크와 수프와 같은 재미있는 조합들도 많다. 디저트용으로 달달한 수프도 있다. 캐주얼하고도 가벼운 분위기이지만 다채로운 색의 수프는 모두 이집에서 손수 끓인 것이다.

메종 지로데 | Maison Giraudet

주소 Bar à soupes et quenelles Giraudet
    5 rue Princesse 75006
지하철 Mabillon
전화 01 43 25 44 44
메뉴 10~15유로 사이, 수프 한 접시 5~7유로

비교적 패스트푸드적인 분위기다. 이 집만의 비법으로 지로데 주방장이 직접 만드는 요리지만 대량 생산되어 여러 지역에 유통이 된다. 수프와 고기완자 전문점으로 60여 가지 종류의 수프가 있다.

● **Bon appétit!** 프랑스 최고의 맛을 찾아서

할머니표 카술레를 맛볼 수 있는 비스트로와 브라스리

할머니표 까술레는 주로 비스트로나 브라스리에서 만날 수 있다. 메뉴에 메카톤급 고칼로리 요리들이 즐비한데 지금도 여전히 웰빙과는 상관없이 프랑스의 식문화를 지배하는 맛이다. 어쨌든 이런 곳에서 애피타이저와 메인, 디저트를 챙겨 먹는다면 그날의 칼로리는 다 섭취했다고 보면 되니 주의할 것!

랑쇼트 | L'Enchotte
주소 1,1 Rue Chabrol 75010 Paris
전화 01 48 00 05 25
지하철 Gare de l'Est

브라스리 바자르 | Brasserie Balzar
주소 49 rue des Ecoles. 75005 Paris
전화 01 43 54 13 67

라 퐁텐 뒤 마르스
La Fontaine du Mars
주소 129 Rue Saint-Dominique 75007 Paris
전화 01 47 05 46 44

르 사를라데 | Le Sarladais
주소 2 rue de Vienne 75008 Paris
전화 01 45 22 23 62
홈페이지 le-sarladais.com

오펭 구르메 | Aux Fins Gourmets
주소 213 Boulevard St Germain 75007 Paris
전화 01 42 22 06 57
지하철 Rue du Bac
가격 25~30유로

오베르주 드셰죄 | Auberge d'Chez Eux
주소 2 Avenue de Lowendal 75007 Paris
전화 01 47 05 52 55
가격 30~60유로

Table de Paris

바게트가 맛있는 파리의 빵집

뒤 팽 데 지데 | Du Pain et des Idées
주소 34 rue Yves Toudic 75010 Paris
지하철 Jacques Bonsergent
홈페이지 www.dupainetdesidees.com

2002년에 오픈해 2008년 〈골트 미오(Gault Millau)〉가 선정한 파리에서 제일 맛있는 빵집에 등극했다.

오 뒥 드 라 샤펠 |
Au duc de la chapelle
주소 32 rue Tristan Tzara 75018 Paris
지하철 Porte de la Chapelle
홈페이지 www.aucucdelachapelle.com

파리의 18구 몽마르트 지구에 위치. 바게트 경연대회에서 프랑스 최고 제빵 장인 M.O.F 획득

에릭 케제르 | Eric Kayser
주소 10 rue de l'Ancienne Comédie 75006 Paris
지하철 Odéon
홈페이지 www.maison-kayser.com

4대째 제빵에 종사해온 집안으로 한국에도 얼마 전에 들어왔다.

포알란 | Poilâne
주소 8 rue du Cherche-Midi 75016 Paris
지하철 Saint-Sulpice
홈페이지 www.poilane.fr

1932년 문을 열었고, 아직도 나무로 불을 지펴 빵을 굽는다.

뺑 데피 | Pain d'Epis
주소 63 avenue Bosquet 75007 Paris
지하철 Ecole militaire

르 카르티에 뒤 팽 | Le Quartier du Pain
주소 1 270 rue Vaugirard 75015 Paris
    2 74 rue Saint Charles 75015
    3 93 rue Raymond Losserand
       75014 Paris
    4 116 rue de Tocqueville 75017 Paris
홈페이지 www.lequartierdupain.com

전통 바게트를 만들기 위해 노력하며 사업수완도 좋아 여러 곳에 빵집이 있다.

● **Bon appétit!** 프랑스 최고의 맛을 찾아서

롤레 프라디에 | Rollet Pradier
주소 32 rue de Bourgogne 75007 Paris
지하철 Varenne
홈페이지 www.rolletpradier.fr

1859년에 개업했고 저렴한 빵 값을 고집한다.

불랑제피시에 | Boulangepicier
주소 73 boulevard de courcelles 75008 Paris
지하철 Courcelles
홈페이지 www.boulangepicier.com

알랭 뒤카스는 이미 요리사를 넘어 국제적인 비즈니스맨이다. 알랭 뒤카스 그룹에서 빵집(boulangerie)과 잡화점(épicerie)를 믹스해 만든 새로운 개념의 부티크다.

장 피에르 코이에 | Jean-Pierre Cohier
주소 270 rue Faubourg Saint-Honoré 75008 Paris
지하철 Ternes

2006년 파리 바게트 1등상을 수상한 장 피에르 코이에가 운영하는 빵집. 포부르 생토노레라는 럭셔리 명품가게가 밀집한 거리에 자리 잡은 특성상 항상 분주하고 빵이 금방 동난다.

물랭 드 라 비에르쥬 | Le Moulin de la Vierge
주소 1 105 rue Vercingétorix 75014 Paris
    2 64 rue St Dominique 75007 Paris
    3 6 rue de Lévis 75017 Paris
    4 166 avenue de Suffren 75015 Paris
홈페이지 www.lemoulindelavierge.com

유기농 밀가루만을 고집하며 아직도 나무로 불을 때 빵을 굽는다.

폴 | PAUL
주소 1 25 avenue de l'Opéra 75001 Paris
    2 84 avenue des Champs Elysées 75008 Paris
    3 14 Bd Saint Michel 75006 Paris

폴은 파리나 프랑스 곳곳에 있다. 공항에도 있고 전 세계의 대도시에는 거의 다 들어가 있다. 그만큼 유명한 프랑스빵의 지존이다. 체인이 많다 보니 주인장의 손맛보다는 살짝 세련된 까도빵(?)의 이미지랄까. 파리의 수많은 지점 중 가장 관광객이 많은 곳은 오페라와 샹젤리제, 생미셸이다.

Table de Paris

파리의 와인샵

카스테브 바스티유 | Cavestève Bastille
주소 10 rue de la Cerisaie 75004 Paris
전화 (01) 42 72 33 05

카스테브 롱샹 | Cavestève Longchamp
주소 15 rue de Longchamp 75116 Paris
전화 (01) 47 04 03 45

4구의 바스티유에 있는 숍보다 아주 고전적인 분위기. 매주 목요일에는 저녁 식사도 할 수 있으며 점심도 예약제로 운영한다. 시음회나 모임 등을 예약해서 할 수 있다.

라 켕카브 | La Quincave
주소 17 Rue Brea 75006 Paris

카브 에노테카미디 | Cave EnotecaMidi
주소 77 rue du Cherche-midi 75006 Paris
전화 (01) 45 08 45 46

파리에서 이탈리아 와인은 찾기 힘든데 이곳은 이탈리아 와인만 전문으로 하는 집이다. 그것도 잘 알려지지 않은 아주 작고 특별한 포도원의 와인들도 취급한다.

에타블리스망 비니콜 드 프랑스 | Etablissements vinicoles de France
주소 82 rue vaneau 75007 Paris
전화 (01)45 48 67 85

오 베르제 드 라 마들렌 | Au verger de la Madeleine
주소 bd. Malesherbes 75008 Paris
전화 (01) 42 65 51 99

라비니아 카브 | LAVINIA CAVE
주소 3 bis de la Madeleine 75001 Paris
전화 (01) 42 97 20 20

● **Bon appétit!** 프랑스 최고의 맛을 찾아서

치즈와 와인

모든 치즈가 모든 와인과 어울리지는 않는다. 치즈 코스에 적절한 와인은 어떤 것일까?

1 염소 치즈
셰브르(Chèvre), 몽라셰(Montrachet), 카르피노(Carpino)

산도가 높은 염소 치즈는 밸런스를 맞추기 위해 높은 산도의 와인을 요한다. 그러므로 피노노아, 메를로, 바르베라, 쉬농 등을 시도해본다. 화이트 와인을 선호한다면 전통적인 소비뇽 블랑, 피노 그리지오, 상세르 등을 선택하거나 아니면 아예 상식에서 벗어나서 알사스나 독일, 호주 등의 리슬링이나 스페인의 알바리뇨, 오스트리아의 그루너 벨트리너를 권한다.

2 부드러운 생치즈
모짜렐라(Mazarella)

모짜렐라는 향이 미묘하고 섬세하므로 오크향이 있는 와인에게는 쉽게 압도당한다. 상냥한 파트너인 피노 그리지오, 소아베, 오르비에토, 베르디치오, 아르네이스, 피안코, 그레코 등의 이탈리아 와인에 접근해 보라.

3 향미가 있는 연성치즈
브리(Brie), 까망베르(Camembert), 퐁레벡(Pont-l'Évêque), 르블로숑(Reblochon)

탄닌이 있는 레드 와인은 크림성의 치즈를 파괴하므로 미디움 바디나 탄닌이 적은 레드인 피노노아, 쉬라즈, 메를로, 코트뒤론, 리오하, 키안티 또는 보졸레 크뤼 같은 와인들과 즐기는 것이 좋다. 좀 더 오래된 빈티지의 레드를 즐기고 싶다면 브르고뉴나 키안티, 리오하 리저브처럼 병 숙성을 통해 탄닌이 부드러워진 와인을 고른다. 화이트를 선호한다면 풀 바디의 캘리포니아 샤르도네, 화이트 브르고뉴, 화이트 보르도 등이 좋다.

Table de Paris

4 블루 치즈
스틸턴(Stilton), 메이택 블루(Maytag Blue), 고르곤졸라(Gorgonzola), 로크포르(Roquefort)

풍미로 가득 찬 블루치즈는 예외적으로 스위트 와인과 조화되는 치즈이다. 소테른, 바르삭, 코토 드 레이용, 스페인의 스위트 셰리, 늦은 수확의 알사스 피노그리 등이 잘 어울리는 스위트 와인이다. 독일의 아이스바인이나 아이스와인, 베렌아우스레제 등도 좋다. 전통적으로 모든 영국인들은 스틸턴과 서양배를 루비 포트와 함께 즐긴다.

5 딱딱한 경성치즈
페코리노 디 피엔사(Pecorino di Piensa), 파르미지아노 레지아노(Parmigiano Reggiano),
페코리노 알 타르투포(Pecorino al tartufo)

산도가 높고 탄닌 성분이 적은 고일 향 질은 레드 와인을 마신다. 탄닌 성분이 너무 많은 와인은 이 치즈들에 강세인 짠맛과 충돌하여 와인이 쓰게 느껴진다. 파르마산 치즈는 풍미(umami)를 많이 가진 치즈라서 탄닌 성분이 아주 적은 파트너가 필요하다. 그러므로 키안티나 다른 산지오베제 베이스의 레드를 선택한다. 피노누아나 부르고뉴산 레드, 쉬라즈, 메를로도 좋다.

6 경성의, 향미 진한 치즈
체다(Chedda), 에멘탈(Emmental), 고다(Gouda)

과일 향 진한 미디움 바디의 레드 와인은 풍미가 진한 치즈를 죽인다. 그러므로 비장의 무기인 카베르네 소비니옹, 보르도산 레드, 샤토네프 뒤파프, 말벡, 진판델, 아마로네, 바롤르 같은 풀바디의 와인들과 조화 시키는 것이 좋다.

7 훈제 치즈
치즈의 향미와 혼합된 훈제 특징 때문에 어려운 도전이지만 불가능하지는 않다. 화이트 와인으로는 스파이시한 알자스 산 게브르츠트라미너를, 레드가 좋다면 역시 스파이시한 호즈산 쉬라즈, 진판델 아니면 시라와 시도해보라.

● Bon appétit! 프랑스 최고의 맛을 찾아서

파리의 개구리 요리 전문점

로제 라 그루느이유
Roger la Grenouille
주소 26 rue des Grands Augustins 75006 Paris
전화 01 56 24 24 34
지하철 Saint-Michel

1930년부터의 역사를 자랑하는 곳. 프로방스 느낌이 물씬 나는 레스토랑으로 개구리 뒷다리 전문점이다. 전채부터 메인까지 프로방스 스타일로 다양하게 즐길 수 있다.

물랭 아방 | Le Moulin à Vent
주소 rue des Fossés Saint-Bernard. 75005 Paris.
전화 01 43 54 99 37
지하철 Jussieu (7번, 10번선), Cardinal Lemoine (10번), Maubert Mutualité (10번).
홈페이지 www.au-moulinavent.com

1947에 문을 연 전형적인 프랑스 레스토랑으로 샤또브리앙 스테이크를 비롯해서 많은 특선 요리가 있다. 이 중에 프로방스 스타일로 마늘이 많이 들어간 버터와 함께 나오는 신선한 개구리 뒷다리가 유명하다.

라미 루이 | L'Ami Louis
주소 32 rue du Vertbois 75003 Paris
전화 01 48 87 77 48
지하철 Temple (3번), Arts et Métiers (3번과 11번)

1924년에 문을 연 이 레스토랑은 미국인들이 특히나 좋아하는 곳이다. 빌 클린턴과 자크 시라크 대통령 내외도 이곳에서 식사를 했다. 당연히 특선 요리로 개구리 뒷다리가 테이블에 오르는데 와인을 안 마셔도 가격이 꽤 되는 곳이다.

KI신서 3555

관능의 맛, 파리

1판 1쇄 인쇄 2011년 8월 25일
1판 1쇄 발행 2011년 9월 5일

지은이 민혜련
펴낸이 김영곤 **펴낸곳** (주)북이십일 21세기북스
출판콘텐츠사업부문장 정성진 **출판개발본부장** 김성수 **프로젝트팀장** 정지은
책임편집 장보라 **해외기획** 김준수 조민정 **본문디자인** 오월의디자인
마케팅영업본부장 최창규 **영업** 이경희 박민형 **마케팅** 김현유 강서영
출판등록 2000년 5월 6일 제10-1965호
주소 (우 413-756) 경기도 파주시 교하읍 문발리 파주출판단지 518-3
대표전화 031-955-2100 **팩스** 031-955-2122 **이메일** book21@book21.co.kr
홈페이지 www.book21.com **트위터** @21cbook **블로그** b.book21.com

ISBN 978-89-509-3311-1 13810
책값은 뒤표지에 있습니다.

ⓒ 민혜련, 2011

이 책 내용의 일부 또는 전부를 재사용하려면 반드시 (주)북이십일의 동의를 얻어야 합니다.
잘못 만들어진 책은 구입하신 서점에서 교환해 드립니다.

* 손초원 작가 외에 이 책에 들어간 요리 사진들을 보내주신 분들께 감사드립니다.

권혜진 꿈을 가진 오너셰프 (http://blog.naver.com/aquajin7)
이흥모 요리사진 전문 서양요리 셰프 (http://blog.naver.com/marine3713)

24p Jérôme S (http://www.flickr.com/photos/jerryzz/)
76p Amberyz (http://www.flickr.com/photos/amberyz/)
88p(좌) Erlb (http://www.flickr.com/people/bodeux/)
101p kochtopf (http://kochtopf.twoday.net/)
102p Yi Nian Lai (http://www.flickr.com/photos/yinianlai/)
105p The Royal Excursion (http://www.theroyalexcursion.blogspot.com/)
136p Marianne Audette-Chapdelaine (http://www.flickr.com/people/marianneac/)
157p(좌) Estelle Broyer (http://myfrenchcuisine.blogspot.com/)
   (우) Mike Docherty (http://www.flickr.com/people/mikedocherty/)
197p rcakewalk (http://rcakewalk.blogspot.com/)
203p Silbaflo Silvia (http://www.flickr.com/photos/silbaflo/)
286p JoséNICOLAS (http://www.josenicolas.fr/login/prod)
293, 295p Felix SELWA (http://www.flickr.com/people/)
294p 김세윤 (http://www.caffethemselves.com/)

이외 프랑스 바이욘에 있는 친구 보선과 Mikael의 아버님,
그리고 내 친구 카트린.